南方軍政関係史料48

復刻版 『ボルネオ新聞』(1942〜45年)
解題・総目録・索引 (人名・地名・事項)

早瀬晋三 編

龍溪書舎

目　　次

はじめに

Ⅰ．解題

1. 復刻版『ボルネオ新聞』1942〜45年　(1)中部版（日本語）、東部版（日本語）
　……………………………………………………………………早瀬　晋三…5
2. 復刻版『ボルネオ新聞』1942〜45年　(2)中部版（日本語、マレー語）、
　東部版（日本語、マレー語）、西部版（中国語、マレー語）………松村　智雄…35

Ⅱ．総目録

1. 中部版（日本語）
　南ボルネオ関係　総目録（1942年12月8日〜1945年2月3日）……………73
2. 東部版（日本語）
　南ボルネオ関係　総目録（1943年4月29日〜1945年1月22日）…………159

Ⅲ．索引

1. 中部版（日本語）
　小説、レンサイマンガ、内地、百人一首、共栄圏、大相撲、ラジオ放送　……215
　南ボルネオ関係シリーズ　……………………………………………………219
　南ボルネオ関係索引（人名、地名、事項）…………………………………221
2. 東部版（日本語）
　小説、レンサイマンガ、内地、共栄圏、大相撲　……………………………323
　南ボルネオ関係シリーズ　……………………………………………………327
　南ボルネオ関係索引（人名、地名、事項）…………………………………329

は　じ　め　に

　『ボルネオ新聞』は、日本海軍「民政」下の南ボルネオ（現カリマンタン）で発行された。中部版は1942年12月8日、東部版は43年4月29日、西部版は同年8月1日から発行され、敗戦後も出版しつづけたといわれている。発行元は、朝日新聞社を運営母体とするボルネオ新聞社で、今回、朝日新聞社所蔵の中部版第1〜677号（1942年12月8日〜45年2月3日）、東部版第122〜666号（1943年4月29日〜45年1月22日）、西部版178〜184号（1944年9月5〜12日）が復刻出版された。

　『ボルネオ新聞』の第一の特徴は、日本占領下の東南アジアで多くの新聞が発行されたなかで、中部、東部、西部の3つの地域版が、それぞれ特徴をもって発行されたことである。中部版と東部版はそれぞれ日本語版とマレー語（インドネシア語）版を発行し、西部版は中国語版とマレー語版を発行した。中部版と東部版の日本語版の現地に関係する内容はずいぶん違う。日本語版もマレー語版も最盛期には数万部を発行し、それぞれの版から比較してその独自性を考察することもできれば、当時の状況を複眼的に理解することもできる。

　第二の特徴は、技術者等を読者対象としたことである。「石油に始まり、石油に終わった」戦争に徴用された石油技術者は7,000にのぼり、海軍「民政」下の「資源の宝庫」ボルネオには、石油関係者だけでなく、多くの技術者が資源開発・調査のために派遣された。だが、その技術者の実態はよくわかっていない。当時、石油をはじめ鉱山開発の技術はイギリスやオランダなど欧米のほうが優れており、日本の技術者は残された施設から「学んだ」が、この「学んだ」行為が「盗んだ」として戦犯に問われることを恐れた者は、資料を処分し口をつぐんだ。『ボルネオ新聞』には、資源探索のための調査旅行の記事などが掲載されている。油田のあったバリックパパンに駐留していた1万5000の日本人などが、戦地でどのような新聞記事を読んだのか、技術者の視点から戦争を考えることができる。これらの技術者は、当時もっとも優れた技術者集団のひとつに属し、中央の陸軍燃料廠燃料研究所には、のちにノーベル化学賞を受賞した者もいた。また、資源開発・調査は、戦後のインドネシアの開発援助・投資にどう繋がるのか？　戦後の日本とインドネシアを考えるにも、『ボルネオ新聞』は重要な史料のひとつとなる。

　本書では、まず中部版と東部版の日本語版について、編者早瀬晋三の解題を掲載する。

ここでは新聞を発行した朝日新聞社から派遣されたボルネオ新聞社日本人社員の目を通した海軍「民政」下の南ボルネオを紹介する。印象論を避けるため、南ボルネオ関係の索引（人名、地名、事項）を作成し、その項目から実態の一端を理解しようとする。つぎに、マレー語版、中国語版を加えた松村智雄による解題を掲載する。ここでは、現地社会へのまなざしから新聞内容の特徴、新聞発行の目的を探る。そのため、マレー語版と中国語版を日本語版と比較し、民政部と現地社会の接点に注目する。

　総目録は、現地取材をした南ボルネオ関係の記事のみを拾い、索引はその見出しのことばから作成した。索引には、連載された小説やマンガ、コラム、大相撲、ラジオ放送番組、南ボルネオ関係シリーズなどを加えた。

出典：早稲田大学西嶋コレクション「海軍軍政一般（その一）」所収「海軍地域資源地図」を参考に、編者が作成。

なお、旧漢字は基本的に新漢字に改めたが、新漢字では充分意味が伝わらないと考えたものについては旧漢字のままとした。また、時代の雰囲気を残すために旧カナをそのまま使用した。

　これまでほとんど利用されることのなかった『ボルネオ新聞』が復刻されたことによって、日本「占領」下の実相の一端が明らかになり、日本のインドネシア理解が深まることを願っている。また、インドネシア人がまずマレー語版から関心をもち、つぎにその必要性を感じて日本語版を読むようになることによって、「占領期」の南ボルネオの理解を深めることができるようになることを期待している。日本人とインドネシア人などが日本語版、マレー語版、さらに中国語版を読むことによって、共通の資料のもとに議論できるようになり、この分野の研究の飛躍的発展が期待できるようになる。『ボルネオ新聞』を読み、理解を深めるために、本解題、総目録、索引が研究工具として役立つなら幸いである。

早瀬　晋三

Ⅰ 解　　題

1．復刻版『ボルネオ新聞』1942～45年

(1)中部版（日本語）、東部版（日本語）

早瀬　晋三

〈はじめに〉

　『ボルネオ新聞』は、対英米宣戦布告から1周年の1942年（昭和17年）12月8日付で旧オランダ領ボルネオ（南ボルネオ）のバンジャルマシンBanjarmasinで創刊された。同じ日、『ジャワ新聞』『セレベス新聞』『昭南新聞』などが創刊され、『マニラ新聞』は一足早く同年11月1日、『ビルマ新聞』は一足遅れ43年1月1日に創刊された。

　これらの日本軍占領地で創刊された新聞は、1942年10月20日「南方陸軍軍政地域新聞政策要領」および同年12月8日「南方海軍軍政府地方新聞政策要領」にもとづき、それぞれの新聞社が現地軍の管理下に現地新聞社を設立して発行された。その担当は、東京日日新聞社・大阪毎日新聞社（毎日新聞社）がフィリピンとセレベス（現スラウェシ）、朝日新聞社はジャワと南ボルネオ（現カリマンタン）、読売報知新聞社はビルマ（現ミャンマー）とセラム、「同盟通信社その他の提携による新聞社」はマレー、昭南島、スマトラ、北ボルネオであった。詳しくは、［早瀬、2016年 a］［江澤、2017年］［津田、2019年］を参照。

　本解題では、旧オランダ領ボルネオを南ボルネオと表記する。1942年12月10日の『ボルネオ新聞』に掲載されたとおり、日本政府は内閣に「南方地名協議会」を設置して審議を進め、9日、旧英領マレーはマライ、旧英領ボルネオは北ボルネオ、旧蘭領ボルネオは南ボルネオ、バタヴィアはジヤカルタなどと改称したと発表した。いっぽう、43年8月26日の『ボルネオ新聞』で、当時バンジャルマシンはバンジエルマシン、バリックパパンBalikpapanはバリックパパン、ポンティアナックPontianakはポンチアナクなどと「現地都市名　仮名遣統一」をすると報道したが、本解題本文中では現在一般的な表記に統一する。ただし、引用文中などでは資料の表記をそのまま使用する。

　なお、本解題にあたって、基本文献となるのは、萩森健一『本社の南方諸新聞経営―新

聞非常措置と協力紙』(朝日新聞社史編集室、1970年)と早稲田大学大隈記念社会科学研究所編『インドネシアにおける日本軍政の研究』(紀伊國屋書店、1959年)で、太田弘毅の一連の論文は後者の成果と使用した史料を踏まえている。石油関係では、燃料懇話会編『日本海軍燃料史』(原書房、1972年、上下2巻)の下巻で100を超える回顧を約550頁にわたって収録している。

『ボルネオ新聞』発行

『ボルネオ新聞』は、1942年11月12日付で海軍大臣より朝日新聞社にたいして、南ボルネオ地域における新聞事業経営を委託されたことから発行されることになった。12月8日の創刊をめざして、6名が11月25日(あるいは27日)に羽田飛行場から空路急派され、12月1日(あるいは3日)にバンジャルマシンに到着した。さらに24名が12月2日に船で日本を出発し、43年1月8日にその多くが到着した。かれらは現地新聞『カリマンタン・ラヤ』社を接収し、ボルネオ新聞社をバンジャルマシンに設立した。月曜日を除く日刊ではじめ表裏日本語とマレー語(インドネシア語)各1頁であったが、43年8月1日から日本語とマレー語各2頁になった。日本語版4,000～5,000部、マレー語版400～500部を発行した。読者として南ボルネオ在住日本人のほか、漢字の読める華僑がいた。また、セレベスやジャワの在住日本人が郵送で購読した［萩森、1970年、111-35、167頁］。

つぎに、1943年4月29日バリックパパンに支社を開設して、『ボルネオ新聞　東部版』を発行した。バリックパパンには油田があり、海軍の根拠地で燃料廠の所在地でもあったので、日本人1万5000が駐留していた。月曜日を除く日刊の日本語2頁と火木土週3日発行のマレー語2頁だった。バンジャルマシン本社が発行するものは、『ボルネオ新聞　中部版』になった［同上、139-46頁］。

さらに、ポンティアナックで中国語新聞を発行していた西部ボルネオ新聞社を接収し、1943年8月1日ポンティアナック支社を開設して、『ボルネオ新聞　西部版』を発行した。はじめの週2回から43年10月1日に3回、さらに44年8月1日から月曜日を除く日刊で中国語1頁、マレー語1頁の表裏1枚で発行した。在住日本人は軍を除くと100人くらいしかいなかったが、造船業に従事する者などが増え、44年6月には300人を超えていた。発行部数は43年8月の1,300部(あるいは1,400または1,500)から44年2月に4,050部、8月に6,000部に増加し、45年1月に1万部、4月に1万5000部になった。支社の現地従業員も、30名から60名、さらに70～80名に増加した［同上、146-53頁］。

バンジャルマシン本社は、1944年10月5日、カナ文字を主体とする週刊『ニッポン語新聞』を発行した［同上、111頁］。

　1944年9月1日現在、バンジャルマシン本社にはマカッサルMakassar支局2人、メナドManado支局1人を含め日本人29人、バリックパパン支社には本社と兼務の2人を含め21人、ポンティアナック支社には4人がいた。ジャワ新聞社員がジャカルタ、バンドン等の朝日新聞社支局員を兼ねることに現地陸軍当局は異論を唱えたが、ボルネオ新聞社員が朝日新聞社支局員を兼ねることに現地海軍当局は異論を唱えなかった。ボルネオ新聞社では、新聞用紙の確保が困難であったが、陸軍軍政地区のジャワから海軍民政地区の南ボルネオに資材を許可なく持ちだすことはもってのほかで、「密輸」扱いされた［同上、123、130、133-34、144-45、147頁］。

　戦局の悪化にともない、中部版は1945年2月8日からバンジャルマシン奥地のカンダンガンにウルスンガイ支局を開設してマレー語版を発行し、9月15日までつづけた。43年8月13日から空襲があったバリックパパンの東部版は45年6月初めにサマリンダに支局を開設し、連合軍が上陸した7月1日以降、敗戦後もほとんど休まず毎日、叩き刷り号外型で発行しつづけた。西部版は、8月18日まで発行しつづけ、その後は断続的で29日に「終戦の詔勅」を掲載して、30日が最終刊となり、9月5日に支局を閉鎖した［同上、166-82頁］。

　創刊当時、第一陣の6名のうち4名は印刷関係で、残りは社長と記者の飯田秋雄だった。飯田は、「軍の無電係に寄って簡単な片カナの電文の大本営発表ものなどをもらったり、民政部に行ったり、通訳を頼んで現地人のインタビューしたりして」情報を集めた。はじめ『ボルネオ新聞』も無電設備を持っていて、日本などから受信していたが、費用削減などを理由に南方占領地域への報道関係の無電は同盟通信社が独占した。第1面に同盟通信社から得た戦況が載り、陣中新聞的意味あいが強かった。マレー語版は、接収した『カリマンタン・ラヤ』の編集長ハミダンが主任を務め、「マレー語版印刷係員　アルダンシヤ」も「社員名簿」に名を連ねた［同上、109-181頁］。中国語とマレー語の西部版は、つぎのような編集をおこなっていた。ポンティアナックには、内地の新聞や手紙は3ヶ月に1度くらいしか届かなかった［同上、148、151頁］。

> 編集は華僑記者六名、雑用・給仕三名、インドネシア記者三名、雑用・給仕三人。支社の華僑、インドネシア従業員は合計で七、八十名。
> 新聞編集のやり方は、同盟の無電入電や現地民政府での取材などで主な記事を作り、

これを中国語、マレー語にそれぞれ翻訳して、新聞原稿を作った。そのため華僑とインドネシア人で中国語、マレー語の両方ができる連中を使っていた。中国語は漢字なので長い文章も短く表現できるのに、マレー語では、たとえば社説という言葉の直接の表現はないから「われわれの主張する言葉」というように言いかえなければならない。文章が、一方は短かく、一方は長くなるので弱った。われわれの新聞（ほかに新聞はない）は実際上、新聞と官報を兼ねた性格のもので、ニュースのほかに現地海軍と民政府の方針、施策、示達事項などの紹介がかなり多かったので、現地の華僑もインドネシア人も読まざるを得なかったわけだ。そのほか軍や民政府に頼まれて宣伝ビラを作ったことも屡々あった。

海軍民政府

　南ボルネオのタラカン、バリックパパン、バンジャルマシンは、坂口支隊によって占領された。坂口支隊は、1940年に久留米で編成された第56師団の下、41年10月に歩兵第146連隊と野砲兵第56連隊第1大隊を中心に、坂口静夫少将を隊長として編成された混成第56歩兵団（兵力5,200）であった。アメリカ領フィリピン南部ミンダナオ島ダバオで在住日本人を救護した後、オランダ領ボルネオの攻略にあたった。ダバオ上陸は41年12月20日（同日占領）、タラカン42年1月11日（13日占領）、バリックパパン1月24日（25日占領）で、バンジャルマシンは2月11日に占領した。坂口支隊は、その後ジャワ島攻略に参加し、42年4月に第56師団に復帰した。

　いっぽう、北ボルネオ各地は、川口支隊によって占領された。占領地にはポンティアナックなどオランダ領西ボルネオが含まれていた。1941年11月歩兵第35旅団（川口清健少将団長）が第18師団から離れて、約2,500名の南方軍直轄歩兵第124連隊川口支隊となった。41年12月16日に油田のあるミリなどを占領した後、クチン、ブルネイ、ラブアン島、サンダカンなどを占領し、42年1月29日にポンティアナックを占領、軍政を敷いた［アジア歴史資料センター「川口支隊司令部　状況報告資料」昭和17年2月14日〜3月15日］。

　南ボルネオの占領作戦を完了した海軍は、「旧蘭領ボルネオ及附属島嶼」に第二二特別根拠地隊を置き、同司令官が占領地行政を管理した。「海軍民政府（部・支部・出張所・事務所）の変遷」（昭和二九、三、一二資料課調）[1]によると、1942年4月27日に南西方面艦隊民政府（マカツサル）は「蘭領ボルネオ　セレベス　モルツカ　小スンダ」を管轄区域（5月25日に「西部ニユーギニア」を加え、同年10月13日に削除）とした。それより前

の3月10日にバリックパパンに設置されたボルネオ民政部は、ポンティアナック、タラカン、バンジャルマシンに出張所を置いた。5月25日に民政部本部をバンジャルマシンに移転し、バリックパパンに支部が置かれ、ポンティアナック、タラカンが支部になった。43年4月1日に南西方面海軍民政府と改称し、44年1月31日に各支部が廃止された。ボルネオ民政部は民政部長官（文官で司政長官）の下、直轄区域のバンジャルマシン州とバリックパパン、タラカン、ポンティアナックの3州が置かれ、その下に計7県、38分県があった［太田、1977年］。海軍の「民政」は、トップが軍人ではないというだけで、陸軍の軍政と変わりなく、海軍民政ということばと同時に「軍政」ということばが使われた。

ボルネオ民政部は、タラカンおよびバリックパパンに油田をかかえていたため、「定員外ノ制度」が運用された。「各官庁人員中海軍関係民政部ニテ勤務人員（新占領地）（海軍省作成文書）」によると、奏任官[2]計21人、各官庁判任官[3]計37人が派遣された。奏任官の内訳は、内務事務官2人、大蔵事務官3人、商工書記官1人、商工事務官4人、農林事務官1人、通信事務官1人、逓信省事務官1人、燃料局事務官1人、為替管理官1人、農林技師2人、食料管理局技師1人、大蔵技師1人、逓信技師1人、貿易局技師1人であった。また、「特設海軍部隊臨時職員配置表（昭和十八年二月迄ニ充員ヲ目途トス）（海軍省作成文書）」によると、ボルネオ民政部には、司政長官1人、司政官18人、理事官2人、技師3人、書記29人、通訳3人、技手12人、計68人が配置されることになった。さらに「昭和十九年四月迄ニ充員ヲ目途トス」とした表では、司政長官2人、司政官169人、理事官3人、技師58人、書記通訳技手461人、警部108人、計801人になったが、実際に充員されたかどうか不明である［太田、1979年］。

海軍関係者

海軍民政府関係者は、思惑通り増員されたとしても1,000人に満たなく、日本語新聞発行に充分な人数ではなかった。『ボルネオ新聞』が想定した読者の多くは、軍関係者および開発にともなう民間在住日本人であった。

1941年9月6日の「「帝国国策遂行要領」ニ関スル御前会議」で、「対米（英、蘭）開戦ヲ決意」した陸海軍は、ともに本格的に開戦の準備をはじめた。石油にかんしては、南方占領によって「辛ウジテ自給態勢ヲ保持シ得ルモノト存ジマス」との認識で、海軍燃料関係者に相談なく、陸軍主担当区域は「香港　比島　英領馬来　スマトラ　ジャワ　英領ボルネオ」、海軍主担当区域は「蘭領ボルネオ　セレベス　モルツカ群島　小スンダ群島

ニューギニヤ　ビスマルク諸島　グワム島」と決定した［三輪、2004年、134-35頁］。

　海軍は、1941年9月、極秘裡に「南方油田復旧開発に対する計画並びに準備」をはじめ、「ボルネオ進出計画」をたてた。その骨子は、「一、ボルネオに特設燃料廠を設置し、所用資材は内地油田より徴傭する。なるべく占領地の使用可能資材を活用する」「二、敵の抵抗を排除し、特設燃料廠要員・資材の揚陸を援護するため、タラカン・バリックパパンに工作隊を先発させる。（部隊編制案）」というものであった。そして、10月1日に石油要員にたいして徴用令が出され、待機した［同上、137頁］。

　開戦後、海軍部隊は1942年1月14日に徳山を出港、20日にフィリピン南部ミンダナオ島ダバオに寄港して待機中、タラカンおよびバリックパパンの占領の報が届き、タラカン隊は1月25日に到着し、4月29日に日本本土に向けて最初の石油を輸送した。バリックパパンには1月27日に上陸、3月3日に採油隊が到着して、5月8日に輸送を開始した。4月8日に到着した第三部作業部の人員は、奏任官44人、判任官63人、工員305人、計412人であった［燃料懇話会編、1972年、上663-64、764-65頁］。

　復旧にあたって、タラカンは第百一海軍燃料廠タラカン支廠が担当し、北樺太石油㈱出身者を以て編成した。サンガサンガムアラルイス地区は第百一海軍燃料廠採油部が担当し、日本鉱業㈱出身者を以て編成した。同アンガナ地区は同じく第百一海軍燃料廠採油部が担当し、日本石油㈱出身者を以て編成した。バリックパパン製油所は、第百一海軍燃料廠第3作業部（後、第百二海軍燃料廠）が担当し、三菱石油㈱出身者を以て編成した［同上編、上779頁］。その人員は、第百一海軍燃料廠本部に304人、同採油部に2,271人、同タラカン支廠に910人、同採炭部に308人、第百二海軍燃料廠に1,634人、合計5,123人であった［同上編、上788頁］。いっぽう、日本人工員をはるかに超える現地工員がいた。1943年の終わりころバリックパパンの「施設課は日本人工員200名現地工員5000名、全燃料廠の工員の半数近く」がいたと回顧している。その多くは、戦前にオランダ人の下で働いていた者で、バリックパパンは戦前、オランダ人約200人、現地人約6,000人で運営されていた。第百二海軍燃料廠では日本人約1,000人、現地人約1万人が復旧作業、運営にあたった［同上編、上769-70頁、下886頁］。これだけの日本人、現地人労働者の食糧は自給できず、ジャワやセレベスに頼っていた。

　しかし、戦況が悪化すると採油しても輸送船がないため、一度採油したものを戻す事態にまで至った。サンガサンガの産油量は1942年の297（1,000キロリットル）、43年832、44年423、45年5で、タラカンは42年158、43年381、44年210で45年は0だった。仕事のなく

なった徴用技術者などは、日本に帰国させた。そのなかに、45年3月28日にシンガポールを出港した阿波丸に乗船した503名がいた。4月1日夜、アメリカ潜水艦に撃沈され、全員が海没した［同上編、上665、785-88頁］。

石油関係者の人員が減るいっぽう、日本軍守備部隊の兵士は増えた。タラカンの守備兵力は海軍第二警備隊700余名であったが、1944年12月18日に第37軍（北ボルネオ軍）陸軍歩兵二ヶ大隊約1,600人が加わった。そのうち1ヶ大隊は45年3月4日にバリックパパンに転進した。残る陸軍1ヶ大隊、海軍1ヶ警備隊に、第百一海軍燃料廠の廠員を予備隊から第一線部隊に加え、役所関係の非戦闘員および在住商社関係者で皇民義勇軍を組織して後方勤務にあたった。全タラカン日本軍守備部隊は、陸軍独立歩兵第455大隊796人、海軍第2警備隊709人、海軍第百一燃料廠タラカン支廠366人、第百二海軍施設部タラカン支部90人、スラバヤ海軍軍需部タラカン支部40人、スラバヤ海軍運輸部タラカン支部21人、ボルネオ民政部タラカン州知事庁8人、第27海軍軍用郵便所3人、皇民義勇軍（現地商社邦人）75人、総員2,208人からなった。このうち約1,600人が戦死、そのうちタラカン支廠は200余人であった［同上編、下1106-08、1111頁］。

東海岸から転用された陸軍部隊の兵力は、準備不足などのために長距離の移動に耐えきれず1945年2月末に西海岸に到着したときには約半分になっていた[4]。5月1日、タラカンをオーストラリア軍が攻撃開始し、6月11日に日本軍は組織的抵抗を終えた。ついでオーストラリア軍は6月中旬からバリックパパンを空と海から砲爆撃し、7月1日上陸を開始した。第22特別根拠地隊主力等約1万の兵力は、サマリンダ方面に転進してゲリラ戦で抵抗をつづけ、敗戦を迎えた。なお、バリックパパンの戦いを描いた映画に『最後の弾丸The Last Bullet』（1994年、監督：マイケル・パティンソン、主演：玉置浩二、ジェイソン・ドノヴァン、原作：柘植久慶「最後の遭遇」）がある。

在住日本人

南ボルネオには、明治期からゴムなどの栽培者、雑貨商などの日本人が進出していた。娼婦「からゆきさん」もいた。だが、バンジャルマシンにあった野村東印度殖産株式会社のゴム園以外、大規模な進出はなく、鉱業や林業もさしたるものはなかった［早瀬、2006年］。それが、日本軍の占領後一変した。1944年6月末現在、ボルネオ民政部「在留県別帝国臣民登録男女人員」の総数は、男3,438人、女141人、計3,579人だった。その内訳は、バンジャルマシン市など直轄区域で男1,083人、女6人、計1,089人、バリックパパン州で

男1,855人、女116人、計1,971、タラカン州で男167人、女8人、計175人、ポンティアナック州は男333人、女11人、計344人であった。「職業別帝国臣民登録男女別人員」は、以下のとおりであった［早大西嶋コレクション「海軍軍政一般（その一）」］。

	ボルネオ民政部直轄区域		バリクパパン州		タラカン州		ポンチャナク州	
	男	女	男	女	男	女	男	女
農　　耕	29	―	23	―	―	―	3	―
林　　業	60	―	275	1	79	1	13	―
畜　　産	―	―	3	―	―	―	1	―
水　　産	11	―	49	―	9	―	―	―
鉱　　業	379	―	405	8	―	―	40	―
造　　船	20	―	541	3	45	―	139	―
化学工業	21	―	113	―	―	―	6	―
電　　気	6	―	―	―	―	―	3	―
窯　　業	8	―	―	―	―	―	―	―
紡　　織	11	―	―	―	―	―	1	―
製　　材	11	―	―	―	―	―	15	―
食料品加工	2	―	―	―	―	―	―	―
土木建築	87	―	86	―	―	―	―	―
其ノ他ノ工業	12	―	―	―	―	―	11	―
物品販売	―	―	3	―	4	2	3	―
交易蒐荷	40	―	87	―	6	―	30	―
金融保険	14	―	12	―	4	―	3	―
接　　客	2	5	57	104	―	―	―	―
陸運倉庫	13	―	70	―	―	―	3	―
海　　運	286	1	74	―	2	―	17	―
通　　信	25	―	17	―	3	―	12	―
新聞映画	46	―	37	―	4	―	11	―
其ノ他ノ有業	―	―	3	―	11	5	15	3

無　　業	—	—	—	—	—	—	7	8
合　　計	1,083	6	1,855	116	167	8	333	11
総　　計	男3,438	女141	計3,579					

　だが、これら新参の日本人には目に余る行為をする者がおり、1943年1月17日の『ボルネオ新聞』は、「指導国民の誇りを失ふな　ボルネオ在留邦人に告ぐ」「立哨へは必ず敬礼を　服装は正しく風儀を乱すな」の見出しの下、つぎのように報じた。

　　ボルネオ開発進捗に伴ひ最近内地より産業、商社関係一般人が続々来島しバンヂエルマシン市はじめ各地に在留する邦人の数はめだつて多くなりつつあるが、それら新規来住者のなかにはやゝもすると建設戦の使命を忘れて安易な気分にひたり、日常生活の上に面白くない結果を示すものが見られるので現地守備隊および民政部当局はその点を厳にいましめ、在留邦人はいづれも大東亜建設戦士として選ばれたるものであることを十分認識しつねにインドネシア人の兄であり盟主日本国民として毫も恥ぢざる言行に出づるやう守備隊当局では次の如く要望してゐる

具体的に「敬礼」「自動車」「服装」「宿舎」を例にあげ、「厳守すべきことを要請」した。しかし、充分に守られなかったようで、同年11月11日の『ボルネオ新聞』は、つぎのような山路大佐の訓示を掲載した。

　　邦人企業担当者に対しても大国民たるの品位を傷けざるやう指導されたい。第一線にあつて直接民衆と接触するものはその一挙手、一投足が原住民に至大の影響をおよぼし日本の真姿となつて反映するのだから自らの行動を批判して不言不知の間にも原住民の教化善導に意を用ひられたい

このことは、フィリピンでも見られ、1942年12月18日の『マニラ新聞』に「不良邦人の退去処分に当たりて在留邦人に告ぐ」当局談が掲載された［早瀬、2012年、194-98頁］。
　石油は最重要資源として軍が直営したが、そのほかの産業は民間企業を指定して開発や運営を担当させた。資金は南方開発金庫[5]から借りることができた。莫大な利益が期待さ

れたことから指定をめぐって「戦争利権屋」が暗躍した。南ボルネオを事業地とした進出企業は、以下のとおりである［太田、1980年b］。

　　　今津化学研究所：デリス根栽培及加工
　　　岩原産業：鉱業（石炭）
　　　播磨造船所：造船
　　　日本出版配給：交易（書籍）
　　　日産農林工業：林業
　　　日本鑿泉探鉱：土木建築（鑿井）
　　　日南鉱業：水鉛鉱
　　　日本タンニン工業：マングローブカッチ工業
　　　日南木材造船：木造船
　　　日本棉花栽培協会：棉花
　　　日本製鉄：製鉄鉄鉱石炭
　　　日本映画社：宣伝報道事業
　　　日本原皮鞣剤統制：交易農畜産加工（マングローブ）
　　　ボルネオ水産：水産業
　　　ボルネオ物産：林業交通々信
　　　ボルネオ興業：木造船
　　　ボルネオ造船所：木造船
　　　東洋棉花：交易（繊維製品）紡績
　　　豊田自動車：工業（修理）交易（部分品）
　　　東印度船用品：船用品修理加工並交易
　　　東北振興水産：漁業
　　　東洋拓殖：米作
　　　王子製紙：製紙製材
　　　兼松：交易（繊維製品）
　　　関東配電：工業
　　　加奈太興業：林業（海上筏）
　　　鐘淵工業：棉作及紡績

大信洋行：交易（繊維製品ゴム）

台湾銀行：銀行業

武田薬品工業：製薬

台湾拓殖：カンビール工業

大和航運：荷役倉庫陸運海運

大東振興：林業交通々信造船

台湾タンニン工業：農畜産及加工

拓南興業：林業交通々信

大建産業：交易製袋

南方屑鉄統制：交易

南洋興発：交易

南亜企業：機械土木

南洋海運：海運

南洋倉庫：倉庫荷役

南洋林業：林業倉庫荷役

南洋開発金庫：金融

野村殖産貿易：交易

野村東印度殖産：交易交通農畜産加工林業鉱業工業

古川拓殖：苧麻栽培

国際電気通信：電気通信

興南海運：海運船舶修理

興南林業：林業

映画公社：宣伝報道

麻生鉱業：石炭コークス

浅野物産：交易（火薬）

亜細亜パルプ：工業

朝日新聞：新聞発行（ボルネオ新聞）

三共：交易製薬

三興南方殖産：林業

木田組：土木建築

共栄興業：木造船林業

　　　三菱商事：交易棉作苧麻製袋

　　　三井物産：農畜産

　　　昭和ゴム：ゴム加工

　　　清水組：土木建築

　　　島田合資：林業

　　　昭和組工作所：木造船

　　　新興合名：交易（物資配給）

　　　セレベス開発鉄道：鉄道業

　　　住友ボルネオ殖産：林業農畜産及加工交通々信製塩

　　　南洋産業：林業

　1944年7月サイパン島が陥落し、バリックパパン在住日本人の引揚が決まり、9月中旬に完了した。その9月から敵機が頻繁に来襲するようになった［燃料懇話会編、1972年、上774頁］。

紙面

　まず、中部版をみていく。1942年12月8日の創刊号は、第1、4面が日本語で、第2、3面がマレー語の計4面であったが、翌9日から43年7月31日まで1面が日本語、もう1面がマレー語の表裏1枚になった。1面がおおむね横35.3センチ、縦49.5センチで、現在日本の一般紙より若干小さかったが、44年11月1日から戦時版型に切り替え、半分の大きさになった。日本語版は、通常各頁に1葉は写真が掲載された。写真のなかには、現在「富士倉庫資料」として残されているものがある［早瀬・白石編、2017年］［朝日新聞社、2009年］。

　その目的は、第4面に掲載されたつぎの「創刊の辞」にあるように、「無限の資源」を「共栄圏建設に貢献し寄与する」ための「報道するに努め」ることだった。

　　　太平洋上旭日燦然として昇り、けふ十二月八日、大詔渙発一周年の感激の日を迎ふ、我等粛然として東天を遙拝し、謹みて聖壽万歳を唱し奉り、護国の英霊に感謝の誠を捧ぐると共に殊勲かゞやく皇軍の武運愈々長久ならん事を祈るものである。顧るに昨

年の今月今日、ハワイ真珠湾に蟠居する米国太平洋艦隊を一挙に屠り去つて米英撃滅の火蓋を切つてより僅々一年にして海に陸に空に、史上未だ甞て無き赫々たる大戦果を打ち建てたのである。特に数百年に亘つて天然資源の宝庫たる南方諸国を奪取し、原住民を虐げ、暴戻の限りを尽した米英蘭等が疾風に吹かるゝ枯葉よりも早く掃蕩せられ、今や日章旗ひるがへる下、大南方に着着として共栄圏の実が具現せられつゝあるを見る事は真に慶賀に堪へない。

ボルネオは島といふよりも一つの大陸である。しかも広大なる処女地である。無限の資源を蔵してこれより溌剌として発展せんとする若き豊土である。ボルネオが今後共栄圏建設に貢献し寄与する所実に大なりといはねばならぬ。また数百年にわたつて蘭人のために塗炭の苦を甞めて来たインドネシア人達が、皇軍の手によつて解放せられ、恩威兼ね備はる民政によつてアジア本然の大使命に目醒め、以て聖業完遂に協力せんとする熱意に燃えんとしつゝあるのである。

此時にあたり、しかもわれら永久に銘記すべき十二月八日にあたり、我がボルネオ新聞が創刊されたことは、まことに意義深きものがある。本紙は邦字面とマレー語面を持ち、内地はもとより広くあらゆる情勢を報道するに努め、国策ならびに民政の徹底に力を致すとゝもに、ボルネオ文化の昂揚に尽さんとするものである。

凡そ現下の新聞に課せられたる責務の重大なることは贅言を要しない。我等また創刊に当つて喋々の言を弄せず、唯新聞報国の信念に燃えつゝ使命実現に向つて、全力を傾注せん事を誓ふのみである。

さらに具体的なことは、第1面の「『ボルネオ新聞』創刊　歴史的文化建設の先駆」に、つぎのように記された。

暴虐オランダを駆逐していまや皇化洽き大ボルネオに南方文化建設といふ大使命を帯びて意義深きけふ十二月八日、我が『ボルネオ新聞』はバンヂェルマシン市において輝く誕生をした、遠く故国を離れて挺身健闘する在留官民に広く内地、アジア、欧米などの情勢を報道し、また和蘭によつて永年に亘つて歪められた原住民たちをして共栄圏建設へ向はせるべく正しき道標を示し、文化を通じて共栄の実を揚げん意気に燃えて此処に第一歩を踏み出したのである。此『ボルネオ新聞』は朝日新聞社が海軍当局に依嘱されて発行経営に当るもので、なほいままでバンヂェルマシン市にあつた唯

一の報道機関『カリマンタン・ラヤ』は此処に発展的解消して『ボルネオ新聞』に統合せられる事となつた、ボルネオ新聞社は此大使命を達成するためには全力をあげ南方新文化の尖兵として最善の努力を尽し国策のため挺身せんとするもので、衷心より各位の御支援を冀ふ次第である

　基本的に陣中新聞的であったことから日本軍の戦況が第一で、あわせてヨーロッパ戦線など世界各地の戦況が掲載された。ついで国内の政治で、「内地だより」を数日おきに掲載して話題を提供した。これらのニュースは、同盟通信社が無電で占領地向けに送ってきたものだった。そして、現地の軍、民政部、商社などから情報を集めて記事にした。
　ほかの占領地の動向は、たとえば1943年8月1日のビルマや同年10月14日のフィリピンの「独立」付与にかんする報道など重要なものは第1面に掲載されたが、さらに詳細な現地の行政などは第2面掲載の「共栄圏だより」のちに「建設進軍譜」「共栄圏建設譜」でわかった。南ボルネオだけでなく、共栄圏全体あるいは各地との比較にとって重要な史料となる。
　また、「島内だより」からは、ボルネオ民政部（南ボルネオ）全域の動向、および各地でおこなわれた宣撫工作の実態などが伝わってくる。南ボルネオの主要3都市、バンジャルマシン、サマリンダ、ポンティアナックはそれぞれ河口から少し入った大河の本流と支流の交わる地点にあり、それぞれバリト河、マハカム（クタイ）河、カプアス河の本支流のネットワークを利用して発展した。タラカン、バリックパパンは石油の採掘・積み出し港として発展した。これらの都市間を結ぶ陸上交通はなく、バンジャルマシンはジャカルタなどジャワ島の北岸の都市との交流が密で、ポンティアナックはジャカルタよりシンガポールのほうが地理的に近く、繋がっていた。そのようななかで、新聞紙上ではあるが、それぞれ河川流域を中心とする3つの地域が南ボルネオとしてひとつの地域になった。しかし、充分情報が往き来できたわけではなかったので、『ボルネオ新聞』は中部、東部、西部の3つの版を発行することになった。上記3都市は、それぞれ現在インドネシア共和国の南カリマンタン州、東カリマンタン州、西カリマンタン州の州都である。
　しかし、戦況の悪化した1944年9月9日を最後に「共栄圏建設譜」欄がなくなり、「内地だより」欄も10月31日が最後となった。このころから増えるのが、資金集めのための野球大会やサッカー大会、富籤で、紙面に大きく掲載された。軍とスポーツとの関係は、抑圧と推奨の両面が指摘されるが、ここでは利用された。海軍兵学校では1876年の設立から

スポーツを訓練に取りいれており、競技経験のある上官が大会に参加することも珍しくなかった。詳しくは、[髙嶋、2015年] 参照。

　ボルネオ新聞社が主催するものに、映画上映、写真展、講演会、音楽大会、野球やサッカー大会、ボートレース、軍用機献納などがあり、民政部が後援した。後に、バンジャルマシン市日本人会が協賛した。また、インドネシア人にたいし、論文、小説、戯曲、脚本などの懸賞募集をおこなった。こうしたコンクールは、内外で頻繁におこなわれるようになっており、応募資格は日本人に限られなかった［クシュナー、2016年、76-77頁］。

　1943年2月2日にラジオ放送が開始されると「けふの放送」「けふのラジオ」、休刊日の前の日曜日には「ラジオ番組」で日曜日と月曜日の2日分の番組が掲載された。放送は、19時に30分間の日本語ニュースではじまり、マレー語ニュースを挟んで音楽が流され、22時半ころに終了した。音楽は、地元の楽団や児童・生徒などの生演奏や歌唱があり、レコード（音盤）音楽は日本や同盟国ドイツのものだった。日本の歌は、日本語普及の手段でもあった。正月、紀元節、天皇誕生日、南ボルネオ各地占領記念日などには司政官や市長の講演が君が代や軍歌とともに特別放送され、その要旨が新聞に掲載された。43年3-4月には「日本人向の時間」「日本人の時間」があった。皇后・天皇誕生日にちなんで、マレー語で3月6日に「地久節に就て」、4月28日に「講演　天長節を迎へるに当りて」、29日に「天長の佳節を迎へて」が放送され、日本紹介や宣撫用朗読、劇などが放送されることがあった。

　1944年7月には、朝9時のラジオ体操ではじまり終日放送されるようになった。9月からは朝8時はじまりになった。45年1月14日から「決戦化」し、「東京放送のものをうんと番組に盛り上げて中継放送する」ことになり7時40分はじまりになったが、同月31日には12時15分はじまりになった。

　基本的に音楽が中心で、インドネシアの大衆音楽を代表する「クロンチョン」や地方の音楽などが番組表にある。放送員のハダリアは、ボルネオ新聞社主催「座談会　南ボルネオの新世紀を語る」（1943年9月3日）で、つぎのように述べている。

　　南ボルネオの原住民には大いに芸術の素質があるのですが、オランダは常にその伸びんとする若芽をチョン切つてゐました、だから折角優れた素質を持ちながらその向上が図れなかつたのです
　　　まづオペラについていへば今古い伝説や物語をやるのにも新時代の時局下の精神を

20　I．解題

　　　　十分加味してやつてゐることが俳優の態度でよくうかゞはれます、戦ふ盟主日本に
　　　　協力する固い覚悟と演技者自身の自覚をテーマに加へて芝居をやることが一般民衆
　　　　の心を引立たせ何よりの指導になると思ひます
　　歌も我等の間に古いものが沢山ありますが、これらも時代にそぐはないものは捨てゝ
　　ゆく必要があります、日本の指導下になつてから新しく我等の眼前に現はれたものは
　　紙芝居です、これはいたるところで手軽にやれるし興味があるので社会教育の上に一
　　番効果的なものだと思ひます
　　　　できれば子供用、大人用、婦人用といふやうにそれ／＼に適したものを作ることが
　　　　必要です、そして、日本からは日本紹介や我々のためになる絵ばなしなどをドシド
　　　　シ持つて来て貰ひたいと希望するものです
　　ラジオについてはかつて「精神の糧」といふことをきゝましたが、これに勝る至言は
　　ありません、ラジオによつて一般民衆は教育され、訓練され、そして清く正しい娯楽
　　を与へられてゐます、社会の進歩、文化の向上に裨益するラジオの効果の偉大なこと
　　は毎夜ラジオ塔の前に立つ夥しい群衆を見るにつけても一層深く感じられますそれだ
　　けに放送番組については専門家が十分吟味して我々のためになるものを放送して貰ひ
　　たいと思ひます

　バリックパパン支社長であった二宮順は「音楽の民」の見出しで、つぎのように回想している［二宮、1953年、237頁］。

　　　　インドネシア人達の音楽に対する熱というものは素晴しいもので、本当のクラシッ
　　　クなものはどうか知らないが一般音楽に対する熱は大変なもので、「愛国の花」など
　　　という内地のものは素晴しく、現地人にアッピールしていた。数少ない楽器でこれを
　　　楽しむのを見ると、非常に心をうたれるものがあった。
　　　　バンジェルマシンから奥地数百キロがボルネオ唯一の陸路でドライブが可能である
　　　が、その中程にカガカンダンガンという街がある、同地に数夜滞在した事があった
　　　が、少年達が手製の竹笛による合奏は実に素晴しく、今でも忘れる事が出来ない。

生演奏をできる人たちは、いくらでもどこにでもいたようである。
　番組表を詳しくみていけば、伝統音楽と近代音楽を融合した音楽や演奏家の新たな活動

がみえてくるかもしれない。1934年4月1日に東インドラジオ放送会社が放送を開始してから、オランダ領東インドの音楽は明らかに変わり、34年までをクラシック、35年からモダンと分類する者もいる［福岡、2018年］。

　毎日掲載されたのが小説で、まず岩田豊雄「海軍」が156回連載され、吉川英治「黒田如水」132回、大佛次郎「天狗倒し」84回、小島政二郎「清水次郎長」300回近くがつづき、1945年から大佛次郎「乞食大将」がはじまった。毎日楽しみにしていた読者も多かったことだろう。だんだん虚実ないまぜの「大本営発表」的な情報が多くなり、小説だけが安心して読めるものになっていった。

　大相撲は、1943年春、夏場所、44年春、夏、秋場所開催中、毎日前日の取組結果が掲載され、44年秋場所はバンジャルマシン放送局で実況放送中継された。しかし、43年5月13日には防空訓練のため休場し、応召される力士も出て44年3月22日には横綱安藝海に令状が届き、海兵団に入団することになったと報じられた。44年春場所までは15番取組であったが、夏場所は10番になり、秋場所は開幕が延期され、場所中も「都合により」延期されて10番だった。39年に69連勝を達成した横綱双葉山が、42年夏場所から44年春場所まで36連勝しており、兵士たちは相撲の記事を貪り読んだ。そして、軍はそれを士気昂揚のために役立てた［高嶋、2015年、413-17頁］。「富士倉庫資料」にも、現地住民と和気藹々相撲をとる写真が残されている［早瀬・白石編、2017年］。

　戦況は、「大本営発表を民政部の政務部長とそのつど相談して、常にどの戦場でも海陸とも日本軍が勝利をおさめているように直し」、「大本営発表をさらに粉飾」した［萩森、1970年、154-55頁］。日本兵のほとんどが死亡し「史上最悪の作戦」とよばれるインドへのインパール作戦（3月8日〜7月3日）について、『ボルネオ新聞』は1944年4月16日「敵軍、全滅か投降か　インパール攻略戦峠を越す」と報じた。同年10月のレイテ沖海戦では、アメリカ空母などをつぎつぎに撃沈した大戦果と報じたが、その後フィリピン各地が空襲され、上陸してきたアメリカ軍と交戦状態であると、明らかに矛盾する報道がおこなわれた。そして、11月3日には「B29東京上空へ侵入」を報じるいっぽう、その後日本各地を空襲したB29のほとんどを撃墜したと報じた。

　1943年8月1日以降、日本語が表裏2面になったことから、紙面に余裕ができ、第1面下段に「曳光弾」という短評欄が掲載された。内外両方の内容が掲載されたが、南ボルネオにかんするもののなかには「チクリチクリ」と批判するものもあったという。現地情報としては、シリーズものが43年年初からあったが、日本語1面のときはもっとも長い連載

の「働くインドネシア」でも9回だったが、8月1日にはじまった「中央ボルネオの秘境を探る」は41回、それを引き継ぐようにはじまった「サンピット奥地探検記」は23回におよんだ。このような探検記、視察記、座談会が多い理由は、つぎのように説明された［同上、123-24、154-56頁］。

> ボルネオには歴史も伝統もない、民度が低く官庁や調査機関も少ない。一方、ボルネオ新聞の方も編集陣がジヤワ新聞に比べるとはるかに手薄である。このような事情からジヤワ新聞に比べると、内容のある読物が比較的少ない。ことに調査物が少ない。

記事が少ないときは、『ジヤワ新聞』の切り抜きを使うこともあった［同上、161頁］。
　なお、1943年9月24日から、「レンサイマンガ」横山隆一「フクチアン」が毎日のように掲載され、読者を楽しませましたが、44年4月15日を最後に掲載されなくなった。

人名索引

　「人名索引」をみて気づくことは、作家の林芙美子（1903-51）の名があることだ。林芙美子は、1942年12月14日に、大阪外国語大学でインドネシア語を学んだ大立力男記者とともに、ジヤワからやってきて、年明けの1月6日まで滞在し、飯田記者ひとりで悪戦苦闘しているのを見かねてか「校正を手伝ってくれた。活版から上ってくる小ゲラを林さんに回すと林さんは要領よく、テキパキと朱筆を入れてくれた」。飯田は、林が即興詩を書いたときのことを、つぎのように回想している［同上、116-17頁］。

> いつだったか忙しい最中、林さんは眼の前にゲラ刷を山と積みながら知らぬ顔をして沈思していた。僕が声をかけると、林さんは手で払いのける仕草をしてさらに黙考しばらく——やがてザラ紙にサラサラと筆を走らせはじめた。書き終ると近眼のはれぼったい眼に独特の笑いを浮べて黙って僕の方に差し出した。みると、ボルネオの風物をうたった即興詩で、林さんらしい美しい自由な発想が達筆で躍っていた。早速その詩を二段ボックスものにして活版に回し紙面を飾ったものだった。
> 　夜は広い下井［社長］さんの部屋で、きまって夕食をともにしたが、酒は好きでもあまり強くない林さんはわずかのジンに陶然としてよく語り、興いたれば得意の安来節なんか歌ったりしたのも懐かしい思い出だ。

このときの詩「マルタプウラア」が、42年12月25日に『ボルネオ新聞』に掲載されたほか、バンジャルマシンを離れた後、43年1月29日に「雨」、2月2日に「タキソンの浜」、5日に「南の雨」が掲載された。また、43年6月11日から3日間、エッセイ「赤道の下」が『東京新聞』に掲載され、戦後『改造』46年6月号にボルネオを舞台にした短編「ボルネオダイヤ」が掲載された〔山下、2014年〕。

　林がバンジャルマシン滞在中の1943年12月26日、海軍省恤兵部派遣南洋慰問団「五月信子一座」が到着し、26、27日に東京劇場で上演した。20年代に松竹蒲田の看板映画女優のひとりになった五月信子（1894-1959）は、2ヶ月間にわたってマレー、ジャワを巡回した後で、さらにポンティアナック、カンダガン、バリックパパン、タラカン、マカッサル、メナドを経てフィリピンに行く予定であった。

　「人名索引」でもっとも多いのが、井上庚二郎民政部長官（1890-1969）である。東京帝国大学法学部卒の外交官で、『新版　日本外交史辞典』（山川出版社、1992年）によると中国、イギリス、ドイツ、ハンガリーなどに勤務し、1942年5月に海軍司政長官となり、南西方面艦隊ボルネオ民政部長官に補せられた、ことがわかる。45年1月に外務省調査官になり、同年7月に退官した。井上の後、44年10月にボルネオ民政部長官になったのが、内務官僚で沖縄県、大分県知事を歴任した早川元（1895-1970）で、敗戦まで勤めた。はじめ民政部長官より多く紙面に登場したのが、山路一行海軍大佐であった。民政部長官が文官で、その下の3部（政務、経済、衛生）の部長は3人とも奏任文官でよかったが、政務部長だけは武官の大佐でもよかった。紙面では山路の肩書きは民政部長官代理で出てくることがあるが、軍人トップの政務部長であったと思われる。山路は海兵49期で、「海軍航空生みの親」といわれた山路一善海軍中将（1869-1963）の長男である。

地名索引

　「地名索引」では、「南ボルネオ」「中央ボルネオ」が多い。「バンジエル」「バンジエルマシン」も多く、「バリック」「バリックパパン」「東部ボルネオ」や「ポンチアナク」「西ボルネオ」がそれほど多くないことから、記事はバンジャルマシン中心で、南ボルネオ全域に充分およんでいなかったことがわかる。バリックパパンで東部版が発行された1943年4月29日以降は、さらに東部にかんする記事が少なくなった。それにたいして、中部ボルネオの奥地の要衝である「ウルスンガイ」や「サンピット」が多く出てくる。

事項索引

「事項索引」で多いのは、「島内だより」「奥地」「秘境」「ダイヤ」と資源開発に絡むものである。住民の宣撫工作がおこなわれた地域でもある。探検、調査はシリーズで掲載された。住民の宣撫工作で重要なのが、インフラストラクチャーの整備で、水道、病院、消防、鉄道、橋などの記事が掲載された。また、富籤や夜市、懸賞論文などの募集も住民の注意を引いた。住民への日本語教育は、民政部最大の事業のひとつで、学校、教師など環境を整えていったことがわかる。現地の者で日本語の新聞を読むことができた者はほとんどいなかったと思われるが、現地の人びと向けに書いたと思われる記事がときどき掲載された。

在住日本人にたいしても、富籤や夜市は楽しめるものであったが、日本人向けの娯楽としては野球、サッカーなどのスポーツ大会がより興奮するものであった。富籤は東南アジアの占領地各地で発行された［南方開発金庫調査課、1943年］。また、ビジネスの都合、郵便、通信の整備は不可欠な情報であった。そして、戦時協力を促す軍用機献納や厚生週間がなんども強調して報じられた。富籤の賞金なども、強制的に寄付させられた様子がうかがえる。王族など有力者がダイヤモンドなどの装飾品を供出したことが美談として記事になっているが、強制であったことは明らかで、農民からは米、市民からはラジオを供出させたことがわかる。これら供出や勤労奉仕は、まず日本本土で積極的におこなわれている様子が紹介され、南ボルネオでも応じるのが当然であるかのように報じられた。

「大東亜戦争」2周年の1943年12月8日に『ボルネオ新聞』は、井上長官談として「政治参与の光栄」を報じた。戦況が不利になってきた1943年に入って、日本はビルマとフィリピンの独立承認を明らかにし、ビルマは同年8月1日、フィリピンは10月14日に「独立」した。いっぽう、旧オランダ領東インドは日本帝国の永久確保地域とされ、同年6月16日に東条英機首相が1年以内にジャワに政治参与を認める声明を出したにとどまった。しかし、海軍占領地域では民族運動が活発でなかったことから、政治参与の実施が見送られ、12月になってマカッサル、メナド、バンジャルマシン、ポンティアナック、アンボンで市政参与を実施し、市会が置かれ、15名以内の市会議員は半数以内を市長が推薦し、残りは選挙で選ばれることになった。また、民政部直轄区域は州とみなされ、州会が置かれ、議員は民政部長官が定めた［早稲田大学大隈記念社会科学研究所編、1959年、171-76頁］。東条声明については報じられなかったが、「小磯声明」ということばは44年9月26日にある。第2面の小さな扱いで、「輝かしい将来」とだけ記され「独立」の語はなく、9月7

日に小磯国昭首相がインドネシアにたいして将来独立を容認する声明を発表したことは伝えられなかった。

　1944年5月末になると「兵補」ということばが、目につくようになる。海軍兵補の募集がはじまったのである。その前の5月27日には、南ボルネオではじめて「徴兵検査」がおこなわれた記事がある。陸軍では42年6月に南方占領地で日本人兵力を補うための現地人補助部隊を育成することが許され、ジャワでは同年8月に募集がはじまった。いっぽう、海軍では44年3月に規則を制定した［同上、190-91頁］。また、マカッサル海員養成所は新たな造船と船舶の喪失にともなう船員不足を補うことから、占領地でも養成された［吉田、2017年、180-81頁］。

　現在、インドネシア語辞典にも掲載され、インドネシアの外来語のひとつになっている「ロームシャ」は、「索引」にほとんど出てこない。ジャワなどから数百万人が国内外に派遣されたとされるが、南ボルネオは労働者不足であったため、労働者受入れ側で「索引」には労力移入」「労力応援」などのことばがある。

　政治参与にせよ、兵補にせよ、住民懐柔策のひとつで、これらの政策に『ボルネオ新聞』が大いに貢献しようとしたことがわかる。いっぽうで、これらの懐柔策は住民にとって不充分で、逆に日本の占領地統治への不満に繋がった。このようななかで、住民のあいだに不穏な動きがあるとして、虐殺事件が起こった。

虐殺事件

　ボルネオ新聞社による文化工作などにもかかわらず、日本占領下の南ボルネオはけっして日本人が安穏として暮らしていけるところではなかった。南ボルネオでは、バンジャルマシン事件（またはハガ事件）、ポンティアナック事件（またはマンドール事件）という2つの特筆に値する事件が起こった。当時の新聞記者の目を通してみてみよう。まず、バンジャルマシン事件からである。

　1943年12月21日『ボルネオ新聞』は、「不逞抗日陰謀を総剔抉　首謀者全部銃殺　旧蘭領ボルネオ総督等」「迷夢に等しき武装蜂起計画　収容所内外を連絡諜報、蠢動を続く事件の概要」「執拗な謀略諜報戦　地下細胞組織で米英にも通報　諜報活動」「防諜を強化敵側の策動を撃攘　軍当局談」の見出しで、つぎのように報じた。

　　本年五月以降四次にわたり関係者二百余名を検挙し厳重取調べを行つた結果、極めて

悪質なる罪状明白となつたので、このほど海軍軍律会議の公判に付し首謀者以下に対し死刑を宣告二十日銃殺を執行した

首謀者のうち顔写真付きで報じられた者は、つぎの5人、元蘭領ボルネオ総督オランダ人ハガ（53）、センヂング・バンヂエルマシン病院長スイス人フイツシエル（47）、休職衛生監察官蘭籍ジヤワ人スシロ（50）、休職税務署調査係長印欧人アホプレラ（53）、元ゴム制限局長印欧人ブランドン（50）だった。事件以前に、『ボルネオ新聞』は、2度ハガにインタビューした記事を掲載している。1943年1月28日「ハガ前総督と会見　心境をきく「米英来援」の悪夢さめて　懺悔に震はす老いの痩躯　皇軍の恩威に心からの感謝」と3月18日「囚われの敵国人（2）　軟禁所　哀れ敗残者の姿　栄華の夢さめて握る畠作りの鍬　前総督ハガの心は淋し」で、ハガは「政治は植民地大臣からバタビヤの蘭印総督を通じて命ぜられた通りやつたまで丶ある」と述べている。

『インドネシアにおける日本軍政の研究』では、「ハガ事件」を、つぎのようにまとめている［早稲田大学大隈記念社会科学研究所編、1959年、208-09頁］。

　　この事件は州知事ハガ以下のオランダ人官吏が敗戦直後に親蘭的なインドネシア官吏、医師及び華僑と共に連合軍反攻時における対日蜂起を計画したといわれるもので、同種のものとしてはジヤワにおけるファン・デル・プラスの計画した第五列組織といわれるものがこれに相当するとみるべきであろうが、バンジャルマシン所在の海軍特警隊及び海軍民政部政務部警務課は積極的な反日蜂起の未然発覚として関係者の検挙を強行した。この事件のインドネシア人関係者の殆んどがメナド、アンボン出身のキリスト教徒であって、当時キリスト教徒を親蘭分子、反日分子と即断した海軍軍政当局の狭溢な人種観が事件検挙に作用していたとみられる。この傾向は各地にみられたところであった。

当時ボルネオ新聞社バンジャルマシン本社編集部員であった奈良弘美は、「私たちが着任した当時——昭和十七年暮から十八年始めにかけて——のバンヂェルマシンは平和そのもので、極めて和やかな気分でみちていました」と記しているが、「数ヶ月たつうちに、フト彼らが私たちに対して、なにか警戒しているのではないかと感じるような空気がただよいはじめました」と10年近くたって回想している。そして、『ボルネオ新聞』で事件の

全容が発表され、一応結末をつけたことを、つぎのように記している。なお、奈良は別件で日本軍による刑場での処刑の様子を伝えている［奈良、1953年、246-53頁］。

> ホッとしたのは日本人ばかりではありません。半年ぶりで現地人の顔にも血の気がよみがえったようでした。
> 「総督」という高い地位にあった人が死刑になった例は、広い大東亜の日本軍占領地区でも他になかったのではないかと思います。軍法会議には新聞記者の立会いは許されませんでした。事件の真相は軍発表以外に知る由もありません。
> また、処刑された人たちの最後がどんな風であったかも、私にはわかりません。ただ元総督ハガは死刑の執行をうける前に、すでに獄死していたということです。

その２日後の12月23日に『ボルネオ新聞』に「蘭人抑留者家族へ　皇軍の温情　クリスマスに贈り物」の記事が載り、「民政部では十五歳以下の子供に対しシヤツ、靴、靴下等のクリスマス・プレゼントをして喜ばせることになつた」と報じた。

つぎのポンティアナック事件は、インドネシア人による政治的抗日抵抗事件として最大のものであった。ポンティアナック地区は、陸軍部隊が占領し、1943年８月まで陸軍軍政下にあり、以後バリックパパンの海軍根拠地隊の海軍大尉が指揮する分遣隊が警備にあたっていた。『インドネシアにおける日本軍政の研究』では、「ポンティアナック事件」を、つぎのようにまとめている［早稲田大学大隈記念社会科学研究所編、1959年、206-08頁］。

> 一九四二（昭和一八[ママ]）年一一月三日明治節祭日を期してポンチアナク在住日本人の毒殺、虐殺の計画が発覚したとして首長、官僚、医師、華僑の数回にわたる大検挙を行った。第一回は一九四三（昭和一八）年九月官僚、医師、若干の華僑が親蘭反日陰謀の名目により、第二回は同年一一月に西ボルネオの一二名の土侯が同様な名目により、さらに翌一九四四（昭和一九）年一月日本軍人慰労会に日本人毒殺を計画したとの名目の下に官僚、医師、華僑が検挙され、同年五月少数の者に対しては裁判を行い、他は裁判もなく処刑された。

当時４人しかいなかったボルネオ新聞社ポンティアナック支社の日本人のひとりで、編集を担当していた平尾久則は、つぎのように回想している［平尾、1953年、240-45頁］。

多年の交りをもつ華僑と現住民が、オランダ側との秘密の連絡によって、どのような謀反をするかも知れないという懸念は、ポンチャナックに警備の陣を布く、極く少数海軍陸戦隊の分隊にとっては、五千倍、五万倍の大きな入道雲となり、ちょっとの情報によってもその入道雲がますます盛り上り、覆いかぶさって来るのが当然の帰趨であった。

　H大尉の率いる分隊の中にあって、最も神経をすり減らしていた衛兵隊長Y少尉は、或る日、バンジェルマシンの巡邏隊本部から入った重大情報と、現地調査リストを手に、H分隊長とその対策について緊急密議をこらした。そして事の重大性にかんがみM民政長官（中将待遇）を抑えて、事を運ぶ決意を固めたという結果以外には、我我報道陣には明確に事態を捕捉することが出来なかった。

　（略）

　警備人員は減少し、武器は乏しい。バンジェルマシンの本部との連絡は、辛うじて一隻の四発海軍飛行艇と、たまにくる陸上機と機帆船によって、維持されているような有様で実際は、完全に救援本拠と隔絶された密林中の、捨てられた一区域であるにすぎなかったのである。

　警備隊の焦慮も無理はない。

　戦況は日と共に不利で、孤島の日本軍は次々に全滅し、"玉砕"の報は、ひっきりなしに入って来つつあったからである。

　平尾は、華僑社員が自宅から姿を消し、「社内は動揺し、人員不足で文化工作に忽ち支障が起ることを主張し」、警備隊長にかけあっても無駄であった、と記している。現地民政部は無力で、「兵団本部の反乱陰謀者処分方針が明示され特別調査将校が、現地に到着し」、ポンティアナック警備隊に「責任ある指示が与えられ、その反省を促すよう」になって、ようやく「現住民も在留日本人の心にも穏かな気分が戻ってきた」。日本の敗戦が伝わると、「かねて怨咀の目標となっていた巡邏隊の腕利き兵曹長は、降伏部隊収容直前にダイヤク族の血祭りに上げられた」［同上、240-45頁］。

　海軍民政下の地域では、南ボルネオだけでなく、ミンダナオ島とスラウェシ島のあいだにあるサンギヘ諸島、マルク諸島（香料諸島）、中部スラウェシなど、各地で首長と呼称を統一された有力者が、占領末期に虐殺された。かれらの権力を温存し、民政に協力させた結果であった。そして、指導者を失ったこれらの地域では、戦後政情不安がつづいた。

東部版

　1943年4月29日から発行された東部版は、「産業の中心、海軍の根拠地、燃料廠の所在地であり且又邦人一万五千人の住むバリクパパン」を支社とした。創刊にさいして資材を積んだ鎌倉丸が敵潜水艦によって沈められ、殉職者をだすなど最初から困難に見舞われた。バリックパパンは、開戦時にオランダとの戦闘で市街地が焼け、43年8月13日以来、3〜4日おきの空襲が、やがて連日になり、3回の大空襲を経験し、敗戦前に敵が上陸した地であった。また、石油以外になにもなく、食糧が極端に不足していた。1877年製の印刷機で総計2万部弱を発行したが、陸路がほとんど利用できないためボートで広大な区域を配達した［萩森、1970年、139-46頁；二宮、1953年］。

　東部版でも、1面は戦況、2面は内外の社会・生活にかんする記事がおもに掲載された。独自の無線設備をもたなかったことから、同盟通信社が配信する戦況や内地事情は中部版と同じで、現地軍・民政府からの情報も同じであっただろう。現地での取材は、連日の空襲で思うようにできず、そのうえ機密情報であるため燃料廠にかんすることはほとんど報じられなかった。中部版とはずいぶん違う取材環境があった。

　読者の楽しみのために毎日休みなく小説が掲載され、1943年10月から翌44年4月までマンガ「フクチャン」がときどき休みながら掲載された。大相撲も1943年夏場所、44年春、夏、秋場所が、取組自体が延期されたり縮小されたりしながら、星取りが掲載された。

　日本人読者が気にした内地事情は、「戦ふ祖国たより」「戦ふ祖国便り」が毎日のように掲載された。だが、中部版にあった共栄圏にかんするものは少ない。島内にかんするものも少なく、バリックパパンを中心に報じた。

　シリーズものは、中部と同じものがいくつか連載されたが、バリックパパン、マハカム河などおもに東部のものが連載された。連載は2〜3回のものが多く、10回を超えるものは2度しかなかった。

　具体的な人名が掲載されることはあまりなく、都市名ではバリックパパンがもっとも多く、サマリンダ、タラカンがそれにつづくが、地域としての東部ボルネオにかんするものは少ない。南ボルネオやボルネオとより広い地域名のほうが多く出てくる。バリックパパンやサマリンダは1944年になって多く出てくるようになるが、もっとも空襲の激しかったタラカンは同年6月にならなければ出てこない。「島内だより」も同年7月から数日おきに出てくるようになる。

　事項で、中部版に比べて頻出するのは、海軍、献金、現地・原住民である。石油、石炭

などの資源開発をおこない、多数の日本人、インドネシア人労働者を抱え、労務管理と統制が課題であったと考えられ、いくつかの記事があるが、中部版に比べ、ずいぶん窮屈な報道の様子がうかがえ、読者としての日本人やインドネシア人が見えてこない。

　ラジオ放送は1943年４月以来おこなわれていることが、同年６月12日の記事からわかり、「趣味の音楽放送のほかニュース、講演、日本語講座などの放送を行つて原住民の教化指導と慰安に資してゐ」たが、これも機密事項として扱われたのか、放送番組表は掲載されなかった。インドネシア人のサッカー大会は報じられたことがあるが、日本人の野球やサッカーなどのスポーツ大会は報じられていない。紙面からわかる娯楽は、大和館で上映された映画であった。映画は、日本人向けとインドネシア人向けに分けられていた。慰問隊が来たこともあり、音楽隊が地方を巡回したことも報じられたが、新聞記事を見る限り、東部は中部よりスポーツ、文化活動が活発ではなかった印象を受ける。

　読者対象とした日本人の多くは、石油産業に従事していた。現地とのかかわりは希薄で、一時滞在者として日本軍の戦況と内地事情に関心があり、生活者の視点はほとんどなかったといっていいだろう。その読者も、1944年９月中旬にバリックパパンの在住日本人の引揚が完了したことから、多くがいなくなった。その後は、守備部隊の日本兵を読者とした文字通りの陣中新聞になった。

〈むすびにかえて〉

　『ボルネオ新聞』に掲載された記事は、どこまで現地の事情を伝えていたのだろうか。当時日本の占領下で生活した南ボルネオの人びとの声は、あまり伝わってこない。同じ海軍支配下にあったマカッサルでの体験が、自伝でつぎのように語られている［イワ・クスマ・スマントリ、1975年、92頁］。

> マカッサルを占領した日本軍当局は、やがて私たちにマカッサルの市行政の復旧を依頼してきた。私たちは、日本軍のその要望を拒むことはできず、実行しなければならなかった。マカッサル出身のナジャムディン・ダエン・マレワが、マカッサルの市長になり、私とユスフ・サマが、その補佐役になった。二カ月で、マカッサルの行政は、従来どおりの円滑さを回復した。私は、日本語の学習を強制された。

日本側の資料では、マカッサル特別市長は、1917年南洋貿易に入社し、メナド支店長を務

めた山崎軍太（1894-1984）となっている［太田、1980年ａ、128頁］。

　『ボルネオ新聞』1943年５月１日「彼女らに聴く新ボルネオ（１）　希望に満ちた生活　統治二年目・輝く理想に立つ　座談会（上）」、５日「彼女らに聴く新ボルネオ（２）　是非日本を訪ねたい　私達の切なる願ひ「大東京」へ　座談会（下）」に登場した３人の女性「○○会社タイピスト　エス・イ・ドラクラ（二二）―印欧人」「バンジエルマシン放送局アナウンサー　ベルテンイラ・ロスリヤ（二〇）―ダイヤ」「バンジエルマシン女子小学校長　スパルテナ（二五）―インドネシア」のうち、小学校長のスパルテナはオランダのスパイだったとして刑場で首をはねられ、タイピストのドラクラもスパイの疑いでジャワへ追放された［奈良、1953年、249-50頁］。

　「ボルネオ新聞マライ語版主任」のハミダンは、1943年11月17-18日、６つの独立国、７つの地域から85人の新聞人が東京に集って開催された日本新聞会主催の「大東亜新聞大会」に、ボルネオ代表として出席した。『ボルネオ新聞』（1943年11月20日）では、大会２日目にハミダンが「大日本指導下の新聞は旧蘭印時代とは大なる相違があり、大日本が尊い犠牲において我々を解放してくれたことに対し私はペンを以て米英撃滅、共栄圏建設に全力をあげて戦ひ抜くことを誓ふ」と熱弁をふるったと報じた。そして、帰国後「感激の帰還報告」をおこない、「盟主」日本を讃えた。ハミダンは日本軍の要望に応えたが、ハミダンはオランダ植民地時代に３度投獄されるいっぽう、日本のファシズムも嫌っていた。ハミダンは表面上従順に新聞を発行しつづけていたため、日本の敗戦直前の45年８月11日に海軍の推薦を受けて「東印度独立準備委員会」のボルネオ代表委員になったが、敗戦翌日の16日、ジャカルタで起草された独立宣言にも加わった。インドネシアが国際的に承認された50年に日本軍侵攻前に発行していた日刊紙『スアラ・カリマンタン』を復刊したが、スカルノ批判をして62年に廃刊に追い込まれた。97年、抑圧的な権力者と闘いつづけた88年の生涯を、バンジャルマシンで終えた［朝日新聞「新聞と戦争」取材班、2011年、上407-09頁］。占領地域の住民を日本に「招待」し、宣伝材料に使うことは台湾領有直後からおこなわれていた［阿部、2014年］。

　ボルネオ新聞社に従事した日本人で帰国できた者は、朝日新聞社に復職し、「社報」でその体験を語っている。また、『秘録大東亜戦史　蘭印篇』（富士書苑、1953年）などに回顧談を寄せている。戦場に派遣されたほかの民間人と同じように、かれらは職責を全うしたことに誇りをもっている。「大本営発表をさらに粉飾」したことへの後ろめたさはない。そのような記事から、戦争を体験しなかった者は、なにを読みとることができるだろう

か。職責を全うした、かれらが伝えようとしたことはなにだったのか。それを考えることによって、戦争協力とは違う、戦時下の生き方がみえてくるかもしれない。

また、イギリスやオランダなど欧米の、石油をはじめ鉱山開発の優れた技術を「盗んだ」として戦犯に問われることを恐れ、資料を処分し口をつぐんだ技術者についても、『ボルネオ新聞』に掲載された資源探索のための調査旅行の記事などをきっかけとして、ほとんどわからなかった戦争協力と科学リテラシーの問題の一端がわかってくるかもしれない[6]。

『ボルネオ新聞』の読み方は、人それぞれである。マレー語版を読むことによって、日本語版の新たな読み方ができるかもしれない。日本人研究者で、両版を読むことができる者はいる。マレー語（インドネシア語）を母語とする者が、日本語版を読めるようになると、『ボルネオ新聞』の資料的価値も一段とあがることだろう。それを期待している。

残念ながら、今回復刻できたのは朝日新聞社所蔵の中部版1942年12月8日〜45年2月3日の第1〜677号、東部版1943年4月29日〜45年1月22日の第122〜666号、西部版1944年9月5〜12日の第178〜84号にすぎない[7]。欠号も多く、今後、今回復刻できなかった号のインドネシアなどでの発掘が望まれる。そのためには、インドネシア人の関心と協力が必要である。

註

1 早稲田大学西嶋コレクション「海軍軍政一般（その一）」所収「占領地軍政陸海軍分担区分に関する資料」。資料出所「海軍沿革史続編原稿（自昭和十七年至昭和十九年）」。
2 旧制の官吏は、高等官と判任官に分けられ、高等官はさらに1〜2等の勅任官と3〜9等の奏任官に分けられた。奏任官は、内閣総理大臣が奏請して勅裁を得て任命した。高等官三等は、陸海軍大佐、大公使館一等書記官、帝国大学・官立大学助教授などであった。
3 判任官は、大権の委任にもとづき、行政官庁において任ずる者で、外務書記生、帝国大学助手、二等郵便局長、警部、消防士などであった。
4 このことは、捕虜の半数以上が移動中に死亡した「サンダカン死の行進」または「ラナウ死の行進」を思い起こさせる［早瀬、2016年b、113頁］。
5 南方開発金庫は、1942年3月25日に設立、4月1日に開業した、日本政府の金融機関で、「南方地域における資源の開発および利用に必要な資金を供給し、あわせて通貨と金融をはかることを目的」とした。詳しくは、早瀬晋三編集・解説『編集復刻版　南方開発金庫調査資料（一九四二〜四四年）』龍溪書舎、2012-15年、全17巻＋附巻を参照。
6 大油田のあったスマトラについては、膨大な「南方燃料南スマトラ支廠製油施設調査報告」が残されているが（早稲田大学図書館一部所蔵）、科学技術の知識なしに考察することはできない。
7 東部版創刊号の号数は、それまでバンジャルマシンで発行された『ボルネオ新聞』121号を引き継ぐかたちで、第122号からはじまっている。

参考文献

アジア歴史資料センターC14060063100「川口支隊司令部　状況報告資料」昭和17年2月14日～3月15日

早稲田大学西嶋コレクション「海軍軍政一般（その一）」

朝日新聞社「写真が語る戦争」取材班『朝日新聞の秘蔵写真が語る戦争』朝日新聞出版、2009年、222頁。

朝日新聞「新聞と戦争」取材班『新聞と戦争』朝日新聞出版、2011年、朝日文庫上下2巻（初版は朝日新聞出版、2008年）。

阿部純一郎『〈移動〉と〈比較〉の日本帝国史―統治技術としての観光・博覧会・フィールドワーク』新曜社、2014年、386頁。

江澤誠「「スマトラ新聞」解題」江澤誠監修・解題『スマトラ新聞』ゆまに書房、2017年、203-18頁。

太田弘毅「海軍南方占領地行政の機構系統の変遷」『日本歴史』344号（1977年1月）39-64頁。

太田弘毅「海軍南方占領地行政に従事せし文官―その人数と配置」『日本歴史』369号（1979年2月）22-46頁。

太田弘毅「海軍セレベス民政部の軍政―最初期を中心に」『南方文化』第7輯（1980年a 12月）107-32頁［表紙の目次では、副タイトルは「草創期を中心に」になっている］。

太田弘毅「海軍南方占領地に進出した日本の企業会社」『東南アジア研究』18巻3号（1980年b 12月）132-45頁。

太田弘毅「海軍の兵補制度について」『政治経済史学』179（1981年a 4月）29-52頁。

太田弘毅「海軍軍政地域の青年団活動（上）」『軍事史学』第17巻第3号（1981年b 12月）57-64頁。

太田弘毅「海軍軍政地域の青年団活動（下）」『軍事史学』第17巻第4号（1982年3月）60-70頁。

太田弘毅「ニューギニアにおける海軍民政機関」『政治経済史学』223（1985年2月）64-81頁。

太田弘毅「海軍軍政地域にあったマカッサル研究所」『政治経済史学』300（1991年a 4・5・6月）61-80頁。

太田弘毅「海軍南方軍政としての土侯対策―インドネシア外領を中心に」『政治経済史学』306（1991年b 12月）1-24頁。

太田弘毅「日本海軍軍政下の宗教―南西方面民政府管内」527号（1992年4月）70-88頁。

岡田文秀『岡田文秀自叙伝「怒濤の中の孤舟」』岡田文秀自叙伝刊行会、1974年、573頁。

外務省外交史料館日本外交史辞典編纂委員会編『新版　日本外交史辞典』山川出版社、1992年、1103＋224頁。

神原泰『蘭印の石油資源』朝日新聞社、1942年、73頁。

クシュナー、バラク著、井形彬訳『思想戦　大日本帝国のプロパガンダ』明石書店、2016年、417頁。

クスマ・スマントリ、イワ著、後藤乾一訳『インドネシア民族主義の源流―イワ・クスマ・スマントリ自伝』早稲田大学出版部、1975年、376＋15頁。

高嶋航『軍隊とスポーツの近代』青弓社、2015年、440頁。

津田浩司解題『復刻　共栄報　附・新新報』台北市：漢珍、2019年、全32冊＋別冊1

富塚秀樹「太平洋戦争下における南方新聞政策―『ボルネオ新聞』マカッサル支局長・棟尾松治を例として―」『法政論叢』39巻1号（2002年11月）118-32頁。

豊嶋房太郎・赤塚正一編『濠北を征く―思い出の記　椰子の実は流れる』濠北方面遺骨引揚促進会、1956年、530頁。

奈良弘美「バンジェルマシン事件」田村吉雄編『秘録大東亜戦史　蘭印編』富士書苑、1953年、

246-53頁。
南方開発金庫調査課「南方各地富籤発行状況」(メモNo. 14) 早瀬晋三編集・解説『編集復刻版 南方開発金庫調査資料 (一九四二〜四四年)』龍溪書舎、2015年、第14巻所収。
二宮順「ボルネオ物語」田村吉雄編『秘録大東亜戦史 蘭印編』富士書苑、1953年、235-39頁。
日本石油株式会社 日本石油精製株式会社 社史編さん室『日本石油百年史』日本石油株式会社、1988年、1050頁。
燃料懇話会編『日本海軍燃料史』原書房、1972年、上下2巻。
萩森健一『本社の南方諸新聞経営―新聞非常措置と協力紙』朝日新聞社史編集室、1970年、460頁。
林芙美子『林芙美子全集 第六巻』『林芙美子全集 第十六巻』文泉堂出版、1977年。
早瀬晋三「植民者の戦争経験―海軍「民政」下の西ボルネオ」倉沢愛子ほか編『岩波講座 アジア・太平洋戦争4 帝国の戦争経験』岩波書店、2006年、31-58頁。
早瀬晋三『フィリピン近現代史のなかの日本人―植民地社会の形成と移民・商品』東京大学出版会、2012年、282＋26頁。
早瀬晋三「日本占領・勢力下の東南アジアで発行された新聞」『アジア太平洋討究』27号 (2016年a) 61-100頁。
早瀬晋三「ラブアン―すれ違う戦争メモリアル」『アジア太平洋討究』27号 (2016年b) 101-16頁。
早瀬晋三・白石昌也編『朝日新聞大阪本社所蔵「富士倉庫資料」(写真) 東南アジア関係一覧』早稲田大学アジア太平洋研究センター、2017年、422頁。
平尾久則「ポンチャナック」田村吉雄編『秘録大東亜戦史 蘭印編』富士書苑、1953年、240-45頁。
福岡正太「スンダ音楽の「モダン」の始まり―ラジオと伝統音楽」福岡まどか・福岡正太編『東南アジアのポピュラーカルチャー―アイデンティティ・国家・グローバル化』スタイルノート、2018年、258-81頁。
宮田俊行『林芙美子が見た大東亜戦争』ハート出版、2019年、269頁。
三輪宗弘『太平洋戦争と石油―戦略物資の軍事と経済』日本経済評論社、2004年、378頁。
望月雅彦編『林芙美子とボルネオ島―南方従軍と『浮雲』をめぐって』ヤシの実ブックス、2008年、171頁。
山下聖美「林芙美子「ボルネオ ダイヤ」を読む」『日本大学芸術学部紀要』59号 (2014年) 27-36頁。
吉田裕『日本軍兵士―アジア・太平洋戦争の現実』中公新書、2017年、228頁。
早稲田大学大隈記念社会科学研究所編『インドネシアにおける日本軍政の研究』紀伊國屋書店、1959年、630頁。

2．復刻版『ボルネオ新聞』1942〜45年

(2)中部版（日本語、マレー語）、東部版（日本語、マレー語）、西部版（中国語、マレー語）

松村　智雄

〈はじめに〉

　本稿は『ボルネオ新聞』関係者の現地社会へのまなざしの特徴は何か（新聞内容の特徴）、彼らが新聞発行を通して何がしたかったのか（新聞発行の目的）という問いに答えるものである。この目的を達成するため、『ボルネオ新聞』マレー語版、中国語版と日本語版を比較しつつ、民政部と現地社会との接点に注目する。まず、『ボルネオ新聞中部版』発行の拠点となったバンジャルマシン、『東部版』が発行されたバリックパパン、『西部版』が発行されたポンティアナック各地の概況を述べ、その後紙面の内容を紹介する。なお引用文中の漢字については、旧字体は基本的に新字体に改めたが、新漢字ではニュアンスが異なってくるものは旧漢字のままにしている部分もある。また旧仮名遣いはそのまま用いている。マレー語版、中国語版の記事の引用に際しては、筆者が日本語に翻訳した。

　ボルネオ島（インドネシアではカリマンタン島と呼ぶ）は世界有数の面積をもつ広大な島であり、マレーシア領のサラワク州とサバ州、ブルネイ・ダルサラーム、インドネシア領に分けられる。島の沿岸部には、古来ブルネイ王国はじめ大小の多数のマレー系の港市国家が交易で栄えていた。内陸部には「森の民」とも呼ばれるダヤク人（新聞中では「ダイヤ族」と記載）が外部との比較的制限された交渉の中で生活していた。また18世紀以降、中国南部からの移民が流入し金鉱開発に携わるなど、さまざまな地域から移民を受け入れてフロンティア空間が形成されていった。各地域をつなぐのは海運および河川に沿って移動する船であった。サラワクにはラジャン河、ボルネオ島西部にはカプアス河、南部にはバリト河、東部にはマハカム河という大規模な流域面積を持つ大河があり、交易ネットワークがそれらの河と支流に張り巡らされていた。

　ボルネオ島に最も早期から居住してきた「地元民」とされるのがダヤク人である。「ダヤク人」は総称であり、居住地によって言語、文化が異なる多数のサブグループから構成

されている。ボルネオ島はさまざまな出自を持つ移民を受け入れてきたフロンティア空間であったと先に記したが、例えば現在のマレーシアのサラワク州、サバ州には多数の中国系住民（華人）がいる。また西カリマンタンには、スマトラ島、マレー半島から渡来したマレー系移民が多い。バンジャルマシンとその郊外には、地元民のバンジャル人（ダヤク人と外来のマレー系民族とが混ざり合って形成された民族といわれ、大多数がイスラム教徒）がいるが、内陸部にはダヤク人が多く、ジャワ島からの移住者も多い。東カリマンタンには、スラウェシ島からのブギス人、マカッサル人の移民が多い。また、スハルト体制期には国内移民政策（トランスミグラシ）により、ジャワ人農民の大規模な移民が、南カリマンタン、西カリマンタン、東カリマンタンで見られた。

　ボルネオ島のインドネシア領のうち、華人の存在感が最も大きいのが西カリマンタンである。ここでは18世紀中葉以降、金鉱開発を行うために中国南部から渡ってきた客家系華人[1]が多数を占める。19世紀には、カプアス川流域のマンドルを中心とした蘭芳公司や、北部のモントラド金鉱を中心として栄えた和順公司といった中国人の自律的政体が並立し、抗争を続けていた。しかしこれらの公司は、オランダ政庁の攻撃を受けて解体した。それでもなお、西カリマンタンでは20世紀初頭までオランダ政庁に対する客家人の反乱は継続しており、蘭領であるとはいえ、直接統治からは程遠い状態であった［Somers Heidhues 2003: 47-126］。

　『西部版』発行の拠点であったポンティアナックは、他の地域と比べて華人の比率が高く、全住民の一割を華人が占めている［Somers Heidhues 2005: 105］。西部最大の都市、ポンティアナックと第二の規模を持つシンカワンは特に華人の割合が高い[2]。ポンティアナックは、オランダ植民地期以前から外界に開かれた港市であった。シンガポールとの商取引が盛んで、現地産のゴムやコプラが輸出されていた。この動きはインドネシア独立後も連綿と続いていた［Somers Heidhues 2003: 216-7］。

　バンジャルマシンを中心とする現在の南カリマンタン州では、石炭の採掘が現在に至るまで盛んである。日本統治時代にも、この地域の石炭資源は、バリックパパンの石油資源とともに注目を浴びた。

　ダヤク人は元来精霊信仰を持っていたが、スハルト政権による共産主義弾圧のもと、明確な宗教を持つことを要求され、彼らの大多数は国家公認宗教[3]のひとつであるキリスト教（カトリックあるいはプロテスタント諸教派）を受容した［Davidson 2008: 105-6］。また、マレー人はすなわちイスラム教徒であるという社会的認識があり、これは広くマレー

社会でmasuk melayu（マレー人の仲間に加わる）といえば、イスラムへの改宗を指すということにも表れている［Somers Heidhues 2003: 27］。

　華人は中国南部起源の民間信仰[4]を持っており、ボルネオ島の各地にそれらの神々を祀る廟が存在する。先のダヤク人と同じく、スハルト体制期初期に、公認宗教のいずれかを信仰するようにという政治的圧力のもと、カトリックやプロテスタント各教派へ入信した人々も多い［Somers Heidhues 2003: 258］。

「新しいボルネオ」

　『ボルネオ新聞』マレー語版の創刊号（昭和17年12月8日）の内容は日本語版と同一である。そこで強調されているのは「大ボルネオに南方文化建設」という使命である。特にbaruという言葉が頻繁に登場する。「新しい」という意味のマレー語であるが、オランダ植民地時代を脱した人々が、日本の統率のもとに新しい文化を築き、新しい時代を切り開くとされる。

　日本語版（表１面）、マレー語版（裏１面）に共通して、一面には各地の戦局を伝える記事が多く、この性格はどの時期にも共通のものである[5]。日本語版の際立った特徴は、資源に関する記事が多いことである。これは、「広大なる処女地」（12月8日）というボルネオのイメージが共有されており、各地にどのような可能性があるかが日本語版の読者にとって関心事であったことを示している。この性格は日本語版に顕著であり、マレー語版は、統治を敷くうえでの重要事項の伝達という意味あいの方が強い。

　『ボルネオ新聞』がバンジャルマシンで発行された当初の記事を見てみよう。日本語版には、「量り知れない豊かな鉱脈　ゴム以外にも米に木材に樹脂に棉に　農林産物も前途洋々」（昭和18年1月1日）、「都市の路上でも稲づくり　ゴムに代つてお米の増産へ　こゝでも懸命　手際のいゝ原住民官吏」（1月3日）、「ダイヤモンド増産へ　美はし！原住民の協力風景」（1月20日）、「農水鉱の三試験所バンヂエル市に設置　技術による住民皇化の躍進」（1月21日）、「忽然現れた製鉄村　南ボルネオに画期的重工業　こゝにも視る逞しき敢闘精神」（7月4日）といった記事が並ぶ。

　資源開発の目的は、オランダ植民地時代のジャワ偏重を改善し、ボルネオがそれらに依存せずに繁栄することを目指す、すなわち「ボルネオ自主性確保」（3月10日）とされた。

　昭和18年3月26日の日本語版の記事、「対内地共栄圏交易を統制　ボルネオ物資配給組合生る」では、物資が豊富なボルネオの資源を内地に結び付けるため、ボルネオ物資配給

組合が結成され、計画交易が展開されることになったと述べられている。それまでボルネオに進出した交易者は独自に活動していたが、それら担当者を統合して、物資輸入の統制並びに配給の適正化を行うことになったという。ボルネオの使命は「鉱農産物その他戦争物資の増産集貨を図り、国際産業計画に照応して圏内各地域間における相互交流を行ふ」ことであるとされた。

　8月19日に掲載された「我は見たり宝の庫　この奥地に無尽蔵の石炭層」という見出し（「中央ボルネオの秘境を探る」という連載記事の一部である）は、当時の日本の関心を直接的に表したものである。また、それらの資源を利用し「工業の島ボルネオ」が誕生しつつあり、内陸部各地に炭焼きの村が登場しているという記事（8月24日）、増産に向けてゴム園の開発を促進するという記事（8月26日）も掲載された。

　民政部は統治地域のインフラ整備にも強い関心を持っていた。例えば昭和18年1月19日の記事には、郵便制度が整備され、南ボルネオと日本間の通信も可能になったこと、市の病院兼療養所が拡充されたこと、8月8日には、バンジャルマシンの上水道通水式が行われたことが報道された。病院、学校、福祉施設の建設についても繰り返し報じられている。例えば6月26日には、バンジャルマシン農業学校が開校となったという記事が掲載された。その他、民政部はバンジャルマシンにあった、オランダ時代の宣教師が創設した病院を整備し直し、大日本海軍慈善病院として診療を始めた（昭和18年5月19日）。住民を引き付けるために、住民の福祉向上という面は欠かせなかったのであろう。

　もう一つの統治の柱は日本式教育の普及であった。1月27日には「和蘭の文盲政策を追放　新たに五大方針を確立」の見出しで、敵性色をすべて排除し新しい皇民化政策を徹底すると報じられた。このためにボルネオ学制改革が行われた。その意図は、オランダ統治期の教育制度を撤廃し、原住民に対し大東亜共栄圏建設の意義を徹底させ、その一翼を担う責務を体得させ、また欧米崇拝観念排除を目指し、新生ボルネオの皇民化を行うというものであった。日本語能力試験実施についての記事も見られた。

　日本語教育、日本式の教育の先にあったのは優秀な学生を日本に留学させる制度であった。これについて「原住民の初留学生　日本へボルネオから七名選抜」（昭和18年5月11日、日本語版）、「憧れの日本へ出発　ボルネオから初の留学生七君」（昭和18年6月24日、日本語版）といった記事が見られる。後に彼らの日本体験記が連載される。マレー語版においても初めての南ボルネオからの日本への留学生に関する記事がある（5月11日）。10月15日付（マレー語版）には、日本に派遣された学生から両親に宛てた手紙が掲載されて

いる。その手紙の中で留学生が東京での生活について興奮した調子で綴っている。同様の内容は日本語版でも報道されている。この留学制度にも、人的な交流を通してボルネオと日本を垂直的に結びつけるという意図が込められているといえよう。

　南ボルネオ「民政」の達成についての昭和18年4月13日の記事では、それまでにバンジャルマシン市政の基礎が完成し、原住民対策も万全とされている。この記事は、民政部により政務、経済、衛生など各班の組織が作られ、支部が設けられて、警察、税務、司法、税関などの設備が整えられ、現地の人々の管理の待遇も改善し、積極的参加が促されたことを伝えている。また、新聞を使っての指導、宣伝、映画、ラジオの活用、放送の開始も報じられた。このような施政を振り返る記事を読むことで、民政部やボルネオ新聞社、日本人の関心が当時どこにあったのかを窺い知ることができる。

　その他、多数の内陸のダヤク社会への探検記が連載されている。そこでは、豊かな天然資源の存在と、内陸に暮らす素朴なダヤク人が異国趣味を交えて描かれる。日本語版により多く掲載されている探検記では、ダヤク人がいかに日本人に恭順を示しているか、日本人とダヤク人がいかに親しい間柄であるかを強調するタッチとなっている。ダヤク人社会に関する内容は『ボルネオ新聞』独自のもので、当時のダヤク社会に向けられた日本人のまなざしを知るための重要な資料といえるだろう。例えば、東ボルネオのサマリンダから大河マハカムを遡上しダヤク人のカンポンに行った時の様が描かれた記事に登場するダヤク人は日本人を「ラジヤ・バル」[6]と呼び、祝宴を開き歓迎したという（8月24日）。

　奥地探検の第一義的目的は、資源開発であることはいうまでもない。探検において石炭層や油田地帯の調査が行われた（昭和18年6月12日）。また南ボルネオの開発のために、ジャワを統治する陸軍から食糧援助と労働力供与の約束を取り付けたという記事も掲載された（昭和18年6月23日）。

マレー語版の特徴

　マレー語版には、マレー語読者の生活や仕事に直結した記事が詳しく載せられるという特徴がある。例えば、昭和17年12月11日には「民政部に奉職する人々の給料増額」が報じられた。「公務員に賞与」（昭和18年1月16日）も支給されたようだ。その他、昭和17年12月14日付には、統制価格の物品ごとの価格表が掲載されている。12月18日には、インフレを防ぎ、人々の生活を守るために価格を統制するとし、これに違反して売買した場合は罰するという内容も見られる。また、「物品の販売についても許可制」（昭和18年1月19日）

としたようである。住民生活に関係するものとして「ラジオを所持する場合には民政部の許可を得ること、周波数についても制限あり、許可された放送以外が聞けるラジオは不許可であり、ラジオの調整については無料で国際電気通信社が行う、抜き打ちで調査をしに行き、もしも違反したら罰則を科す」という内容がマレー語版で報道されている（1月29日）。その上で「昭和18年2月1日よりバンジャルマシン放送局が放送を開始する予定」（1月31日）となった。

マレー語版では、多数の統制価格に関する報道、ラジオ規制、オートバイについての規制等、規制の詳細内容を伝達する記事が見られる。また、日本統治の成功を願う歌の歌詞とメロディーを一般公募する記事や、電気工、運転手、看護士の求人もマレー語版に掲載された（3月5日）。野犬の取り締まり（3月21日）も行われた。

税の徴収のための収入報告を民政部が求めるという記事も掲載された。その中でオランダ色を一斉に排除するとした当時の日本の方針にしては、オランダ統治期の官報（staatsblad）に載せられた規定を税徴収に際して利用していたのは興味深い（昭和18年3月9日）。

日本式教育の普及が目指されたことは先に述べたが、マレー語版には、これに呼応して学生募集の報道が見られる。「バンジャルマシン実務工業学校学生募集」、「バンジャルマシンに、ボルネオ民政部教育研修所開校、学生募集」といった記事も掲載された（3月9日）、また「日本精神を教える錬成道場が開場した」との報道（3月25日）もあった。

現地の日本式教育の基盤は何といっても日本語教育であり、日本語能力試験開催についての記事（昭和18年4月6日）も見られ、この日本語教育の重視はその後も引き継がれていく。住民の教育について、日本が設立した学校に通う生徒は4万人を超えるという報道もあった（10月7日）。10月8日には、職業学校が設立されたので、その生徒を募集するという報道もなされた。

マレー語版の特徴として、日本語版以上に、民政部が発した法令が詳しく報道され、法遵守を呼びかけるものが多いことが挙げられる。また、法を犯したために刑罰を受けた人々のいきさつが詳しく述べられている。マレー語版は、第一に民政部の方針を伝えるという目的を持っており、その他に、宣撫工作の一環として、日本の文化、特に戦時下の日本の様子を紹介し、またいかに各地の住民が日本に積極的に協力しているかということを強調している。同時に、日本語学習促進の必要性が幾度も報道され、日本語学習欄も、紙面が拡充される昭和18年8月1日より導入された。

宣撫工作

　宣撫工作に演劇、紙芝居を利用し、その筋書きは簡単なものから始め、寄席のような感じで行うとよい、また映画についても分かりやすいものから見せるとよいといった意見が「ボルネオ文化対策座談会」という連載記事に掲載されている（昭和18年6月20日、日本語版）。ボルネオ地域対抗サッカー大会開催の報道（7月2日、日本語版）も見られる。人々の娯楽として、頻繁に報道されたのが夜市（パツサル・マラム）であった。その内容は、例えば「大東亜戦争二周年記念行事として八日から五日間バンジエルマシン市で開かれるパツサル・マラム（夜市）」においては、演劇、映画、講演会などが行われ、日本の風物を紹介する絵画も展示される予定ということであった。この絵画は日本の画家に依頼したのだという（12月5日、日本語版）。

　マレー語版には論説文、小説等の懸賞募集がよく掲載されている。特に日本施政を称賛する内容、大日本帝国、大東亜の理想についての文章募集が行われる予定であるという（昭和18年5月27日）。6月6日以降、イスラム教徒に対する施政について、現地のイスラム指導者が頻繁に紙面に登場し、日本への協力を人々に呼びかけている。オランダの影響を廃し、アジアの共栄を図る日本への協力を勧めるという内容である。また、ラジオを用いての日本語学習が推奨された（7月3日）。

　宣撫工作について現地指導者を招いての座談会が行われている（昭和18年9月3日）。この座談会には民政部司政官とボルネオ新聞社の社員も加わった。論題は「南ボルネオの新世紀を語る」であり、「成長する産業、文化　新指導下に起上つた原住民」が主題となっている。

　　　旧蘭領ボルネオがアジア本来の姿を取戻し大東亜の南ボルネオとしてたくましき新生の第一歩を踏み出してから早くも一年半余、三百年の久しきにわたり蘭印政府の欺瞞と搾取にみちた暗黒政治に代つてわが明朗なる皇道統治の恩沢はいまや島内の隅々にまで滲透し、三百萬原住民は新しき盟主のもと安居生業にいそしんでゐる、おもへば長い間欧米流の思想のもとに育て上げられてきた原住民たちにとつてこの変化はまさに大いなる革命であつた、しかし島民はいまや挙げて新ボルネオの建設に協力し、敵米英撃滅の征戦に一身を捧げんと真摯なる熱情に燃え立つている

という書き出しで、ボルネオの指導者階級の原住民8名を招いての、産業、文教、体育、

衛生、家庭生活についての議論が掲載された。議論の内容を見ると、オランダはボルネオの産業育成を阻み高いジャワ米を住民に売りつけたが、実はボルネオでも稲作は十分に可能である、水道についてもオランダ時代には手つかずであったが日本軍は即座にこの問題を解決した、食糧問題は、米の増産、サゴヤシ栽培で解決できる、漁業も有望である、文化面では、住民は芸術の素質はあるが、オランダ植民地期にこの才能が育成されなかった、日本に協力する堅い覚悟と演技者自身の自覚をテーマに加えて芝居を作ることが一般民衆の心を引き立たせるので何よりの指導になるというような多様な論題が挙がった。ここには、オランダ植民地期の全否定と日本統治下の新文化建設の二項対立的認識が明白である。

　宣撫のため民政部は、現地の人々の生活、言語を理解するための努力も行っていた。ダヤク語（ムンガジュ語）＝ドイツ語の辞書を入手し、それをもとに日本語辞書を作成中であり、「これと並行して華僑に対する日本語研究の道も考究されてゐるがこれは北京語、南支語のいづれを主体にするかの点に難問あり、いまだ研究の域を脱してゐない」という。「日本人向きのマライ語参考書やマライ語文法書も脱稿近く、そのほか各種文献によるダイヤ族の原始宗教、風俗習慣、物語、伝説等の研究も近く着手されることになつてゐる」（昭和18年6月23日、日本語版）とも報じられた。

住民生活

　昭和18年8月29日の報道は「ポンチアナク防諜週間」の様子を伝えている。

　　ポンチアナク現地当局では原住民の防諜精神強化のため去る十二日から十八日までポンチアナク市及び近郊一帯に互り〇〇隊後援邦人商社、華僑統制会、インドネシア商業組合、帆船運航会、宗教団体、市役所、土侯、郡長、ボルネオ新聞支社など各機関の協力の下に防諜週間を展開、多大の効果をゝさめたが、特に十五日は市内全生徒の市中行進あり防諜標語をかゝげて気勢をあげ、十八日の最終日には市内菜園運動場で民衆防諜大会を開き佐藤司政官よりマライ語による防諜講演あり、会衆実に五千、ポンチアナク空前の盛況で、原住民、華僑にいかに時局認識が徹底してゐるか、当局の施政が滲透してゐるかをうかゞうに十分で頼もしい限りであつた

　また同日報道で、ポンティアナックでボルネオ新聞支社開設の記事が掲載された。

(2)中部版（日本語、マレー語）、東部版（日本語、マレー語）、西部版（中国語、マレー語）

> 西ボルネオの要衝として発展一途を辿るポンチアナク市には邦人官民既に○○名を数へ去る一日ボルネオ新聞支社、朝日新聞支局が開設、本紙西部版が発刊され原住民、華僑の文化啓蒙に挺身してゐるが、更に九月末には放送局も開局されることゝなり既に松田放送局長らも着任、開局を急いでゐるので遠からずポンチアナクの文化都市としての面目を一新するであらう

　特に西部においては、華人の存在感が大きかったため、現地住民と華僑というように区別して書いている。
　マレー語版においても日本の統治目的について述べるという内容はしばしば掲載される。8月1日の記事は、「ボルネオ民政部成立一周年を迎えて（Penjamboet setahoen berdirinja Pemerintahan Borneo Minseiboe）」という見出しで、新しいボルネオの建設に向けて邁進する意気込みが語られる。そこでは、井上長官がこれまでの施政について振り返って述べた言葉が記載されている。

> 昨年8月に民政部が成立した。それから1年の間、大日本帝国の統治が目覚ましい勝利をもたらした。大東亜繁栄へと一歩一歩近づいている。人々の暮らしは安定し、秩序は回復された。この間、日本への信頼、日本の力に対する確信を植え付けることができた。民族の自立に向けて日本に協力する体制ができてきた。
> ヨーロッパの力がアジアの独立への意志をくじいてきた。今はそれぞれのアジアの民族が自立して繁栄に向かう時である。この理想の実現のため、日本はヨーロッパ勢力の撃退のため奮戦している。
> 日本はアジアの各民族の文化高揚、国づくりを応援している。日本は自身の国益のためではなく、全アジア民族、アジアの恒久的秩序のために奮闘している。ちょうど親が子どもを思うように、日本もアジア全域の繁栄を望んでいる。これは自国の利益のみを追求したオランダ植民地主義とは異なるものである。日本国民も進んで、疲れを知らずにこの大目標に向かって挺身しているところである。（原文マレー語）

　マレー語版には住民生活に密着した内容が多い。例えば、日本の隣組を紹介している。これも日本の社会、特に戦時下の助け合い精神について、広くマレー語読者に示すという意図があったと思われる（昭和18年8月13日）。また、日本の風物も紹介しているがそれ

だけでなく、日本の経済発展と豊かさ、先の隣組にみられるような戦時体制での協力についても力を入れて報道している（8月9日）。8月1日からのボルネオ新聞の紙面拡充の際にも、日本の文化を紹介するとともに、戦時下の日本の人々の暮らし、日本の産業、銃後の支えについて紹介する予定であるとマレー語版で述べられている（7月20日）。

　昭和18年8月31日の防空訓練関連の記事は、「新しい時代に備えて準備しなくてはならない」と説き、「西洋の色をすべて振るい落とし、新しいアジアの文化を建設しなくてはならない。大日本とともに、インドネシア民族はこれらの理想を実現していかなくてはならない」と締め括られている。また、農業、稲作について触れ、増産を呼びかけるとともに、学校の整備についても報じている（8月29日）。

民政部の方針と施政

　民政部の統治方針を住民に伝達するのがマレー語版の重要な役割であったと述べたが、昭和18年5月4日の記事には、民政部令、禁止事項が列挙されている。5月13日には、物資の買い占めを防ぐため、生活必需品の売買の統制、流通価格の調整、塩の配給制を実施するという記事が掲載された。5月16日には、民政部の法律を遵守しなかったために3人が銃殺刑に処されたと報じられた。これに続いて、「何人も軍の禁止事項を遵守しなくてはならない」と念押ししているところから見せしめであったのだろう。5月25日には価格統制について、6月3日には砂糖販売の規制、流通制限について報道された。これらは住民生活に直結する問題であった。

　また、民政部の指針を伝えるメディアとして、7月1日付新聞に広告が掲載された『ボルネオ民政部広報』が創刊されている。これには、民政部が定めた法律、最高販売価格、各種法令の情報が載っていたという。

　昭和18年8月6日（マレー語）には、日本に反抗し、治安を乱したということで、2人が銃殺刑に処せられたことが報じられた。治安を乱す者は厳罰に処す方針が明確にされている。銃殺刑に処されたのは、Lim Kin Koという名のオランダと同等の地位を持っていた華人であり、ここにはSontjo Tionghoaと書かれていることから、「華人の村長」、すなわちオランダ統治期に華人社会の自治を任されていたカピタンであろう。彼と彼の友人たちが協力して、アメリカやイギリスの援助を期待して反乱を起こそうと企てたという罪状が明るみになったために処刑されたのだという。この事件については日本語版にも詳細な記事が掲載されている。昭和18年8月5日の報道は以下のようであった。

〈抗日陰謀幹部銃殺　巨魁支那人村長と無電技師〉

　さきに○○特警隊によつて検挙された抗日陰謀団の一味、元○○分州○○村支那人村長林錦興（三八）＝蘭印混血＝同○○無電局長カルナデ・ハルトノ（二三）の両名はこのほど現地海軍軍律会議における審理の結果軍政下の治安維持上許すべからざる抗日犯罪として断乎銃殺の刑に処せられた、林は蘭支混血人にしてオランダ国籍を有し数年前より前記○○に在住、雑貨商を営むかたはら支那人村長を勤め、またハルトノは同地の無電局長として勤務するうち、いづれもオランダ政府の常套政策により不当な恩顧をうけて住民を欺罔恐喝し搾取をこととし親英米、反日思想を抱懐し同地方の勢力家で大の反日家○○郡副郡長兼監督官代理メナド人（オランダ混血）ヨ・イ・レンスン（六二）並びに同人女婿ヘルマヌス（三二）＝両名とも病死＝らと相謀つて抗日の陰謀を画策、辺境の地を利用して愚かにも英米軍の奪還進攻を盲信しその機に呼応せんと食糧、資金の調達、外部連絡をとりつゝ地方民に造言を流布して同志の獲得などあくなき謀略を進めてゐたものである当局ではかゝる不逞の徒の介在は軍政下の治安を毒する抗日陰謀並びに治安紊乱として断乎たる処置をもつてのぞんだものである

　住民の経済生活、社会生活を統制し、政治的な自由も奪つたうえで、日本統治への協力を要請し、違反者には厳罰をもつて対処する日本の姿勢は明らかであろう。またこの報道スタイルはその後の日本軍政に対する反乱を鎮圧したという内容の報道のひな型となっていることにも注目してよいだろう。

　マレー語版にはその他、それまでにも報じられた民政部の指針、民政部主催の富くじの話題（9月11日）、バンジャルマシンにあった大阪劇場で開かれた士気高揚のための音楽会（9月12日）といった記事が載った。富くじはバンジャルマシンだけでなく、他の地域でも広範に開催されていた（9月29日）。バンジャルマシンで行われた防空訓練は見事に統制の取れたものであったという（9月3日）。

　マレー語版の特徴として、ボルネオの各地域や、ジャワやスラウェシ各地の地方ニュースが細かく掲載されていることがある。自然災害、交通事故、水死、大雨、洪水、窃盗、喧嘩、各地の青年団の活動の様子など、日常的に人々が接していた出来事が多く掲載された。特に各地の日本に奉仕する組織について報道する際には、いかに各地の人々が日本に精力的に協力しているかに力点を置いている。各地の「興南報国団」が道路の建設に励ん

でいるなど具体的な各地の人々の様子が伝わってくる記事、イスラム教徒の集会の様子に関する記事もある。この部分を詳細に検討することで、民政部の方針の大筋からは漏れ落ちてしまう人々の生活の一端が読み取れる可能性がある。

　昭和18年9月30日には、民政部職員の賃上げが行われ、職員に感謝されたという報道がなされている。その他、ラジオ体操の練習（10月4日）、ダヤク人首長を集めて教員養成所で訓練（10月4日）といった内容も報道された。また、イスラム教徒の統制を目的として、バンジャルマシンを中心に「南ボルネオ回教協会（Persatoean Islam Borneo Selatan）」が、現地のイスラム組織を統合することによって成立した（10月5日）。

　マレー語版には、日本の偉人を紹介するものもある。こちらは日本人には常識であるので、日本語版には掲載されない（山田長政、間宮林蔵など）。在留邦人からボルネオ民政部への寄付のニュースもしばしば掲載された。また断食月明けの大祭の時期に、貧者救済のために民政部が寄付を行ったことも報道されている（10月11日）。

　マレー語版には、各種求人が掲載されているが、10月13日には『ボルネオ新聞』の新聞売りの求人広告もある。10月27日には靖国神社例祭に際し、バンジャルマシンでも現地指導者、住民が日本人墓地に参拝したことが報道された。また、宣撫政策の一環としてボルネオ民政部主催の紙芝居が開催された（10月28日）。

　住民動員については、「南ボルネオ青年団」誕生が報じられ、民政部に本部を置き、各地に支部を結成していくとされ、目的は青年の結束と日本への協力であるとされた（昭和18年12月7日、マレー語版）。同日報道によると、「あす！大戦二周年」ということで、「現地も職場で黙祷」が行われる予定と報じられた（日本語版）。12月9日には、バンジャルマシンにて市議会設置の知らせが掲載され、原住民議員を募集すると報道された。また、「原住民職員に大福音」として、民政部の任用給与要項が発表され、そこでは人材活用と待遇改善が図られると報じている（12月10日、日本語版）。

西ボルネオ

　日本語版に掲載された、特に華人が多い西ボルネオの特殊な状況について述べた昭和18年5月9日の記事「華僑も積極的協力　鉱物資源開発に拓く新生命　米田前民政部支部長に聴く」を紹介したい。西ボルネオの様子が伝えられ、華人も積極的に日本の統治に協力している様子が描かれている。これは、米田前民政部支部長による西ボルネオの紹介を主題としたインタビュー記事である。

> ポンチアナク住民の三分の一は華僑だからすべての点でちよつとやりにくいだらうと誰も想像するし、私もそんな考へで赴任したのだが行つてみると実にあそこの華僑は従順だ華僑といつても新しく来たものはごく少く八九割までは二代、三代の者ばかりだから支那人であつて支那を知らないのだ、わが施政に実によく協力する、例へば物資については華僑統制会をつくつて積極的に働いてゐる

次に強調されているのは、西ボルネオ住民の反オランダ感情である。

> インドネシア人、ダイヤ族達の親日は無論のこと、彼等は長いオランダの搾取を心から憎んでゐる、それに戦火によつて倉庫、桟橋は焼かれ一般住民の家庭までオランダ兵が掠奪したので非常に反感をもつてゐる

それと対照的に彼らの日本への協力的態度が言及されている。

> それに引かへ日本の皇道統治にはみな心から服し、どんな奥地に行つてみても危険はないし人食ひ人種など野蛮なダイヤ族もゐない、私はかつて何一つ武器を持たず北ボルネオの境まで巡視したことがあつたがダイヤ族はどこに行つてもラジヤ・バルー（新しい王様）が来たと日章旗を振つてくれた

また、ポンティアナックの「王侯はじめ家族も家来も日本には心から信頼してをりぜひ一度東京を訪問したいといつてゐる」のだという。
　経済については、

> 西ボルネオの経済は由来同じボルネオでも地域の関係からバンジエル地方とは交渉少くジャワ、昭南と関係が深かつた、原住民はコプラとゴムに大半依存してきたので私は戦後買上げその他の方法によつて出来るだけその安定をはかつてきたが今後は鉱物資源の開発に西ボルネオの新生命が打ちこまれねばならないと考へてゐる

と述べている。ここにも西ボルネオの地理的、経済的特徴への理解が表れている。
　資源調査についても彼は述べている。

南部カタパン地方の産米は南ボルネオ随一といはれてゐる、塩も最初困つたが海水製塩を指導したところ予想以上に成功し現在毎日〇トンを製塩してゐる

原住民の交通はプラフ（perahu、小型船のこと：筆者注）に多く依存してをり重油がなくて困るといふのでこれも椰子油を研究させたところ成功し現在三、四十トンの船が立派に動いてゐる、帆布も椰子の繊維を利用して作らせるなど椰子油のエンジンで椰子の帆を張つてジヤワ海を堂々乗切つてゆく颯爽たるプラフの姿はまことに大東亜建設戦にふさはしい朗景である、またコプラの利用は木灰の中からアルカリをとつて洗濯石鹸を作るなど椰子一つだけでも随分大きな資源だから今後各種資源に対し住民の創意工夫を指導すれば大ていの物資は現地で自給できるものと思ふ

文化については、「各民族によつて宗教が異つてゐるが相剋摩擦などは全然ない、日本語教育や日本紹介は積極的に指導してゐるが大きな成果を挙げてゐる」と述べられている。

疾病については、「特殊な伝染病などないしマラリヤ、デング熱もさう多くはない、蚊がどこよりも少いので助る、奥地にはいつても猛獣や毒蛇など私は見なかつたし西ボルネオは実に平和なところだ」とし、「いま邦人商社が多数進出して資源開発の槌を揮ひそれに協力する原住民の孜々として働く姿を見るとたまらない力強さを感ずる」と結んでいる。翌年の年初、昭和19年1月29日にも、次のような西ボルネオの開発に関する長文記事が掲載されている。

〈皇軍ポンチアナク入城けふ二周年　躍進・西ボルネオ　軍政下に各方面急速に成育〉

州内二百に近い公学校の教室には戦前その例を見なかつたほど学童が満ち溢れ、八十を算する華僑学校また大東亜戦争協力へと魂の練り直しを行つてゐる、「君が代」に明け「愛国行進曲」に暮れるポンチアナク市には既存の中学校、農業、商業各実務学校のほかに今年さらに女学校と工業実務学校が新設されるといふ目ざましさ、一方教員錬成道場ではこの一月に第四回目の組として修練を終つた七十三名が奥地深く日本をつなぐ脈となつて帰つていつたが、さらに全州におよぶ強力な男女青年団の結成も目睫にせまつている

発声映画館があつたり、立派な蹴球場もあるポンチアナク市には華文およびマライ語のボルネオ新聞西部版が発刊され今では押しも押されもせぬ文化都市となつた

(2)中部版（日本語、マレー語）、東部版（日本語、マレー語）、西部版（中国語、マレー語）

が、こゝを中心に全州に拡がつた現地住民（華僑も含む）の大東亜戦争必勝への熱意は本社に寄託する軍用機献納資金が既に十萬円に達せんとしてゐる点にも窺はれる
戦前にはゴムやコプラの輸出をもつて英米市場とつながり自由主義経済の毒花たる投機の闇に蠢動してゐた現地の農商工各界も今では戦時体制一筋に切り替へられ、戦前の〇倍に増加した邦人商社は原住民を指導しつゝ挙つて増産、開発、建設に拍車をかけてゐる

　無尽蔵の木材はカプアス河を下つて貴重なる造船の資材となり、また有名な良質のダマール、コパール、ゴム、コプラなどは以前から知られてゐる産業の大宗であるが、工業方面ではコプラ油の製造、ゴムの液化、塩、縄煉瓦など活況を呈し洗濯石鹸の製造にいたつては過去半ケ年間に既に二十萬箱を出すといふ豪勢さ、こゝは苛性曹達代りに椰子灰から採る苛性加里を用ひてゐるため増産無限である
　その他織物、紙、陶磁器、塗料、簡易セメント、油脂工業なども一部試作を経てその発展期して待つべきものがある
地下資源では旧来オランダの秘密政策と無調査によりダイヤモンド、金くらゐしか知られてゐなかつたがわが調査団の足跡一度西ボルネオ全域におよぶやその結果企業者の速戦即決的生産網は随所に張りめぐらされ、人跡未到の奥地に魔術のやうに次から次に突如として鉱業の街、煙突の村が出現し僅か二年の間に西ボルネオは一躍工業の重要宝庫であることが確認されるに至つた（中略）
　さらに食糧の自給をめざし米の逐次増収を期して今年から〇年計画が実施され、また牛豚鶏の増産も計画中である
かくて西ボルネオの澆渕たる姿は軍政下二年各方面急速の成育にたゞ驚くばかりである

　長く紹介したが、『ボルネオ新聞』中最も欠落が多く、得られる情報が少ない西ボルネオの特殊な状況についての当時の日本の認識が浮き彫りになっている箇所と思われる。華人多数という状況が背景となり、『西部版』のみ中国語版が発行されることとなったのである。

日本語の普及運動

　昭和19年の年頭に掲げられた目標は「純日本的バンジエル」（1月2日）の実現であっ

た。これがこの時期、そしてこれ以降の日本の方針を言い表すのに最適の言葉である。「純日本的バンジエル」を実現するのに欠かせないのが、日本語の普及である。いかに住民が日本語を熱心に学んでいるか、彼らがいかに日本語に熟達しているかといった点が多く報道された。1月28日の記事は、日本語のみを用いた現地民の座談会が開催されたと報じており、それは現地民の熱心な日本語学習の成果であるとしている。また日本が創立した学校では、日本の習慣である父兄会、授業参観も開催された（1月28日）。また2月4日の報道によると日本語のみ日常生活で用いる「日本語の日」が制定され、その日は日本語以外の言語の使用は禁止された。日本語検定試験も実施され（1月9日）、1月26日には、バンジャルマシンにて日本語弁論大会が開かれたことも報道された。

住民統制

それまでイスラム教徒の統制のために組織を作ってきた民政部であったが、ダヤク人の間に信徒が多いキリスト教の統制も開始した。昭和19年1月15日付（日本語版）では「ダイヤ基督教会」の設立が許可され、ダヤク人の統合、日本への協力の母体とすると報じられた。この団体は1月18日に正式に発足した（1月18日、マレー語版）。2月12日には「西ボルネオ報国会」、2月15日には「南ボルネオ婦人会」が結成された。現地住民の日本軍への協力体制への組織化が進んだ時期であったといえよう。

住民統制についてはマレー語版のほうが詳しい記事が掲載されている。住民生活については、前年に起こった「ハガ事件」（後述）その他の反乱未遂事件に触発されてか、ますます統治の形態を厳格化していった時代でもあった。嘘を流した場合には投獄されるという記事が1月4日に掲載されている。

また、1月11日の記事（マレー語版）は、日本統制下の「ボルネオ回教協会（Djam'iyah Islamiyah Borneo）」の活動について報じ、モスクの建設などに関わる規制を解説している。具体的には、「ボルネオ回教協会」の予算、モスクの管理係に関する規制、イスラム教徒の婚姻についての規制、モスクは日本当局に登録されるべきこと、新しくモスクを建設する際は「ボルネオ回教協会」への入会が必要ということなどである。これはイスラム教徒の団結を強くするためとされたが、日本による統制を容易にするという意図ももちろんあっただろう。

昭和19年1月15日には、青年から構成される「興南報国団」の結成が報じられた。2月29日には「バンジャルマシン市青年団」結成式の報道があった。

1月15日より、「南ボルネオ（Borneo Selatan）」という軍用機を作るための寄付を募り、寄付が現在のところいくら集まったか、ということが以後逐一報道されている。またこの時期、貯金目標を各地で定め、貯金が勧められていた（1月21日）。

　1月30日に掲載された「ダヤク人の教育者養成の前進のための努力（Oesaha Memadjoekan Pergoeroean Bangsa Dajak）」という見出しの記事には、ダヤク人首長18人による会議の様子が掲載されている。彼らは口々にオランダ植民地期にはダヤク人への教育が普及することなく、軽視されてきたという認識を述べている。それに対して、日本側はダヤク人を重用すると強調し、ダヤク人首長たちは日本への忠誠を誓ったという。

ボルネオの開発

　昭和19年1月13日のマレー語版の記事では、「西ボルネオの発展のため、既に2年間、日本統治が続いているが、大東亜建設のためにボルネオの人々は日本に協力してきた」とし、文化面、経済面での発展を重視しつつ、統治を振り返っている。

> オランダ植民地期には、西ボルネオの経済はゴムとコプラに依存していたが、戦争が始まり、新しい時代に即した経済を立て直す必要がある。民政部の指導の下、物資が自給できるように努力する方針である。物価は、政府が住民の福祉を考えて統制する。ダヤク人はオランダ植民地期には軽んじられていたが、日本は彼らの存在を重視する。港湾で働くなど彼らの日本への貢献は目覚ましいものがある。（原文マレー語）

と述べている。

　2月10日付の新聞に掲載された「南ボルネオのこれから50年」という記事（マレー語版）では、

> オランダ植民地期には、ジャワに開発が集中したため、ジャワは急速に開発されたが、ボルネオは資源を搾取されるだけで開発は遅れていた。まだボルネオは「熟睡していた（tidoer njenjak）」といってよい。そこに注目した日本軍は、ボルネオの資源を生かし、軽工業、重工業両方をここで発展させる。工場から出る煙が立ち上るであろう。工業が発展すれば、それに伴い商業も発展するであろう。（原文マレー語）

と将来の展望が述べられている。2月29日（マレー語版）には、シンカワン（西ボルネオの都市）の発展の様子が詳細に描かれている。

> オランダ植民地期には、コプラ、ゴムの輸出に依存していたため、国際取引で値段が下がるとこれらの産業は振るわなかった。これはオランダのせいである。日本がこの地域を統治してから各種産業が発達し、その製品はシンガポールやクチンに輸出されている。食糧増産もますます成果を上げるだろう。特に華人がこの地域の経済で重要な役目を果たしている。また、陶器、紙、たばこ、塩、石鹸、氷、ヤシ油、鉄製品、レンガがこの地域で生産されている。ジャワから材料を輸入し、加工してタバコが作られている。工場では女性が多く働いている。シンカワンの石鹸はシンガポールやクチンに輸出されている。（原文マレー語）

州・市議会

　マレー語版、日本語版同時に、昭和19年3月1日には、バンジャルマシンの州会、市会議員の任命式の報道があった。3月3日の紙面では、州・市議会の意義、それに参画する指導者たちの責務について報道された。この民意を反映するためとして発足した議会は3月9日には市会議員の任命式が行われた。

　議会における議論はマレー語版に詳しく掲載されている。バンジャルマシン市議会での地元の人々の発言として、例えばThio Thauw Hongは、ボルネオに不足しているのはリーダーシップであるとして、皆の力を合わせようと呼びかける。さらに、西洋文化を排し、アジアの文化の高揚に努めること、倹約に努め、質素な生活を送ることの必要性を訴えた。他の議員は、村長への特別な訓練が必要ではないかと述べた（3月30日）。食糧増産、戦時下の住民の福利厚生、勤労精神の醸成、教育の充実が強調された。その後、議長から議員に対しての訓示があった。彼は喜びに満ちた面持ちで、「この3日間で結論が得られた。十分に満足できる結論であった。それぞれの代表がそれぞれの地方に戻ったのちにここで得られた結論に基づいて実践することを期待する」と述べたという（3月31日）。

　市議会の議論に参加した人々の声も多く掲載されている。その中の一人は、

> オランダ植民地期にあった民衆代表会議（Dewan Bandjar）では人々は発言を恐れて何も言えなかったが、日本の州議会では人々は自由な雰囲気の中で安心して発言で

きる。今の州会は安心して人々の福祉について議論できる。(原文マレー語)

と述べたという（4月1日）。

　その他、議会の方針として、住民の意識を向上させ、訓練を施すということも重要とされ、その中で教育問題も議論された。そこではオランダの影響から脱して新しい教育を施すこと、具体的には日本語教育を重点的に行い、教育を通して日本精神を植え付けることを目的とすること、また座学だけでなく、実技、訓練も重視することが明らかにされた（4月2日）。

住民動員の動向

　以下の内容は日本語版、マレー語版両方に掲載されているが、マレー語版を中心にみてゆく。青年団、婦人会結成の意義について述べる中で、銃後の支えとしての女性の役割について強調されている。昭和19年4月4日の報道では、南ボルネオ婦人会と民政部の会談の様子が掲載され、米田司政官が南ボルネオ婦人会の意義について述べている。司政官は、銃後の支えとしての女性の活動を活発化させることが重要であり、婦人会会員は他の女性を統率し、倹約に努め貯金をしてほしいと伝達した。

　貯金をするように呼びかけ、浪費癖を改め、勤勉に働くことを旨とするようにという内容も報じられた（3月31日）。郵便貯金について改めて説明する記事もある。郵便貯金は昭和18年10月1日から開始しており、ここに集められた資金は政府が戦争目的、地域開発目的で利用するものであると述べられた（3月30日）。

　日本軍への協力については、バンジャルマシンで華人から構成される労働奉仕団が結成され、農業部門で活躍しているという記事（4月5日）、4月7日には、この労働奉仕団を前に米田司政官が、「戦時下でアジアの民族を大日本帝国は応援する。しっかり働くように」という訓示を出したと報じられた。

　この時期、民政部による郵便物の検閲が強化された。もしも監視を逃れて自ら郵便物を民政部の管轄外に持っていった場合、人に託した場合にも刑罰を下すとしている（4月12日）。

　イスラム教徒の動員のため、民政部の指導の下組織された「ボルネオ回教協会」でも会合が持たれ、日本軍への協力が約束された（3月28日）。マレー語版では回教協会の活動について、継続的にしかも詳細に報道されている。回教協会の指導者たちがイスラム教徒へ日本の意図を伝え、日本への協力を訴える記事が大多数であり、日本に忠誠を誓い、一

生懸命に働くようにと勤労精神を説いている（4月14日）。具体的な記事を抜粋すると「オランダ時代に戻りたい人がいるだろうか、新しい時代を切り開いた指導者日本に協力しよう、「新ボルネオ」建設に貢献しよう」という調子である。「ボルネオは、資源は豊かなのだから、その資源を有効活用すれば自立できる、それを目指そう、勤勉な者の上にアッラーの恵みはある」という内容のメッセージもあった。「ボルネオ回教協会」は、浪費を戒め倹約と貯金を勧めたという（4月15日）。

　3月17日には、ポンティアナックで富くじの当選者が出て、当選者に賞金が支払われたという記事が掲載されている。富くじの記事は継続的に載せられ、賞金の大部分を民政部に寄付した人が表彰されることもあったようである。昭和19年4月26日には、バンジャルマシンで空襲に備えての防空訓練が行われた。

　また宣撫工作として、ヌサンタラ演劇（Sandiwara Noesantara）が民政部から表彰された（3月3日）。これはアジアの新時代のふさわしいもので、インドネシアの舞踊と日本の歌が融合し、ハワイ歌謡も加わることで、「東洋の融合」という理念を具現化したものであるとされた（3月11日）。

教育

　昭和19年3月5日には、バリックパパンで師範学校1校、サマリンダで農業学校が2校開校される予定であることが報じられた。教育内容については、オランダの影響を排して大東亜共栄圏のための教育を行ってきており、日本語、体操、音楽、歌は大東亜精神を深めるための基礎であるとされた（3月21日）。日本語教育の成果により、人々は日常語として日本語を用いるようになっており、多数の学生がより深く日本語を究め、日本の歴史、日本精神を理解できるようになってきていること、体操、オランダ色を排除した芸術の振興により、1年の間にオランダ色を十分に消すことに成功していること、有力者（ウラマーなど）が教育促進運動に関わるのが望ましいとし、また日本の習慣である父兄会を学校で実施していることも報じられた（3月23日）。日本語週間や日本語検定試験を用いて日本語普及運動も展開された（4月22日）。また、日本への留学を果たしたボルネオ出身の若者の感激の声も掲載された（5月19日）。南ボルネオ婦人会日本語学校に通う女性たちも日本語と日本作法を「目輝かし熱心に勉強」していたという（5月28日）。

昭和19年の住民動員

　昭和19年には戦局に関する記事が多くなり、ボルネオに関する記事は少なくなっていく。マレー語版は5月末まで復刻されているが、それ以降は欠落しているため、以降は日本語版を中心に検討する。

　華僑動員について、バンジャルマシンの華僑から構成される「華僑報国団」の勤労報国精神に言及し、米田司政官が講演会で激励したという話が載っている（5月3日）。

　この時期の話題は、資金獲得、資源開発、住民動員、労働力確保といったものであろうか。ポンティアナックの在留邦人が軍用機のための献金をしたことが報じられ、献金者の全氏名が掲載されている（5月10日、5月11日）。富くじも継続的に開催されている（5月17日）。6月2日には、富くじに当選した人が台湾銀行に預金、あるいは軍資金として賞金の大部分を献金した美挙が報じられた。

　5月27日には南ボルネオで徴兵を行った結果、徴兵検査で過半数が優秀な体格で甲種合格したと報じられた。5月30日には「「私は兵補を志望」ダイヤ青年の敢闘精神、責任感」という見出しで、進んで兵補に志願した人々について報道されている。兵補については、「憧れの海軍兵補へ　志願申込殺到」という記事（6月7日）もある。

　昭和19年9月1日にはポンティアナックで兵補入隊があり、兵補が増強されたというニュースがあり、9月2日には、「颯爽たり海軍二等兵補、南ボルネオにて初て誕生、きのふ現地部隊入隊」という見出しで海軍兵補の誕生が報道された。兵補は即日、訓練に入ったということである。9月22日には、その後の兵補の状況が写真入りで報じられ、見出しは「凛々し！　南ボルネオの防人」というもので、訓練が順調に進んで、兵補となった人々の感激の声が載せられている。

　南ボルネオ行政機構強化として、15県に分かち県庁を設置したという記事（6月1日）が見られ、それと同時期の6月9日には、8月1日に南ボルネオ人口調査を行う予定としている。より正確な住民把握が意識されていたのであろう。

　またダヤク人の動員のために、宗教組織が利用された。6月10日の報道によると、バンジャルマシンのダヤク人に影響力がある牧師たちに呼びかけ、「南ボルネオダイヤック基督教協会」にてダヤク人牧師の錬成会が行われ、日本精神を彼らに植え付ける試みがなされた。貯蓄による日本への貢献については、6月16日に南ボルネオのアムンタイの貯蓄の多さが表彰されている。

　民政部は、在留邦人の動員にも力を入れていたようであり、戦時下で彼らも一致団結す

ることを求めていた。6月18日には、「バンジエルマシン錬成団　廿五日、晴の結成式挙行」と報じられ、民政部主導で在住邦人の連帯を図るとされた。結成式前日の6月24日には「あす晴れの結団式　全員一人残らず出席　「バンジエル錬成団」役員決定」という報道もあった。結団式当日の様子については新聞が欠落しているため、本復刻版からは読み取れない。

　9月6日の「基督教・回教が一致して鬼畜の敵米撃滅に突進　聖骨冒瀆に全島民憤激」という記事は、キリスト教徒、イスラム教徒が一致団結し、日本人の聖なる遺骸を荒々しく扱った米兵に対して憤激したことを報じ、「こゝに敵非人道的米国打倒のため南ボルネオのキリスト、回教両教徒一丸となつてあたることになつた」としている。彼らはアメリカ軍に対して猛省を促していると報道された。9月9日には、マレー語、ダヤク語、中国語の通訳を確保するために、邦人でこれらに熟達した者を登録するとしている。彼らを技能者として登録し、必要がある場合には通訳その他に利用するためであった。

　マレー語版で特に紙面を割いていたのは海軍兵補募集であった。5月27日の記事は特に大きな文字で、「南ボルネオで海軍兵補が実施される（Kaigoen Heiho Diadakan di-Borneo-Selatan）」という見出しがあり、それに続き「若者たちは民族の希望、さあ大日本の兵士たちを支えよう（Pemoeda-pemoeda harapan bangsa, marilah mendjadi pembantoe peradjoerit Dai Nippon！）」という言葉が載っている。

資源開発

　昭和19年5月21日（日本語版）には、西ボルネオの木材開発が成長中であるという記事、5月26日（日本語版）には、南ボルネオの石炭要求量は昨年の3倍となったので増産が必要だという記事が掲載された。6月1日には西ボルネオで食糧増産運動が行われた。6月11日には、「ボルネオ工業の中軸　本格的セメント自給　現地自活建設戦に至大の貢献」、6月23日には、「西ボルネオの米穀本年度に自給確立　力強き産業開発・建設状況」という記事が載った。9月7日（日本語版）の報道によると「ダイヤモンドの大増産」として、現地民作業員をグループに分け、グループで2週間の間ダイヤモンドの取れ高を競わせる方法が取られたという。最も多くダイヤモンドを取った組には衣料、タバコ、砂糖、塩が支給された。

ポンティアナック事件

　『中部版』、『東部版』ともに、昭和19年6月24日を最後に7月23日までの部分が欠落している。この部分は海軍「民政」下の最も熾烈な住民弾圧事件である「ポンティアナック事件」が公表された時期にあたる。欠落ゆえ本復刻版からはポンティアナック事件について知ることができないが、むしろこの欠落が読者に多くのことを語っているかもしれない。先行研究に依り、事件の概要について次に記す。

　ポンティアナック事件に関する先駆的、本格的研究成果には後藤乾一による論文［後藤1989］がある。これは、現存する資料を駆使して、当該事件の経緯の詳細とその位置づけを明らかにしようとする試みであった。後藤は本事件について

　　確定的な証拠が存在しなかったにもかかわらず、日本側治安当局（海軍特別警察隊）が、蜂起計画があったという前提にたち、いわば予防措置的な弾圧を疑わしき者に加えるという形をとってあらわれた［後藤　1989：154］

としている。

　また、早瀬晋三の論文［早瀬　2006］はこの事件を西ボルネオのより広い歴史スパンをとったときのフロンティア空間の歴史の中において理解することを試みたものである。その他オランダ側の日本軍関係者取り調べ資料に基づいて分析を行った［Somers Heidhues 2003, 2005］や、日本軍関係者資料およびオランダ側の資料に基づいた［Maekawa 2002］、また、もともと日本軍政期以前から西ボルネオに居住した農園主で、海軍特別警察隊の容疑者取り調べに通訳として協力した井関恒夫による本事件の検証［井関　1987］も存在する。これらの先行研究の内容から、本事件は次のように要約される。

　昭和19年7月1日付の『ボルネオ新聞西部版』（本復刻版では欠落）に、6月28日、抗日陰謀事件の首謀者47名を海軍軍事法廷の結果、即日銃殺刑に処した、という内容の報道があったとされる。その報道内容によると、以前から海軍部隊は、西ボルネオ地区に非常に大規模な抗日陰謀事件が計画されていることを察知し調査を進めてきており、昭和18年10月23日に第1回目の検挙、その後、昭和19年1月24日に再度の検挙を行い、拘留された人々を詳細に取り調べた結果、日本に対する抗日大陰謀事件が明らかになった。そこで、海軍軍事法廷において、陰謀事件の首謀者に死刑が宣告され、6月28日に彼らは銃殺刑に処せられた［後藤　1989：162、早瀬　2006：33-4、井関　1987：57-66］。

この事件に先立ち、日本軍統治下のボルネオでは、昭和18年に起きた元オランダ人総督ハガによる反乱計画が暴露され、ハガが処刑されるといういわゆる「ハガ事件」が起こっている［後藤　1989：163、早瀬　2006：34-5、Maekawa 2002: 159、Somers Heidhues 2003: 203、Somers Heidhues 2005: 107-8］。

　「ハガ事件」については『ボルネオ新聞』の報道もある。昭和18年12月21日付ボルネオ新聞日本語版は「不逞抗日陰謀を総剔抉　首謀者全部銃殺　旧蘭領ボルネオ総督等」という見出しで報じている。この事件に関する報道は、マレー語版も同日に、「すべての反逆を謀ったリーダーは銃殺された(Seloeroeh Kepala Komplotan Dihoekoem tembak Mati)」という見出しで登場する。旧蘭領ボルネオ総督のハガが日本軍に拘留されていたが、彼がアメリカとイギリスにそそのかされて起こした擾乱であり、これを日本軍は鎮圧し関係者を処罰したと事件の経緯が述べられている。

　ポンティアナック事件は、ハガ総督の反乱計画との関連が疑われた人々が、海軍特別警察隊によって大量に継続的に検挙され殺害されたものである。早瀬はこの事件で犠牲者になった人々の中にマレー人の王侯や、華人の有力者はじめ、さまざまな出自を持つ人々が存在したことに見られる複雑な民族構成こそが、西ボルネオがさまざまな地域から人々をひきつけるフロンティア空間であった証であるとしている［早瀬　2006：35-6］。

　『ボルネオ新聞』から読み取れる「ハガ事件」以外の同様の事件としてバンジャルマシン近郊のウルスンガイ県の反乱計画鎮圧がある。これについて、『ボルネオ新聞中部版』（昭和18年10月24日）、『ボルネオ新聞東部版』（昭和18年10月27日）では次のように報道されている。「宗教狂信の反日陰謀団　首謀者以下を断手銃殺　治安攪乱の妄動に鉄槌」（中部版）、「治安攪乱企む宗教狂信の反日陰謀団に極刑の処断　バンジエル特警隊で検挙、幹部の銃殺を執行」（東部版）というそれぞれの見出しが付された記事は次のようなものである。記事本文は同一である。

　　バンジエルマシン○○特別警察隊は昨年十二月中旬、ウルスンガイ県クルワ地方を中心として宗教狂信による反日陰謀団あることを探知、苦心捜査の結果、首謀ラバイ以下八十余名を一斉検挙し、以来約十ヶ月にわたり取調べを続行、いづれも罪状明白となつたので幹部を起訴、このほど海軍軍律会議において審理の結果、占領地の治安を攪乱する重大犯罪として首謀者以下に対し死刑を宣告、二十三日銃殺を執行した

この書きぶりはポンティアナック事件のものと酷似していることが注目される。またこの死刑執行の日は、ポンティアナック事件における最初の検挙と同日である（昭和18年10月23日）。

　ポンティアナック事件については、ソマーズ・ハイトヒュース（Mary Somers Heidhues）による研究も存在する。これによると『ボルネオ新聞』で報道された通り、6月28日までに首謀者を裁判にかけ、犯罪が露見したために処刑したという内容は同様であるが、この報道以降も特に華人に対する弾圧は続くことになったという［Somers Heidhues 2005: 108］。

　日本敗戦直後の連合国による、本事件に関与した軍人に対する取り調べによると、日本軍に対する組織的な反乱の計画自体が存在しなかったのだという。昭和19年後半にも多くの華人が日本人を毒殺しようとしたという嫌疑で逮捕され処刑されたが、この日本人の毒殺計画も存在せず日本軍が作り上げたということ、またこれは、華人の資産の奪取が目的であったことであったことが確認されたという［Somers Heidhues 2005: 110］。

　これらの記述は日本語資料も用いた前川佳遠理の論文［Maekawa 2002］とソマーズ・ハイトヒュース自身が閲覧したオランダ側の資料といった、オランダによる日本海軍関係者取り調べ記録に依っている。彼女は結論として、日本側の主張していた謀反計画は存在しなかったとしている。

　前川佳遠理は、昭和19年7月1日付『ボルネオ新聞西部版』にて「ポンティアナック事件」が公表される前までの検挙と秘密裡の殺害を第一次ポンティアナック事件とし、その後も続いた主に華人有力者の検挙を第二次ポンティアナック事件としている。その上で、後者で標的になったのは富裕な華人社会の有力者であり、その目的は、華人が意図的に買占めをしているという疑いがあったうえ、その資産を狙ってのものであったという点を戦後の日本海軍関係者の取り調べ記録に依って指摘している［Maekawa 2002: 162-3］。

昭和19年後半の記事

　戦局が窮まってきたこの時期、昭和19年11月1日から新聞は戦時版型に切り替わり、紙面は半分の大きさになった[7]。この時期の主要テーマは食料確保、資源増産であった。例えば昭和19年10月8日には、「初のバ市学徒動員　挺身、貴重なる食糧米を救ふ」という見出しで、学生たちを動員し、船底で水浸しになった米を引き揚げたことが報じられた。「ダイヤの供出運動へ　カンダンガン婦人会大活躍」（10月18日）の記事では、住民がダ

イヤモンドを自発的に供出し日本人を感激させたという内容が報じられた。その他、「燃え上る貯蓄報国熱　直轄区域はバンジエルが一位」（10月27日）、「一萬盾の家宝も供出ダイヤ買上に沸る原住民の熱意」（12月6日）、「建設戦士の敢闘に人情長官、温い激励　米とウビ、頼もしい食糧増産戦」（昭和20年1月16日）、「石炭増産に陣頭指揮　熱血男子・山のハリマオ　頼もし続々生まる新興工業村」（1月18日）、「西ボルネオ現地軍献金　軍用機南ボルネオ号資金へ」などの報道もあった。

このような時期であっても、住民に娯楽を提供する宣撫工作として、従来通り夜市は開催されていたようである（昭和19年10月21日）。

日本語学習、日本語教育については、片仮名で表記された『週刊ニツポンゴ新聞』が10月に発刊をみている（10月1日報道）。また、バンジャルマシン近郊に鉄道が開通した（10月25日）。

『ボルネオ新聞東部版』

次にバリックパパンで発行されていた『ボルネオ新聞東部版』を検討する。昭和18年4月29日に創刊され、日本語版は月曜日以外毎日、マレー語版は火曜日、木曜日、土曜日の週3日発行された。記事は『中部版』の記事をそのまま用いたものも少なくない。マレー語版には、創刊時から日本語学習欄が存在するが、日本語の文字は使用されず、ローマ字で表記されている。ここでは『東部版』の記事の中で、『中部版』に掲載されなかった地元の事情に関係する部分を中心に見ていく。

東部の資源と人々

東部の可能性について、4月29日（日本語版）では、その地下資源の可能性が強調され、

鉄道枕木、橋梁、特殊な軍用資材として貴重なウーリン（鉄木）ラワンなどの硬材をはじめ造船、建築用材としてのバンキライ、カポール材、軽木用材としてのラワン、カランバヤン、ビノアン木など戦時下に必須な資材が続々発見されてゐる

と報じられた。木材業のほか漁業も有望としている。

この時期には、住民から構成される議会の話題も登場するが、こちらは『中部版』と共通である（6月17日）。9月30日には、「闇のないバリックへ　適正価格販売場を市場に開

設　薪の配給制も当局で近く実施」という見出しで闇市場追放について報じられている。

　東部に関わるものではマハカム河上流の探索の記事がある。昭和18年6月15日から掲載される「マハカム河を遡る」という連載記事では、6月15日付「全員水上を匍ふ難行　インドネシアの住む最奥地　ダマイより海軍探検隊第一報」としてマハカム河密林の中でダヤクの村落に遭遇した経緯が異国趣味を交えて語られる（昭和18年6月15日）。「豊年踊のダイヤ部落　奥地探検隊愈々ロンギラム出発」（7月18日）、「歓迎のダイヤ踊り　椰子の葉洩れる朧月を浴びて　杖と筒持ち一行も仲間入り」（7月28日）、「酋長も村長も文盲　陽気でおしゃべりなダイヤ族　虫を伴奏に騒々しい密林の夜」（7月30日）、「夜を徹して歓迎踊　唄ふ『日本の皆様』の即興詩　日本産の水甕を酋長が秘蔵」（8月3日）、「腰に蘭兵斬つた刀　酋長の息子が遙々道案内に　お洒落で美人のサンボン女」（8月4日）、「働き者で亭主孝行　夫も貰つた煙草を妻の土産に　ブンテアン族と暮した一週間」（8月6日）といった記事には、日本人のダヤク人への親しみが表現されている。

　8月24日にはダヤク人のキリスト教信仰についての見解も述べられている。マハカム上流でオランダ人宣教師が建設した教会がある。しかし、ダヤクの間のキリスト教信仰は噂されるほど根のあるものではなく、単なる生活の一衣装に過ぎないとしている。というのは、疫病流行に懲りて教会を捨てて引っ越したからだという。

　一般に日本の認識として、ダヤク人をマレー人や華人とは異なる民族として捉え、特別視し、異国情緒を交え、素朴で従順な保護すべき民として描くという特徴がある。

教育

　バリックパパンに工業学校、農業学校、教員養成所設立、サマリンダにも中学校設立予定であるという報道があった（昭和18年7月2日）。サマリンダ女学校開校（8月1日）、バリックパパンに農業実務校を設立（11月9日）といった記事も掲載された。

　日本語学習を奨励する記事が多数掲載されている（7月21日記事など）。6月22日（マレー語版）には、サマリンダからの日本への留学生派遣の報道があった。8月21日には、日本語学校生徒募集の記事が載った。昭和20年1月9日の「昂る日本語熱　検定試験に嬉しい現象」という記事では、各地に日本語学校や講習会が開設されたため、日本語習得熱が高揚し、昭和19年12月1日に州内で一斉に行われた日本語検定試験の受験者数は前年の2倍になったことが報道された。

住民統制と人々の生活

　マレー語版ではより住民生活に密着した記事が多数見られる。昭和18年6月1日報道では、無断で法定価格以上に売値を上げた人が処罰されたことが報道された。また、敵国に有利になる情報を漏らすこと、嘘の情報を流すことを厳禁し、違反に対する処罰の規定を知らせている（6月5日）。7月17日付には、都市計画上必要となったため、墓地の移転を求める通告が掲載された。7月10日には看護士の求人広告が載り、応募者は警察に連絡するようにと伝えていた。

　11月13日（日本語版）では、ボルネオ施政全般に関係することであるが、オランダ時代に顧みられなかったダヤク人について、ダヤクが優勢な地域の承認、ダヤク保護地域の設定を行うとし、ダヤク人みずから、簡易裁判および行政を行うことが認められたと報道された。総じて日本語版では『中部版』掲載の記事と同様のものも多い。

　マレー語版においては、東部に関する記事も載るものの多くはバンジャルマシン、サマリンダに関するものである。例えば、バリックパパンで、日本軍禁止されていた賭け事をしていたため、関係していた人々が逮捕されたという記事（9月23日）、バリックパパンのある会社が職場で寄付金を集めてそれを寄付したことを表彰したという記事（10月16日）などが見られる。日本語を普及させるために、日本語能力の高い公務員の昇給を検討していることも報じられた。日本語能力は日本語検定試験の成績を基準にして判定する予定とされた（9月23日）。

　留学、日本との交流については、東京で学ぶインドネシアからの留学生の話題が掲載され（9月7日）、バンジャルマシンの子供が日本の子供たちから日本語で書かれた手紙に返信したこと（9月18日）も紹介された。

　住民の日常生活に関わるものでは、農家がねずみを取るための効果的な方法（9月7日）や野菜の育て方に関する記事も載った。昭和18年12月18日以降マレー語版は途絶える。

　昭和19年の年頭の記事のうち、統治に関するものとしては、「頑張れバリックの原住民　南ボルネオで貯金第一位」（昭和19年1月6日、日本語版）といった記事の他、「張切るサマリンダ　若き力を先登に邦人ら開発に全力」（2月3日、日本語版）という記事では、サマリンダの邦人から成る昨年7月8日に結成されたサマリンダ産業報国会が改組され、会長に台湾銀行支配人を置き、動員を図る予定が報じられた。また、マハカム河開拓、水田計画は現地軍が指導するとされた（2月6日、日本語版）。なお、昭和19年1月1日からはマレー語版については『中部版』が転用されている。

住民動員については、バリックパパンで南ボルネオ青年団支部として結成されたバリックパパン州青年団の結成式の様子が報じられた（4月3日、日本語版）他、「バリツク産業協会更生　報国団と改称して発足　総務、技術、錬成、厚生の四部を設けて活動」という記事では、この産業協会は貿易、商社、銀行、全邦人商社ならびにその従業員からなる組織だと説明された（6月21日、日本語版）。7月22日付（日本語版）には「"兵補になるのだ、応募殺到　特にサマリンダは五倍の五百名を突破する熱心さ　採用試験はサマリンダ廿五日、バリックは廿七日」という記事が掲載された。
　食糧問題については、「増産マハカムの村々【上】芽ぐむ勤労の田畠　一年前とはガラリ変つた力強さ」（10月29日、日本語版）では食糧自給のための増産、特に水田の拡張が強調されている。「我等の食糧は我等の手で」と題打った現地座談会（バリックパパン州知事や軍人、現地の日本企業の代表者が参加）の連載記事の見出しを次に挙げる。「増産自給へ総突貫！」（昭和20年1月1日）、「不安定な米作を止めキヤツサバを主食へ」（1月3日）、「キヤツサバの食べ方工夫の調理法を公開」（1月4日）、「タピオカでかき餅　需要の半を自給する燃料廠農園」（1月5日）、「多収穫が先づ狙ひ　労務者の保健にもなる農園経営」（1月6日）、「食へぬ野草殆ど無し　有機質の適宜補給で菜園に成功」（1月7日）、「食つて働く楽しみ　労務者のために拓いた山の農園」（1月9日）、「種子の自給が問題　小規模菜園のコツは肥料にあり」（1月10日）、「失敗覚悟で米作冒険　植付にも工夫し小農式がよい」（1月11日）、「労務者には先づ食を　活用しよう原住民婦女子の労力」（1月12日）、「油の乗つた増産運動　本年中頃までには大半を自給確信」（1月14日）という一連の連載記事の内容を見ていると食糧自給の差し迫った様子が窺える。このうち1月12日付に掲載された「労務者には先づ食を　活用しよう原住民婦女子の労力」の記事には、労務問題についての考えが述べられている。現地の開発と生産には労務者は不可欠であり、労務者はジャワやバリから導入されている。彼らは栄養不良の上、慣れない環境条件、疾病などの問題を掲げている。よって労務者の栄養状態の改善が最も重要である。そこで労務者の福祉向上のために労務会館を設立し、彼らの保護、宿泊、福利厚生増進に充てようと考えている。この施設は、宿泊所、診療所、訓練所、娯楽施設として利用できる労務者の憩いの家となるのだという。
　施政については、「タラカン青年団力強く発足」、「タラカン両河川沿岸の食糧増産ぶり」（昭和19年9月12日）、バリックパパンで「原住民の移動制限を厳重に実施」（10月19日）などの報道があった。「皇恩に報いん　ポンチアナクで感謝式」（10月10日）の記事では、

ポンティアナックで小磯声明に対する感謝式が開かれた様子が報道されている。「全員武装も凛々しく　訓練に火花　ポンチアナク意気軒昂」（10月11日）という記事では、ポンティアナックで訓練演習が行われ、邦人と現地民両方が参加したという内容が報道されている。「兵補を援護　バリック地方本部生る」（昭和20年１月９日）という記事では、南ボルネオ防衛戦士援護会バリックパパン地方本部の結成式と役員任命式が開かれた様子が報じられた。「農夫へお米の供出制度　ポンチアナクで食糧新対策」（１月11日）という記事では、西ボルネオを自給のみならず兵站基地として位置付け、主要食糧の集荷、買い上げ、配給について、米穀供出制を新設することが決まったことが報道された（いずれも日本語版）。

マレー語版における表現の特徴

　マレー語読者を想定した表現として、「大日本のガルーダ（Garoeda Dai Nippon）」（６月12日など）という表現が『中部版』、『東部版』ともに多用され、戦場での日本の戦闘機の様子が人々にイメージしやすいように工夫がなされている。

　また、生活の上での標語にも興味深いものがあり、マレーの韻文であるパントゥン（pantun）を使った標語もみられる。例えば８月19日に掲載された次のようなものがある。これは伝染病を媒介する蚊の撲滅を呼び掛ける内容であるが、題は「蚊は連合国とつるんでいる（Njamoek teman sekoetoe）」というもので、

　　　Boenoehlah njamoek beramai-ramai,　　みんなで蚊をやっつけよう
　　　Seperti sekoetoe dipoelau Hawaii,　　ハワイ島の連合国のように
　　　Agar kesehatan kita tertjapai,　　私達の健康が達成されるように
　　　Pendoedoek sentosa, doenia damai.　　住民は安寧、世界は平和

という伝統的なマレー韻文で構成されている（各文の終わりがaiの音となっている）。

『東部版』の独自性

　本巻所収の早瀬晋三による索引をもとに『中部版』と『東部版』の相違について改めて検討してみたい。『東部版』にはどの程度独自性があったのだろうか。
　『東部版』には、特に東部のダヤク村落への探検記が多数掲載されている。マハカム河

探検記シリーズのうち「挺身する秘境マハカムを行く」は『中部版』にも掲載されたが、その他複数の探検記は『東部版』独自のものである。その他、サマリンダの日本式教育の普及をテーマとしたシリーズ「学都サマリンダ」、「増産サマリンダ鍬の進軍」、「建設一路へ　更生するマハカム」といった『東部版』独自の連載記事もあった。連載記事については、『中部版』はバンジャルマシンやその近郊に関するものが多く、『東部版』は東部地域に関するものが多いことが分かる。

『東部版』の地名索引では、バリックパパン、サマリンダ、タラカン、マハカム河など東部の地名が多く登場する一方、バンジャルマシンや西部のポンティアナックといった地名も頻繁に登場する。また、『東部版』の事項索引を見ると、地域が異なっていても、そこで取り上げられるテーマは献金、増産、食糧確保、教育といった『中部版』と共通のものが大半である。このことから『東部版』の報道の独自性は限定的だったと思われる。

『中部版』、『東部版』ともにダヤク人への関心は強く、ダヤク人の風習やダヤク村落への探検記は多数掲載された。

『ボルネオ新聞西部版』

西部版は今回復刻となった部分がかなり限られているのであるが、その中でも地元の状況に関する報道を見ていく。中国語版、マレー語版ともにポンティアナックの海軍兵補の入隊式に関する記事が掲載された（昭和19年9月5日）。その他、これも両版共通で、サンバス、プマンカット、シンカワンでの学芸運動会の様子を報じている。

> 「華僑の学校、その他の学校が合同で学芸運動会を開催した。指導者は、『体を鍛える方法としての遊びがありこれで体位向上が望める。騎馬戦も華僑とインドネシア人学生が混合で行った。これが原住民の団結を高めることとなった。華僑と現地民が一体となった場面であった』と述べた。（原文マレー語）」

という記事が掲載された（9月8日）。

同日に、映画上映の広告が載っている。ポンティアナックには大和座と旭館という二つの映画館があり、そのほかムンパワにもムンパワ劇場、シンカワン、プマンカット、サンバスにも映画館があり、中国の映画も含めて上映されていた（9月8日、中国語版）。市民生活に関わることで特に華僑に対して賭博を厳禁するという内容（9月12日、中国語版）

も掲載された。

　マレー語、中国語版共通の記事として、ポンティアナック州知事の談話が掲載された（9月10日）。小磯声明を受け、日本に貢献して大東亜の繁栄を実現させることを望む、米英と戦う意味は、東インド全民族の独立戦である、日本が勝利しなければ、自分たちも独立もないので一丸となって戦う、といった内容であった。各地の指導者は小磯声明を歓迎したという。

　『中部版』、『東部版』にもしばしば西ボルネオの状況が報道されるが、そこでは必ず華人の話題が登場し、彼らも日本の統治に協力的になりつつあること、彼らの民政部への献金といったテーマが登場する。これは華人が西ボルネオにおいて特に重要な社会の構成要素であったことを表しているといえよう。これはバンジャルマシン、バリックパパンについて言及する際には華人の話題はほとんど登場しないことと対照的である。

新聞中の写真

　最後に、新聞に使用されている写真について述べる。まず『中部版』から検討する。新聞創刊当初は、日本軍の各地での戦果を伝える勇ましい写真が連続して掲載されている。ほとんどそれ一色といってよい。それ以外の内容の写真では、日本の炭鉱でつるはしをふるう人々の写真（昭和18年1月7日）を掲載し、戦時下の日本で勤勉に労働にうちこむ人々を紹介している他、東京における「英米撃滅」を掲げた国民大会の様子（1月12日）といった国民生活、紙芝居、隣組の活動などの写真が掲載されている（1月17日）。日本の写真と戦果を伝える写真のみで現地の写真はまだ少ない。マレー語版にはほとんど写真がない。

　しばらくするとボルネオの写真も登場する。バンジャルマシンの水上市場の写真、「プラフに咲く花『饅頭笠』」（2月17日）、川の漁場（2月18日）といった現地の生活を描いた写真が継続して掲載された。マルタプーラ川の岸辺の移動床屋（2月19日）、釣りをしている人々（2月20日）、ダイヤモンド採取の視察（2月23日）、少年団入魂式行進（2月24日）、バンジャルマシン市の大和橋を警備する兵隊（2月25日）、軍隊の訓練（2月27日）、バンジャルマシンにおける日本式の「東印度中学」の朝礼での国旗掲揚（3月1日）、海軍病院に現地の人々が慰問に訪れている様子（3月2日）、学校での体育の授業、国民体操、ラジオ体操（3月4日）、学校での日本語の授業風景（3月5日）といった現地で撮影された写真が登場した。「囚われの敵国人」のキャプションでオランダ兵の収容所の労働の様子（3月17日）、収容所でのハガ総督の写真（3月18日）、軟禁されているオランダ

兵の家族の写真（3月19日）、日本各地の桜の写真（4月20、21、22日、「桜三題」）、労働に従事するダヤク人の写真（4月23日）も掲載された。当初マレー語版にはほとんど写真はないが、『東部版』が創刊された昭和18年4月29日より、マレー語版でも写真が増加する。4月29日付のマレー語版には、バンジャルマシンの学校の立札を学童に配布している写真が掲載された。続いて「天長節を寿ぎバンジエルマシン市の賑ひ」（4月30日、日本語版）、プラフ競艇、学童による祝賀行列の写真が載った（4月30日、日本語版）。バンジャルマシンで天長節に路上で民政部がたばこ販売をし、人々がそれに群がっている写真（4月30日、マレー語版）も登場した。

バンジャルマシン市内の鯉幟（5月5日、日本語版）、民政部職員の射撃訓練、救護訓練（5月21日、日本語版）、各地の労働者、海軍記念日の式典（5月28日、日本語版）、バンジャルマシンの錬成道場（6月1日、日本語版）といった写真もある。

その後しばらくは各地の戦果に関する写真が多数で、その他の内容の写真は少ない。その中で現地の写真としては、バンジャルマシンの造船（7月11日、日本語版）、「バンジエル蹴球大会入場式」（7月27日、日本語版）、民政部主催のバンジャルマシン初の模型飛行機大会（8月1日、日本語版；8月5日、マレー語版）などがある。

マレー語版には日本の風物を紹介する写真として8月1日には富士山の写真、8月13日は日本の町内会を紹介する写真が載った。中部ボルネオ蹴球大会と優勝旗授与式（8月3日、日本語版；8月3日、マレー語版）、ウルスンガイの面踊り（8月4日、日本語版）、マルガサリのロタン細工（8月5日、日本語版）、アムンタイの稲作地帯の刈り入れ（8月8日、日本語版）、炭焼きのための窯づくり（8月24日、日本語版；8月26日、マレー語版）などもある。日本語版にはないがマレー語版に載っている写真にバンジャルマシンの水道開通式の写真がある（8月11日）。

その他、住民生活に関わるものとして、バンジャルマシンで種痘を行っている様子（8月31日、日本語版；9月3日、マレー語版）、日本の子どもたちから届いた手紙を手に喜ぶバンジャルマシンの子どもたち（9月2日、マレー語版）、防空訓練（9月4日、日本語版；9月5日、マレー語版）、ボルネオ新聞社での座談会（9月4日、日本語版）、日本から送られてきた紙風船で遊ぶ子供たち（9月8日、日本語版）、民政部の富くじ売りだし準備（9月9日、日本語版）などの写真が掲載された。

民政部主催の音楽会に向けての学校の生徒と教師からなる合唱団の歌の練習（9月15日、マレー語版）、バンジャルマシンの大阪劇場での民政部主催の音楽会（9月19日、マレー

語版)、バンジャルマシンに設立された婦人日本語学校の授業(9月21日、日本語版;9月22日、マレー語版)、バンジャルマシンのアロン運動場の指導者講習会にてラジオ体操の講習(10月1日、日本語版;10月4日、マレー語版)、稲の収穫の季節と精米(10月5日、マレー語版、10月9日、日本語版)、バンジャルマシン市中で頭に氷柱を載せて運ぶ女性(10月15日、日本語版)、東京でのボルネオからの留学生たちの様子(10月19日、日本語版)、民政部職員が日本人墓地に参拝している写真(10月27日、マレー語版)もある。

ダヤク村落に関するものでは、内陸のダヤク村落で人間の姿を彫った柱の写真(11月13日、日本語版)など、視覚に訴えるダヤク村落に関する異国趣味的な写真は多数掲載され、その新奇さが強調されている。

「ハガ事件」の首謀者の顔写真と押収した銃などの武器の写真(12月21日、日本語版;12月21日、マレー語版)、パッサル・マラム(夜市)の門の写真(12月24日、マレー語版)なども掲載された。

昭和19年に入ると『中部版』に掲載される写真がより少なく小さくなり、特徴のある写真は減っていき、各地の戦場の写真が主になっていく。これは戦局の悪化し、余裕が失われたことを示しているのではないだろうか。その中でもマニラ麻、椰子油、ガソリンなどの工場の写真が特に多い。その他バンジャルマシンの日本人墓地の慰霊祭(1月27日、日本語版)、バンジャルマシン市会の開会式(3月24日、マレー語版)の写真も掲載された。ひときわ強調され、大きな写真入りで報道されているのが海軍兵補であった。海軍兵補入隊式(9月21日、日本語版)、海軍兵補の訓練(9月22日、日本語版)、兵補の家族との団欒(9月30日、日本語版)などである。

昭和20年に入るとますます現地の写真が乏しくなるが、その中でもバンジェル軍官民懇親野球大会で試合観戦中の山路大佐(1月16日、日本語版)、増産へと励むコークス工場を視察する早川長官(1月17日、日本語版)の写真は掲載された。

次に『東部版』を見てみよう。『東部版』創刊号(昭和18年4月29日)は東京の皇居に人々が深々と頭を下げ拝礼している写真で始まる。以後、戦果についての写真が続く。これは『中部版』と同様である。使用されている写真は『中部版』と同様のものが多い。『東部版』独自のものでは、内陸のダヤク人村落で撮られた写真が豊富である。例えば『東部版』に掲載された探検記「スンガイ・ルワヤを行く」(こちらは中部版には掲載されていない)には内陸のダヤク人村落の写真(7月28日、31日、8月1日、8月3日、8月4日、8月5日、8月6日、いずれも日本語版)が掲載されている。その他マハカム河、サマリ

ンダの写真（12月10日、日本語版）、「東北ボルネオところどころ」シリーズではタラカンの街並みの写真が載っている。

　兵補の身体検査の様子（昭和19年7月28日、日本語版）、「学都サマリンダ」のシリーズではサマリンダの日本式学校の様子（8月29日、日本語版）、州立農業実習学校の農園での実習の様子（8月30日、日本語版）、学校での国民体操（8月31日、日本語版）の写真も掲載された。バリックパパンの防空訓練の様子も大きな写真付きで報道されている（9月22日、日本語版）。戦時縮小版になる昭和19年11月1日よりますます写真は少なくなった。

　全体として日本軍の戦果を伝える写真が最も多く、絶え間なく掲載された。また、日本の風物、戦時下の日本の人々の暮らしについての写真も多い。ボルネオ現地の風物を紹介する写真は始めにはある程度あったが、徐々に少なくなり、日本が行う宣撫工作に関する写真が増加する。全体を見渡して目を引くのは内陸のダヤク人の生活に関する異国趣味を交えた写真の数々である。

〈おわりに〉

　これまで『ボルネオ新聞』における報道を見てきた。本稿を締めくくるにあたり、改めて本新聞発行の目的と紙面の特徴を整理してみたい。

　本新聞発行の第一義的目的は日本統治の正統性、日本の施政実績のアピールであり、各地の戦局や日本の使命について多く語られている。その中で特にボルネオが日本を支える重要な柱として位置付けられ、資源と人材をもって日本への貢献が期待されている。そのための自覚が住民にも求められていた。

　最終目標として掲げられていたのは、「純日本的」ボルネオの実現であった。その手段として、日本語学習を基礎として、日本は各種の学校や錬成道場を創立し、日本精神と日本への貢献のために進んで働く人々を育てようとしていた。興南報国団や青年団は動員のための組織であり、かなり遅い時期に兵補制度も整えられた。日本への留学制度においては、それに参加した学生が日本精神を体現した住民の手本となることが期待されていた。

　日本語版は、資源への関心が主調となっている。インフラ開発への関心も明確であり、日本軍は学校や病院、橋や道路を建設している。また、各種の住民宣撫工作が取られた。これはジャワのそれと比較することもできるだろう。日本統治下に起きた複数の反乱鎮圧事件についても、民政部がこれらをどのように位置づけようとしていたのかの一端を窺うことができる。

『ボルネオ新聞』発行の最初期から時期を追ってみることで、時期ごとの特徴も看取できる。最初、公務員への賞与、福祉向上、病院、学校の整備など日本施政の恩恵を強調していたが、戦局が厳しくなるにつれ、規制を厳しくし厳罰主義を採るようになり、動員も強制の色が濃くなる。

マレー語版は、民政部の政策意図を住民に伝達するという役割が大きかったようである。民政部が発した法令が詳しく報道され、価格統制、賞与、税、学生募集、求人、法遵守を呼びかけるもの（違反者には厳罰を与えたこと）、日本文化の紹介、謀反計画への対処、富くじ、各地の報国団、青年団、防空訓練といった内容の報道がなされた。住民の政治参加を目的とした州・市議会での議論の様子も窺うことができる。また、各地の人々が進んで日本に協力し労働に励んでいる様子が多く報じられている。人々を日本への協力に駆り立てる道具としての役割を期待されていたのであろう。

宗教者の動員はジャワでも見られたが、ボルネオの場合、イスラム教だけでなく、ダヤク人の間に影響力のあったキリスト教（ここではプロテスタント諸派についてのみ）宗教者の動員とそれを通してのダヤク人の動員もなされたことが分かる。

報道の地域差については、『東部版』には『中部版』と同様の内容も多く、バリックパパンやサマリンダについての記事が掲載されても、留学生派遣、日本語学校、作文大会など『中部版』と同様の切り口のものが大半を占めている。このことから、地域独自の政策は少なく、ボルネオ統治の中枢たるバンジャルマシンの方針、政策に則ってその他の地域の統治がなされていたことが推測される。『西部版』は復刻された部分は大変限られているが、やはり『中部版』と同様の内容が多い。その中でも子供たちの学芸運動会に際して「華僑とインドネシア人が一体になった」という記事が掲載されること自体がこの地域の特性を表しているといえよう。

註

1 客家系華人の出身地は主に、中国華南の福建省・広東省の山岳地帯（梅州、恵州など）であるが、その一部は中国内陸の四川省等にも居住する。彼らは多様な方言に分かれる客家語を話す。客家系華人の東南アジアへの移民は、西ボルネオの金鉱床採掘、マレー半島や蘭領東インドのバンカ島（Bangka）、ブリトゥン島（Belitung）における錫鉱床採掘の分野に多い。
2 西カリマンタンの華人の多数派は客家系であるが、ポンティアナックの市街地には潮州系華人が多く居住する。彼らは、中国広東省の潮州、汕頭を主な出身地とし、福建省南部で話される閩南語に近い潮州語を話す人々である。
3 スカルノ政権末期の1965年に明確に制定された国家公認宗教は、イスラム、カトリック、プ

(2)中部版（日本語、マレー語）、東部版（日本語、マレー語）、西部版（中国語、マレー語）

ロテスタント諸教派、ヒンドゥー、仏教、儒教の６つであった。しかし、1970年代後半、華人に対する同化政策が強まる中、儒教は公認宗教から外された。儒教が再公認されるのはポストスハルト期に入ってからである。したがって現在のインドネシアの公認宗教は儒教を含めて６つである。

4　儒教、仏教、道教の要素が混然一体となった宗教形態であり、中国の出身地の土地神なども共に祀っている。

5　昭和18年８月１日から『中部版』の紙面は拡充され４面になり（日本語２頁、マレー語２頁）、マレー語版には日本語学習欄が加わった。

6　「ラジヤ・バル」radja baroeとはマレー語で「新しい王」の意味である。

7　このため本復刻版では紙面の大きさを統一するため拡大を行ったため字が大きくなっている。

参考文献

井関恒夫『西ボルネオ住民虐殺事件：検証「ポンテアナ事件」』不二出版、1987年。

後藤乾一「ポンティアナック事件覚書」後藤乾一『日本占領期インドネシア研究』龍渓書舎、1989年、149-179頁。

早瀬晋三「植民者の戦争経験―海軍「民政」下の西ボルネオ」倉沢愛子他編『岩波講座　アジア・太平洋戦争４　帝国の戦争経験』岩波書店、2006年、31-58頁。

早瀬晋三・白石昌也編『朝日新聞大阪本社所蔵「富士倉庫資料」（写真）東南アジア関係一覧』早稲田大学アジア太平洋研究センター、2017年。

Davidson, Jamie S., *From Rebellion to Riots: Collective Violence on Indonesian Borneo*, Madison: The University of Wisconsin Press, 2008.

Maekawa, Kaori, "The Pontianak Incidents and the ethnic Chinese in Wartime Western Borneo," Paul H. Kratoska ed. *Southeast Asian Minorities in the Wartime Japanese Empire*, Routledge Curzon, 2002, pp. 153-169.

Somers Heidhues, Mary, *Golddiggers, Farmers, and Traders in the "Chinese Districts" of West Kalimantan, Indonesia*, Ithaca: Cornell University Southeast Asia Program Publications, 2003.

Somers Heidhues, Mary, "The Makam Juang Mandor Monument: Remembering and Distorting the History of the Chinese of West Kalimantan," Tim Lindsey and Helen Pausacker eds. *Chinese Indonesians: Remembering, Distorting, Forgetting*, Singapore: Institute of Southeast Asian Studies, 2005, pp. 105-129.

Ⅱ. 総 目 録

1. 中部版（日本語）

○南ボルネオ関係　総目録（1942年12月8日～1945年2月3日）

第1巻　中部版　昭和17年12月8日～18年4月30日

昭和17年（1942年）

12月8日（火）

　「けふ大東亜戦争勃発一周年　記念日迎へ決意新た　聖戦完遂へ断乎邁進　前線銃後、鉄石の布陣」

　「驚異の戦果　我に鉄の態勢　長期戦何ぞ必勝の信念　今や逆に　一方南は」

　「『ボルネオ新聞』創刊　歴史的文化建設の先駆」

　「ボルネオ新聞発刊を祝して」高濱虚子

　「輝やく創刊を祝す　大東亜人の大東亜を」海軍大臣、海軍大将　嶋田繁太郎

　「創刊の辞」

　「原住民達も欣然参加して　ボルネオを挙げ多彩の行事　バンヂエルも記念日一色」

　「果す前田大将との約束　忍城水攻めの史跡の保存顕彰へ」

12月9日（水）

　「日の丸の下繰り出した人波　バンヂエルは空前の賑ひ」

　「断然勝抜かん　運動会で民政長官挨拶」

　「輝やく新聞の創刊を祝す　市民も協力を」バンヂエルマシン市長正源寺寛吾

12月10日（木）

　「南方文化建設のため　挺身を切望」大本営海軍報道部長、海軍少将　矢野英雄

　「南方の各地名を改称　旧蘭領ボルネオは南ボルネオに」

　「新秩序建設へ　インドネシヤも協力を　警備隊指揮官講習要旨」

12月11日（金）

　「原住民職員給与に親心　明年一月一日より待遇改善を実施」

12月12日（土）

　「陸戦隊魂（上）　人間業とは思へぬ物凄い突撃　蘭印一の勇士もなげく」

12月16日（水）

　「林芙美子女史　ボルネオへ」

II. 総目録

12月22日（火）
　「臨時バンヂエルマシン病院　けふから海軍病院前に」
　「林女史の講演会」
12月23日（水）
　「逞し三エムの標語掲げて　体力向上　生活の新設計　食糧増産の積極実践へ　ウルスンガイの現地人」
12月25日（金）
　林芙美子「マルタプウラア」
　「五月信子一座バンヂエルへ　けふあす開演」
12月26日（土）
　「手をつないで建設へ　女も一生懸命頑張り抜きませう　林女史と現地婦人が睦びの一夕」
12月27日（日）
　「五月信子一座　熱演に偲ぶ祖国の匂ひ　感激した満場の観衆」
12月31日（木）
　「南洋ボケ一層に一役　労働力を低下さす寄生虫の駆除に　熱帯病研究所員が推進便所を完成」

昭和18年（1943年）
1月1日（金）
　「けふ元旦　南ボルネオにも皇化遍し　この感激で試煉に勝たう　さあ今年も頑張るぞ　僅か十ケ月でこの建設　昭和十八年を迎ふ　軍官民一同　厳粛な遙拝式」
　川田順「ボルネオ新聞に寄す」
　「本社主催座談会　「南ボルネオの明日」を語る(1)　量り知れない豊かな鉱脈　ゴム以外にも米に木材に樹脂に棉に　農林産物も前途洋々」
　林芙美子「新年所感」
1月3日（日）
　「本社主催座談会　「南ボルネオの明日」を語る(2)　都市の路上でも稲づくり　ゴムに代つてお米の増産へ　こゝでも懸命　手際のいゝ原住民官吏」
1月5日（火）
　「本社主催座談会　「南ボルネオの明日」を語る(3)　必勝の試煉を原住民へも　彼等の尊敬の念を裏切らないで指導せよ　むづかしい税制改革」
1月6日（水）
　「本社主催座談会　「南ボルネオの明日」を語る(4)　南北横断の鉄道をつくれ　奥地の豊富な天然資源を活用するために　バンヂエルに良港を」

1月7日（木）
「本社主催座談会 「南ボルネオの明日」を語る⑸ 親日で真面目なダイヤ族 赤字などは覚悟で奥地へも早く便利な郵便を 警察や裁判の改善は急がずに」
1月13日（水）
「為替も新たに取扱開始 バンヂェルマシン市からの郵便業務 来る十五日から拡充」
1月14日（木）
「ボルネオ産業参考館を開設」
「颯爽たる空母型筏 赤道越えてボルネオから内地へ」
「マレー語版 映画を公開 今明日大阪劇場で」
1月16日（土）
「ダイアク族を奥地に探る 「和蘭軍敗退」に雀躍り 礼拝堂に無気味な首棚 生首の蛆が何より好物」
「待望の上水道 乾季までには完成 日本技術の粋を集中」
「今年は豊年 奥地農民の増産協力」
1月17日（日）
「五十四品種の重要物資に バンヂェルで販売許可制 違反者には厳罰の方針 日用雑貨の適正値へ 民政部不正商人に鉄槌」
「指導国民の誇りを失ふな ボルネオ在留邦人に告ぐ 立哨へは必ず敬礼を 服装は正しく風儀を乱すな」
「日本語学校 けふカンダンガンとバラバイにひらく」
1月19日（火）
「南ボルネオと内地間にも 愈々待望の郵便業務開く 廿二日から書状等五種類 書状は開封して提出 対日本一般郵便業務取扱要領」
「市病院療養所を拡充 ボルネオから病魔一掃へ」
「近づくバリック占領一周年 降伏勧告に決死の軍使 上陸予定地の点火に原住民も協力」
「砂金採取に 日本古来の「桶流し」 原住民に伝授指導」
1月20日（水）
「ウルスンガイを見る⑴ 自然の恵みの豊かさよ 柔かな若緑つゞく風景に軽い郷愁 学童も日本式お辞儀」
「ダイヤモンド増産へ 美はし！原住民の協力風景」
「お米の自給自足へ 近く内地から技術者が大挙来島 原住民を根本的に指導」
「バラバイに中学校新設 あす授業を開始」
1月21日（木）
「ウルスンガイを見る⑵ 密林で闘ふ科学の戦士 稲田の中から湧出る立派な硫黄泉 日本人には

判るダイヤク族の気持」

　　「農水鉱の三試験所　バンヂエル市に設置　技術による住民皇化の躍進」

　　「自動車運転者試験　二十五日に実施」

1月22日（金）

　　「ウルスンガイを見る(3)　三エム運動の旗幟の下　体位向上に新生活設計に食糧増産に　原住民達も団結してうれしい協力」

　　「ラジオ　近く無線で本放送　原住民へ日本語の講座や講話　将来は内地向けも開く　占領一周年を記念して　来月早々に『特別放送』」

1月23日（土）

　　「誕生一周年　バリック市の民政を視る　製油から今や物資集散へ　大都市計画立案に着手」

1月24日（日）

　　「バンヂエルに戦跡記念碑　バリックには忠魂碑　占領一周年を迎へて建立決る」

　　「あすバリック占領一周年　ドラム缶で「こども楽隊」　いぢらし原住民の心構へ」

　　「軟式野球大会」

1月26日（火）

　　「葉書はあすから売出す　内地向郵便物の違反殆どなし」

　　「ビルマ・ボルネオ間公衆電報取扱始る」

1月27日（水）

　　「南ボルネオ　文教に黎明　和蘭の文盲政策を追放　新たに五大方針を確立」

　　「まづ受検と許可申請　ラジオ聴取の注意」

　　「椰子油をプラウの動力に　バンヂエル市でも計画」

1月28日（木）

　　「ハガ前総督と会見　心境をきく　「米英来援」の悪夢さめて　懺悔に震はす老いの痩躯　皇軍の恩威に心からの感謝」

　　「林芙美子さん　カンポンで新生活　インドネシア人の純な心求めて　体当たりで描く「放浪記南方版」」

　　「バンジエル内地人会　紀元の佳節に発会式　錬成親睦につとめ軍政に貢献　産業協会も設立」

　　「砂糖椰子からブランデー　南ボルネオの上戸党に朗報」

1月29日（金）

　　「ダイヤクの血うけた薄倖の三孤児　邦人の俠気で更生　今は日本内地で興亜に一役」

　　林芙美子「雨」

　　「軍事教練実施　民政部錬成会で」

1月30日（土）

　　「ビルマ独立本年にも実現　南方地域の建設着々進む」

「無料観劇厳禁　在留邦人に警告」

「建築の許可制　一日から南ボルネオで実施」

「温泉の二ケ所　コタバルの北方に」

1月31日（日）

「けふバンジエル進攻一周年　アダン湾に敵前上陸敢行　まづタナゴロの背後衝く」

「東印度中学訪問記　朝礼の日章旗に感激の瞳　師弟一体で力づよい精進」

「棉花の栽培にも折紙　南ボルネオで大規模の試作」

「癩患者収容村　ランタウに」

「あすから無線本放送　第一日の記念番組決る」

「邦人よ盗難にご注意」

2月2日（火）

「住民の福祉増進が念願　福井司政官挨拶放送　バ市本放送開始に当りて」

林芙美子「タキソンの浜」

「思ひ出の茶会　バ市占領一周年」

2月3日（水）

「皇軍こそ救世主　国旗掲揚台をつくり憧れの日本へ　希望の胸踊らすダイヤク族」

「バンジエルに師範学校　日本的教育で中堅教員の養成へ」

2月4日（木）

「バンジエル占領一周年近づく　『憎い和蘭兵をこの刀で』　腰の一刀を差し出しダイヤ族も嬉しい協力　正源寺市長にきく思ひ出　手柄を樹て、叱られた　素手で八十七名を捕ふ」

「かくて復興も快速調へ　市民有力者が治安維持会結成」

2月5日（金）

「父帰る日も遠からじ　四児を抱へて日本人の夫を待つ　原住民の女に美しの情け」

林芙美子「南の雨」

2月6日（土）

「バンジエル占領一周年　戦捷祈祷や式典　プラウ競漕　蹴球競技など　原住民も多彩な記念行事」

「「熱帯痩せ」の定説覆る　到着半年後には却て体重増加　内地人は早く椰子油に馴れよ」「バ市に「工業奨励館」　機械工業紡績等に原住民を指導」

2月7日（日）

「原住民志士にきく　一年前の思ひ出　正に夢あの日の劫火　大和橋畔で処刑された蘭人市長　来た！我らの救世主皇軍」

「日本語の先生が来ます　南方各地へ六百名を選定」

「明日はアモンタイ占領一周年記念日」

2月9日（火）

「思ひ出新た　南方建設余聞　憎しみの鞭へ愛で報恩　嘗ての教へ子日本人兄弟の仁義に　冷酷な蘭人遂に悔悟」

2月10日（水）

「臨時軍事費二百七十億円　一部を南発金庫より借入　諸民族も軍費負担の光栄　南発券一本建に」

「あす　厳粛な記念式典　原住民からも真心の祝詞　バンジエル占領一周年」

「親善美談の大和橋　ウル・スンガイ開発に功績残して　河野技師西部へ赴任」

2月11日（木）

「南ボルネオ戡定一周年　けふ紀元の佳節　南溟遙か偲ぶ肇国の大理想　感激新た聖戦完遂へ邁進せん　バンジエル挙げて　慶祝の一色に」

「ボルネオ新聞創刊記念事業　日本文化映画の会　大東亜戦争写真展　新しい画劇の公開」

2月12日（金）

「三百万島民も声揃へて　南ボルネオに轟く万歳　佳き日思ひ出も新た　慶祝の式典に行事に　バンジエル市は日章旗の波」

「日本人会長に台銀の鍋島氏」

「銘記せよ今は戦時だ　皇国の使命に挺身協力要望　山路大佐放送要旨」

「日章旗と大海軍旗を捧げて原住民の慶祝市中行進（きのふ朝、桜通にて）」

2月13日（土）

「日の丸翻る奥地を行く　水田も本年中には五倍へ　船大工もプラフ作る手で日本船を　雄々し増産へ沸る原住民の熱意」

「けふから　本社創設記念公開　日本文化映画の会」

2月14日（日）

「今ぞ示せ『繊維日本』の力　原住民の服装から米英色の一掃へ　旧蘭印はかく我業者を圧迫せり」

「日本文化映画の会　本社主催　銀幕一杯に故国の香　盛況裡にきのふ第一日開く」

2月16日（火）

「水郷バンジエル(1)　大和橋に脈うつ　逞し更生の息吹」

「日本文化映画の会　深めた日本への信頼　バグース、バグースを連発　原住民への公開始る」

2月17日（水）

「水郷バンジエル(2)　プラフに咲く花「饅頭笠」」

「原住民兵捕虜を釈放　廿一名に親心の恩典　二名は巡査に　民政部で採用」

「自動車の燈管実施要項決る　南ボルネオ各地」

2月18日（木）

「南方海軍地域の軍政機構　大東亜戦完遂が第一条件　艦隊司令長官隷下に民政府」

「水郷バンジエル(3)　獲れたぞ！獲れたぞ！」

「妻と一緒に兵舎住ひ　練兵どころかダンスとお茶の会　負けたも道理　弱い和蘭兵」

2月19日（金）

「愚民搾取に代る覚醒開発　皇道統治ボルネオに治し　海軍軍政地域の明朗性」

「水郷バンジエル(4)　涼味満喫の「動く床屋」」

2月20日（土）

「水郷バンジエル(5)　いづこも同じ太公望」

「南方の味覚を内地へ　塩鱈に劣らぬ淡水産の塩干魚を　南ボルネオからどつさり」

2月21日（日）

「水郷バンジエル(6)　朝の買出しも舟で」

「解つた不言実行の誠意　アマジット郡長感激して語る」

2月23日（火）

「豊かな資源に綻ぶ面　原住民農夫のお辞儀にも一々答礼　福田司令官奥地を初視察　（写真）ダイヤモンド採取を視察する福田司令官」

2月24日（水）

「新団旗捧げて颯爽　使命達成に邁進する三エム少年団」

「女子大出？の放送員　綺麗な声でバンジエルに登場」

2月25日（木）

「兵隊さんよ有難う　バンジエル市大和橋」

「熱帯医学　風呂よりもマンデー　睡眠は夜八時間昼一時間　漢医師に永年の経験を聞く」

2月26日（金）

「鍛へる警備隊(1)　密林に厳たり軍艦旗　斥候の銃剣にひかる朝露」

「初の郡長会議　けふカンダンガンで」

2月27日（土）

「鍛へる警備隊(2)　『実戦より辛い演習』」

「内地と郵便為替送金　来月一日から愈々業務開始」

「白蟻の被害が続出　家具の脚と床の絶縁が肝要」

2月28日（日）

「四月学制改革を断行し　皇化教育をいよ〳〵実施　日本語普及に検定試験　初の郡長会議　初等教育は六年制　授業料全廃　学用品を無料支給」

「鍛へる警備隊(3)　講評前に親心の労り　我らが無敵海軍かくて強し」

「バンジエル市回教徒の感激　有難う！ニツポンの後援　五千の会衆「盟主日本万歳」を絶叫　メスチー寺院往訪の記者に握手の雨」

「内地との公衆電報　愈々近く取扱開始」

3月1日（火）
　「更生する学園(1)　朝陽に輝く日の丸　仰ぐ瞳に雄々し協力の覚悟　東印度中学の国旗掲揚式」
　「マカツサルとまづ電報開始　内地とは十日頃」
3月2日（水）
　「更生する学園(2)　早く癒つて下さい　白衣勇士を真心慰問」
　「日本語勉強の一年　早くも馬日辞書を脱稿（上）　理論派の雄ムハマド・ラシド君」
3月4日（木）
　「民間給与支給額を制限し　占領地軍票の放出を抑制　社員月額平均二百五十盾　一日実施」
　「更生する学園(3)　この健康美この気魄　師弟一緒に鮮かな体操ぶり」
　「日本語勉強の一年　憧憬に始つた日語熱（下）　日本語専門教師スドノ君」
3月5日（金）
　「更生する学園(4)　二ケ月でイロハ習得　内地の友達にもどしどし通信」
　「叩き直した原住民官吏　旧和蘭時代の服務斯くの如し」
3月6日（土）
　「重要物資販売許可制の　適用範囲をさらに拡張　民政部直轄全域に施行　申請の許可は郡長に　全面的協力を当局で要望」
　「けふは地久節　戸毎に国旗を」
　「更生する学園(5)　写真囲んでバンザイ　教材に日本の写真を使用　飛行機やタンクが大人気」
　「予防注射施行　在住邦人宿舎の原住民使用人に」
3月7日（日）
　「更生する学園(6)　包丁捌きも鮮かに　女学生の家事実習」
　「怖しい物には故らに蓋　勝手な解釈で日本を歪めて自己満足　旧蘭印の教科書に見る敗残国の姿」
　「憧れの海へ血は躍る　ボルネオの若人十五名も参加　マカツサル海員養成所開く」
　「水には何より困る　過半数の者は暑さにも一向平気　在住邦人の現地生活報告から」
3月10日（水）
　「けふ南ボルネオ　民政確立一周年　ボルネオ自主性確保へ　開発建設に超重点主義　原住民も知る自らの戦」
　「珍しい日露役の写真　輝くけふの陸軍記念日を前に　わが勇士が南ボルネオで発見」
　「人口も戦前同様に　十六日は市制施行一周年　バンジェルで記念式と祝賀会」
　「あすから　五十盾までは二十仙　内地との郵便為替開始」
　「バンジェルに職業紹介所　原住民雇傭には必ず利用を」
3月14日（日）
　「活気溢れる朝の市場」
　「奥地で日本文化映画　本社創設記念に公開」

3月16日（火）

　「けふ市制施行一周年　バンジエルで記念式や祝賀会　建設へ九万市民の決意固し」

　「鉄木の太刀に気合こめて　原住民教師も日本式体錬」

3月17日（水）

　「支部及び出張所は廃止し　新たに州や県などを開設　民政浸透の基礎確立さる」

　「囚われの敵国人(1)　俘虜収容所（上）　書架に「日本の魂」　敗残の身に知るわが武士道の恩威　国より妻子第一の彼等」

3月18日（木）

　「囚われの敵国人(2)　軟禁所　哀れ敗残者の姿　栄華の夢さめて握る畠作りの鍬　前総督ハガの心は淋し」

　「いかゞ木の皮の防暑服　一着七十銭・耐久力も半年は充分」

3月19日（金）

　「囚われの敵国人(3)　軟禁の婦女子　素足に孔あき靴　炊事も洗濯も一さい自分の手で　バブーに転落した彼女」

　「文教工作捗る　まづマカツサル師範学校ひらく」

3月20日（土）

　「海軍旗の下威風堂々　南ボルネオの護り固し」

　「暫定土地條例　四月一日より実施　土地の権利　移転を可能に　民政当局談」

3月21日（日）

　「可憐な声で「バンザイ」　感激の回教小学生」

　「暫定土地條例　つゞき」

3月23日（火）

　「暫定土地條例　つゞき」

3月24日（水）

　「タンニン不足も解消　原料のマングローヴが無尽蔵　南ボルネオで本格的に開発」

3月25日（木）

　「バンジエルに　初の錬成道場開設　原住民の皇民化をめざして　官吏　教員　生徒に活入れ　錬成を通し　民族研究を」

3月26日（金）

　「対内地共栄圏交易を統制　ボルネオ物資配給組合生る　民生の安定を図りつゝ　戦略物資の供出に資す　組合の意義　磯長司政長官談」

　「バンジエルの電報　国際電気で取扱に変更」

3月27日（土）

　「南ボルネオ学制改革　敵性色はすべて排除し　真の皇民化教育を徹底　基本要綱いよ〳〵成る

校名も日本語に塗換へ　軍教も実施　決定した新学制内容　五月初の日本語検定試験　優秀者には賞金や就職の斡旋」

「けふ第二回郡長会議」

3月28日（日）

「タンバン移民地　南ボルネオの新穀倉　力強く踏出した更生第一歩」

「本社けふ新社屋へ移転」ボルネオ新聞社

3月30日（火）

「融和で築いたこの建設　南ボルネオに海軍旗翻つて一年　鈴木大尉にきくあの頃の思ひ出」

「陸戦隊便り（上）　二時間で土嚢陣地　早業はわが勇士のお家芸」

「水田本格的開発へ　マルカ　サマリンダ地区に稔り」

「十三校が出品　南ボルネオから」

3月31日（水）

「直轄地域と三州に四分　七県、三十八分県を置く　南ボルネオの新行政　あすから実施　学制改革もあす実施」

「あすから　バリックとの公衆電報　愈々開始」

「陸戦隊便り（中）　銃眼にらんで厳然　大敵押寄すとも忽ち撃退せん」

4月1日（木）

「陸戦隊便り（下）　壮絶の攻防肉薄戦　折しも高らかに休戦ラツパ」

「全島に十四署開設　州知事の下に専任の司政官　南ボルネオの警察機構整備」

「南発けふから発券業務」

4月3日（土）

「畏し南溟の僻地へ　侍従武官を御差遣　五日バンジエル市に到着」

「伸びゆく電波の建設　南方の通信網すでに整備期に」

4月4日（日）

「インドネシアにこの義侠あり　決死護れりゴム園　和蘭の焦土指令の前に敢然　旧主の邦人に報恩の佳話」

「『バンジエル全科病院』　奥地巡回医療班も着々計画」

「原住民制服　民政部職員に親心の簡易服」

4月6日（火）

「ウルスンガイ県の事務所十八日開庁」

4月7日（水）

「佐藤侍従武官　建設状況をはじめ　民情など具に実視　聖恩に原住民たゞ〳〵感激」

「佐藤侍従武官バンジエルマシン飛行場に到着　下は大和通で歓迎の小学生」

4月8日（木）

　「ダイヤモンド採取を見る佐藤侍従武官」

　「佐藤侍従武官空路出発」

4月10日（土）

　「南ボルネオ『開発一年史［］』　宛ら大東亜決戦の「資源廠」　輝く使命斧鉞逞まし　石炭無尽蔵　砂礫に鉄分　ダイヤマンガンも豊富　製鉄造船も着々実現へ　人的資源等確保に万全」

　「軍政機構全く確立　皇化の原住民へ福利の親心　山路大佐談」

　「日本人会事業など決る」

4月11日（日）

　「「速修大工学校」を開設　住宅、工場建設へ応急の措置」

4月13日（火）

　「南ボルネオ民政の一年　施政の基礎完整し　原住民対策も万全」

4月14日（水）

　「バリックと内地に電報　昨日より開始」

　「欲しい仕事　求人希望者は市へ」

　「第二回　日本映画の会」主催　ボルネオ新聞社、後援　ボルネオ民政部

4月15日（木）

　「『我らの歓喜』　南ボルネオ原住民の愛誦歌　懸賞募集にバ市巡査が当選」

　「ボルネオ物産陳列所　大和通元幼稚園跡に開設」

4月16日（金）

　「屑鉄類三品種を追加　重要物資販売許可制を改正」

　「米、塩、砂糖等は　毎月定期的に配給　バンジエルマシン在住邦人へ」

4月17日（土）

　「売惜み等厳禁　奸商に鉄槌　軍当局きのふ一斉調査　闇取引を徹底絶滅　公定価格を実施　正札を励行」

　「海軍民政府管下の　敵性銀行清算を開始　ジヤワ銀行券、旧蘭印貨は流通」

　「バリックも本放送開始」

4月20日（火）

　「適正価格の徹底維持へ　正札　価格掲示制を実施　違反は厳罰　営業禁止　布告」

　「近づく天長の佳節　三百万島民の歓喜　全島挙げて旗行列や運動会」

　「ウルスンガイ県　監理官事務所開く　『民政浸透の先兵たらん』」

4月22日（木）

　「夜市に臨時バスを運転　マルタプーラへ」

4月23日（金）

「サルタンとダイヤと資源(1)　太陽日本の下に集へ　家憲を守り烈々寄せる親愛」

「最高小売値を追加告示」

4月24日（土）

「サルタンとダイヤと資源(2)　微笑まし領主の家　丘上に哀調の音楽夢幻の踊り」

「八月頃給水の見込　バンジエル市の水道工事進捗」

「二十七日に開庁式　バンジエル県監理官事務所」

4月25日（日）

「サルタンとダイヤと資源(3)　純真　義を知る民族　神ながらの村に数々の饗宴」

4月27日（火）

「サルタンとダイヤと資源(4)　バカオと松の樹海　驚異　中部ボルネオの地上資源」

「ポンチアナクと東亜圏電報　一日より開通」

4月28日（水）

「わが社優勝旗寄贈　天長節奉祝の諸行事決まる」

「きのふ開庁　バンジエル県分県監理官事務所」

「名実共に日本の学校へ　昨日バンジエル公学校改称式」

4月29日（木）

「けふ天長節　現地の奉祝　バンジエル　邦人が軍官民合同奉祝演芸大会」

「鉱業開発・晴の表彰　民政部長官から野村の陸川氏　酷熱　悪疫と闘って　民間人初表彰の陸川氏苦心談」

「バンジエルマシン県監理官事務所開庁式における井上長官の訓示（昨紙参照）」

「本社バリック支社創設　「東部版」を印刷発行」ボルネオ新聞社

「軍票　盾以外の使用厳禁再警告」

4月30日（金）

「天長節を寿ぎバンジエルマシン市の賑ひ」

「佳き日寿ぐあゝこの感激　三百万島民奉祝に沸く」

「競漕はタブガネン組　蹴球はアルヂユナ優勝」

「回教寺院では特別礼拝　キリスト教会も」

「「うわッ日本タバコだ」　佳節の贈物に原住民大喜び」

「本社遙拝式」

第2巻　中部版　昭和18年5月1日～8月31日

5月1日（土）

「彼女らに聴く新ボルネオ⑴　希望に満ちた生活　統治二年目・輝く理想に立つ　座談会（上）」

「現地遙拝式　靖国神社例大祭」

「［島内だより］」

5月2日（日）

「屋内給水工事に着手　近く各住宅の工事下調査実施」

「現地の通信取締令公布」

5月4日（火）

「［ポンチアナク］サルタンの両子息　マカツサルへ留学」

「彼女らに聴く新ボルネオ　本日休載」

5月5日（水）

「彼女らに聴く新ボルネオ⑵　是非日本を訪ねたい　私達の切なる願ひ「大東京」へ　座談会（下）」

「けふは端午の節句　南溟の空に踊るや鯉幟」

5月6日（木）

「彼女らに聴く新ボルネオ⑶　婦人の学校が欲しい　日本の指導下に希望すること」

「今月邦人の身体検査　愈々乾季だ、保健に万全を」

5月7日（金）

「南ボルネオ巡察一千粁（上）　皇恩洽き治安　権の手休め民は軍艦旗を仰ぐ　「銃声なき戦場」に勇士この労苦」

5月8日（土）

「南ボルネオ巡察一千粁（下）　塩はあるか布類は？　街村毎に日用品にも細い配慮　感激の住民固く協力を誓ふ」

「バンジエル　地名由来記」

「民政部で公報発行」

5月9日（日）

「西ボルネオ　華僑も積極的協力　鉱物資源開発に拓く新生命　米田前民政部支部長に聴く」

「青木大東亜相の一行　バリツクパパン視察」

5月11日（火）

「米　塩　砂糖の交易　絶対安心の見通し　山路大佐　各地巡視の帰来談」

「実戦と警備を語る⑴　背に三発の砲弾片　『君の弾丸は俺が抜いたつけ』」

「ボルネオから七名　特別公学校に入学」

「原住民の初留学生　日本ヘボルネオから七名選抜」

「面目一新大都市へ　バンジエル市の復興建設を急ぐ」

「原住民職員に福音　退職、死亡、医療扶助を実施」

5月12日（水）

「島内相互搬出入も制限　皮革　繊維製品は許可制　邦人現地消費を規正　けふ実施」

「実戦と警備を語る(2)　山砲で敵砲艦撃沈　呆気なかつたサマリンダ掃蕩」

「繊維製品に公定価格制　けふ委員会開催」

「フアイシヤル氏　バンジエル訪問」

5月13日（木）

「『実戦と警備を語る』座談会(3)　海も桜色　大鯛の群　バンジエル飛行場で敵機微塵」

5月14日（金）

「『実戦と警備を語る』座談会(4)　知るや警備の労苦　軟禁女子に説く日本の婦道」

5月15日（土）

「米作をはじめ各種食糧　島内自給自足の日近し　目覚しい農業建設戦」

「『実戦と警備を語る』座談会(5)　好意には必ず礼を　宣撫のコツは『心服』へ導け」

「フアイシヤル氏を迎へて回教徒感激」

5月18日（火）

「『実戦と警備を語る』座談会(6)　英霊に負へる重責　軍官民大東亜建設に邁進せん」

「海軍慈善病院開設　センジング病院を接収し　あすから軍直営で温い診療」

「原住民錬成道場開き　女子も交へて二ヶ月の訓練」

「奥地視察へ　〇〇海軍少将きのふ飛来」

5月19日（水）

「南溟の荒波乗切り渡洋筏バリックへ　南ボルネオ木材輸送に初凱歌」

「映配の出張所　バンジエルに」

5月20日（木）

「親日の家　日本は美しく強い　父さんのタクトで愛国行進曲　ゴム園にヨセツプ氏を訪ふ」

5月21日（金）

「男も女も常に　職場の心構へ」

「日蘭科学戦にも大勝利　マルタプーラ河の泥水飲料化に成功　バンジエル水道に両氏の苦心」

5月22日（土）

「働くインドネシア(1)　鉱山の巻（上）」

「バンジエルの街へ　初めて日本の少女　戦禍を潜つて来た鉄子ちやん」

「タラカンでも公衆電報取扱」

5月23日（日）

「働くインドネシア(2)　鉱山の巻（下）」

「特別公学校　きのふマカツサルで厳に開校式」

5月25日（火）

　「働くインドネシア⑶　ダイヤモンド採取場の巻」

　「小売商品に公定価　バンジエルで二八二種に実施」

　「大東亜戦争写真展覧会」主催　ボルネオ新聞社、後援　ボルネオ民政部

5月26日（水）

　「働くインドネシア⑷　自動車修理工場の巻」

5月27日（木）

　「けふ海軍記念日　一斉に遙拝式挙行　バンジエルマシンの記念行事」

　「物産陳列所　けふから開所」

　「けふ花々しく開く　大東亜戦争写真展」

　「三大懸賞募集　論文　小説　脚本」ボルネオ新聞社

5月28日（金）

　「バンジエルの海軍記念日」

　「南溟に決意も新た　軍艦旗の下南ボルネオの感激　官民遙拝式」

　「どつと人波　皇軍の大戦果にいまさら驚嘆　大東亜戦争写真展」

　「優良捕虜四名を釈放　バンジエル軍当局の温情」

5月29日（土）

　「働くインドネシア⑸　造船所の巻」

　「木材搬出の対策成る　山路大佐帰任、朗報を齎す」

5月30日（日）

　「働くインドネシア⑹　看護婦」

6月1日（火）

　「働くインドネシア⑺　錬成道場」

　「バンジエル水道　給水けふから一部開始　全市給水も二ケ月後」

　「腸チフス等　予防注射　邦人に対し施行」

6月2日（水）

　「働くインドネシア⑻　大工学校」

6月3日（木）

　「全土弔旗掲揚　国葬当日遙拝式」

　「砂糖の自由販売許可」

　「国旗乱用禁止」」

6月4日（金）

　「働くインドネシア⑼　跳橋」

6月5日（土）
　「あゝ聖戦の華山本元帥　けふ厳かに国葬の盛儀　一億国民の決意新た　現地でも敬虔な祈り　歌舞音曲を停止して」
　「現地警備演習　壮烈肉弾戦展開」
　「商品見本郵送　現地間でも実施」
6月6日（日）
　「民一億の哀悼痛憤の裡　山本元帥永久に神鎮る　きのふ厳に国葬執行　全土弔旗に埋れて　敵米英撃滅の誓ひを愈々固む」
6月8日（火）
　「地方民政を語る　県監理官代理座談会(1)　生地の儘の原住民　陣頭指揮で思ひ通りに指導」
　「伊東、近藤両画伯　バンジエルに到着」
6月9日（水）
　「地方民政を語る　県監理官代理座談会(2)　礼儀を弁へぬ彼等　馴染ませる裏面にこの苦労」
6月10日（木）
　「地方民政を語る　県監理官代理座談会(3)　身を以て範を示す　原住民は理論のみでは駄目」
　「伊東画伯スケッチ展」主催　ボルネオ新聞社、後援　ボルネオ民政部
6月11日（金）
　「地方民政を語る　県監理官代理座談会(4)　総て原住民の為に　彼等も同甘共苦の精神を理解」
　「情緒豊かに　場内に溢る美術日本の香り　伊東画伯スケッチ展賑ふ」
6月12日（土）
　「ボルネオの尾根　奥地探検　第一報（上）　人跡未踏の密林に　石炭層や噴油地帯　早くも地下資源発見の凱歌　バリト奥地第一回踏査」
　「原住民の宣伝隊組織　新ボルネオの建設に挺身」
6月13日（日）
　「ボルネオの尾根　奥地探検　第一報（下）　初めて仰ぐ日章旗　「おゝ我等の太陽よ」　逞しく立上る若きダイヤ族」
6月15日（火）
　「ボルネオ文化　対策座談会(1)　日本精神を中心に　恵れぬインドネシア人に活　文化建設へ長期戦の覚悟」
　「明朗闊達な原住民と　豊満な健康的美人と　両画伯のボルネオ印象」
　「物産陳列所で硝子製品即売」
　「映画上映開始」
6月16日（水）
　「ボルネオ文化　対策座談会(2)　先づ日本語の普及　体育中心に全体的規律的に　原住民指導の具

体的目標」

「新に二百品種に公定価　これで生活必需品殆ど全部に設定」

「市民病院工事捗る　来月上旬に上棟式　蚊の防止に床下の水溜で養魚」

6月17日（木）

「教育研究所来月開く　三科に分けて入所生を募集」

6月18日（金）

「ボルネオ文化　対策座談会(3)　重要な回教徒対策　帽子をとらぬのが尊敬の意　宗教を離れ彼等の人生なし」

「現地医学善隣に万全　最初の衛生部長会議終る」

6月19日（土）

「ボルネオ文化　対策座談会(4)　総て戦勝への忍耐　この最大の目標の下に文化工作　日本語普及には音楽が早道」

6月20日（日）

「ボルネオ文化　対策座談会(5)　徐々と確実に指導　楽しさの裡に根本的なものを　彼等唯一の娯楽　芝居を向上」

6月22日（火）

「原住民向け日本歌謡の指導放送」

6月23日（水）

「南ボルネオ開発に　ジヤワ当局の援助　米穀、労力移入の計画進む　山路大佐談」

「「ダイヤ日本語辞典」　民政部で馬来語参考書も編纂」

「生活必需品の配給に　共同販売所　近く民間邦人用に開設」

「マハカム河の奥地探検　急流を侗つて進撃　全員真裸　命の綱プラフを曳行」

「逞しき錬成の成果　原住民錬成道場初の修了式」

6月24日（木）

「南ボルネオの統治　下部機構全く成る　全地域に指導邦人官吏赴任」

「来月から一般家屋へ　給水を開始　バンジエル市の水道」

「憧れの日本へ出発　ボルネオから初の留学生七君」

6月25日（金）

「日本語学校拡充　婦人部等を新設」

6月26日（土）

「奥地へ初の宣伝戦　民政部宣伝隊　啓蒙慰安の旅」

「ボルネオから五十名　マカツサル海員養成所に入所」

6月27日（日）

「現地の木造第一船　更に続々進水　近海航路に就航」

「盲腸炎手術にも大成功　不完全設備克服」

「魔の洞窟から肥料」

「原住民錬成道場　第二回入所式」

「マラリヤ撲滅」

6月30日（水）

「ロタン製品展　マルガサリ民芸」

7月1日（木）

「原住民職員に福音　暫定給与改善策けふから実施」

7月2日（金）

「南方各地から留学生が入京」

「蹴球大争覇戦」主催　ボルネオ新聞、後援　ボルネオ民政部

7月3日（土）

「奇遇バンジエルの一夜　三十年前の竹馬の友」

「自動車操縦試験と車体検査」

「バリト河一部特定時間航行禁止」

7月4日（日）

「現地の戦力　増強生産陣　忽然現れた製鉄村　南ボルネオに画期的重工業　こゝにも視る逞しき敢闘精神」

7月6日（火）

「日本家庭への憧れ　キモノと生花の美に酔つて　本社主催　原住民上流婦人の集ひ」

「南方留学生　晴れの入学式」

7月8日（木）

「けふから配給を開始　一般商社用の共同販売所」

7月9日（金）

「伝染病に用心しませう　アミーバ赤痢など流行」

7月10日（土）

「航空郵便取扱ひ開始　邦人商社事業書類に限り」

7月11日（日）

「造船部隊　半年無休の頑張り　新鋭木造船進水の凱歌近し」

「労務協会発会　バンジエル市で」

「休日月三日　民政部決戦執務」

7月14日（水）

「南ボルネオ軍艦旗の護り（上）　目に見えぬ敵警備　海の勇士は遠き山火事を心配　原住民よ、この温情を知るや」

「塩の自給自足が可能　ポンチアナク州　当局奨励策奏功」

「椰子から食塩」

「民政部宣伝隊　ウルスンガイへ」

「紙芝居宣撫　頗る成績がいゝ」

「十五日から野犬狩り」

7月15日（木）

「南ボルネオ軍艦旗の護り（中）　毒蛇や大鰐の世界　燈台は見るかげもなく荒されて　こゝにも和蘭軍の暴虐の跡」

「銅貨、ニッケル貨の回収　現地でも実施」

7月16日（金）

「南ボルネオ軍艦旗の護り（下）　指導者日本に心服　兵隊さんに泊つてくれとせがむ　明るくおほらかな原住民の姿」

7月17日（土）

「軍艦旗はゆく！　治安と建設の大道」

7月18日（日）

「初の木造船晴の進水　井上長官「万里渡丸」と命名」

7月20日（火）

「本島初の蹴球大会　ウルスンガイ地方大会の盛況　栄の優勝・カンダンガン球団」

「八月より増頁（邦字二頁　馬語二頁）断行　定価もそれ／＼同時に改正」ボルネオ新聞社

7月21日（水）

「バ市救援隊結成初の打合会」

「現地で初めて進水した万里渡丸（記事既報）」

7月22日（木）

「颯爽・海の原住民勇士　故郷に錦を飾り近海航路に」

「海員養成所二期生入所　ボルネオ五十名」

「視学教員講習　きのふから開く」

「マラリヤ撲滅　バ市一円に実施」

7月23日（金）

「ガメロン楽器　バンジエル市へ」

7月24日（土）

「蹴球大会　けふ華かに幕開く　覇権をめざし相打って四球団」

7月25日（日）

「力強き意気を昂揚　整然・歴史を画す堂々の開会式　本社主催　バンジヤル地方蹴球大会　けふ九時から決勝戦」

7月27日（火）

　「バンジエルが優勝　バンジヤル地方蹴球大会　優勝旗授与式と閉会式　八月一日中部ボルネオ大会」

　「日本へ留学　現地青年廿一名」

7月28日（水）

　「図書検閲実施」

7月30日（金）

　「マライ語版について」ボルネオ新聞社

7月31日（土）

　「ポンチアナクにも　本社支社あす開設　馬、華両文の西部版を発行」

　「あす！愈々決勝戦　第一回中部ボルネオ蹴球大会」

　「宣撫隊宣撫行」

8月1日（日）

　「けふ南ボルネオ施政一周年　我政治力あまねく浸透　建設戦堂々の大進軍　井上司政長官談」

　「中央ボルネオの秘境を探る(1)　奥地二千キロを突破　原始境探検に成功　人跡未踏・神秘の扉を開く」

　「曳光弾」

　「産米　指導当局の努力で　自給自足に一歩前　ウルスンガイのみ消費を上廻る」

　「御手製「豆荒鷲」の威容　現地初めての模型飛行大会」

　「軍人援護献納短歌」

　「ボルネオ俳壇」

　「ボルネオ歌壇」

8月3日（火）

　「各球団敢闘の成果　バンジエルに栄冠　初の「中部ボルネオ蹴球」終幕　カンダンガン惜敗す　3—0　三位バラバイ　四位カプアス　優勝旗授与」

　「中央ボルネオの秘境を探る(2)　涯しなき密林地帯　鰐の名所・ラウン河を溯航　クラシンのダイヤ　一行を歓迎」

　「原住民高等船員を募集　マカツサル海員養成所」

　「水道の浪費を御注意　厳重に使用人を監督して下さい」

　「ボルネオ熊見参」

　「軍人援護献納短歌」

　「ボルネオ歌壇」

　「ボルネオ俳壇」

8月4日（水）

　「中央ボルネオの秘境を探る(3)　河上の浮家に愛着　濁水を飲みマンデイも平気　一行次第に原始

生活に入る」

「曳光弾」

「ウルスンガイところどころ　面踊り(1)　横溢する民謡情緒」

「建設戦の凱歌・通水式　バンジエル水道完成の喜び」

「紙芝居も進撃　バンジエルでの試演大好評」

「海軍軍政地域　比島間に郵便」

「軍人援護献納俳句」

「ボルネオ歌壇」

「ボルネオ俳壇」

8月5日（木）

「中央ボルネオの秘境を探る(4)　河面に並ぶ日章旗　ダイヤ学童が水上で旗行列　蛇の子は殺さぬやさしい彼等」

「曳光弾」

「ウルスンガイところどころ(2)　ロタン細工　マルガサリの街」

「不逞の徒は断乎処分　バンジエルマシン○○隊長談」

「現地で野菜が出来る　最初の蔬菜園の試作大成功」

「ボルネオ俳壇」

「ボルネオ歌壇」

8月6日（金）

「中央ボルネオの秘境を探る(5)　ジヤングル狂燥曲　ラツパと同じ蝉の声、野猿の叫び　ブンダ河やうやく河相一変」

「曳光弾」

「バラバイ(3)　ウルスンガイ所々」

「原住民警察官に福音　任用および給与の改善断行」

「無料で給水　水道開通式当日」

「ボルネオ俳壇」

「ボルネオ歌壇」

8月7日（土）

「中央ボルネオの秘境を探る(6)　急湍にプラウ難航　苦力と共に辛うじて押し進む　未知の河流溯航に挑戦苦闘」

「曳光弾」

「ウルスンガイところどころ(4)　淡水魚地帯　ナガラの郊外」

「上意下達をはかる　初の分県監理官会議　来る十三日カンダンガンで」

「婦人だけの日本語学校　バンジエルで家庭教育もする」

「ボルネオ俳壇」

「ボルネオ歌壇」

8月8日（日）

「日本人錬成団成る　在住民間邦人をもつて組織　平素の鍛錬と非常時の備へ」

「中央ボルネオの秘境を探る(7)　急造の小屋に一泊　猛獣除けの火を焚きながら　急流の音のみ山中静寂の境」

「曳光弾」

「けふ上水道通水式　率先生水を飲み水質実験台に　日蘭科学建設戦に凱歌高し」

「ウルスンガイところどころ(5)　お米の倉　アムンタイ中心に」

「ジヤワから手助け　第一回労力移民百五十名来る　筆生見習に原住民青年」

「工業実務校　十一日開校式」

「ボルネオ歌壇」

8月10日（火）

「中央ボルネオの秘境を探る(8)　愈々プラウ山越え　前途の難行で一行二隊に別る　砂岩に彫る「日本軍征服」の文字」

「バリト河　上流探査講演会　明十一日（水）午後八時　大阪劇場」主催　ボルネオ新聞社、後援ボルネオ民政部

「曳光弾」

「商社の現地給与を　月百五十円に規正　貯蓄奨励に今月分から実施　全給与の半額を突破　商社の貯蓄と内地送金」

「銅貨回収の範囲拡大　一段とこの運動に協力要請」

「ウルスンガイところどころ(6)　洞窟『岩妻』　掘出す増産の肥料」

「清水が天空高く噴出　バンジエル晴の水道通水式」

「ボルネオ俳壇」

「ボルネオ歌壇」

8月11日（水）

「中央ボルネオの秘境を探る(9)　フドルトン山麓へ　陽もさゝぬババオ河溯航　思はぬ難関　朽木の山積に直面」

「共栄圏学徒のため　学園の門開放さる　日本語習得、宿舎の準備も完了」

「ウルスンガイところどころ(7)　首塚　ダイヤ族の部落　アンハ」

「日本人墓地を新設　英霊を中心に邦人先覚者を祀る」

「ボルネオ俳壇」

「ボルネオ歌壇」

8月12日（木）

「中央ボルネオの秘境を探る⑩　大野猪たつた一発　見事頭部に命中　ダイヤの腕　山蛙の包囲中に設営の苦心」

「五盾で一等二万盾　初の復興富籤発行　現地の浮動購買力吸収に一役」

「尽きぬ感銘　聴衆も宛ら秘境へ　バリト上流探査講演会の盛況」

「曳光弾」

「原住民指導者養成へ　厳粛に力強く開校式　教育研究所と工業実務学校」

「ウルスンガイところどころ⑻　水牛放牧　スンガイ・バル」

「ボルネオ歌壇」

「詩」

8月13日（金）

「中央ボルネオの秘境を探る⑪　舟、山を登る辛苦　押上げるクリーの肩に血が滲む　鰻と思つたのは猛毒の水蛇」

「曳光弾」

「アンジル・スラバツト　宿命を秘める運河　ダイヤ族の努力貢献を無視　和蘭の虐政を物語る記念碑」

「二百六十名が出演し　学童生徒の学芸大会　十四、十五日大阪劇場で」

「ボルネオ歌壇」

8月14日（土）

「中央ボルネオの秘境を探る⑫　手槍で熊を一突き　ダイヤの強さ・手負の奴を退治　内地のとソックリ月の輪熊」

「原住民の福利増進へ　バンジエル、ウルスンガイ両県　最初の監理官会議」

「曳光弾」

「背が高くて胸が狭い　原住民学童の体位改善要望さる」

「ボルネオ歌壇」

8月15日（日）

「中央ボルネオの秘境を探る⑬　フドルトン山突破　山の住人・ダイヤの早足に驚嘆　カユ・バンテンの水に蘇生の思ひ」

「日本玩具店　物産陳列所で」

8月17日（火）

「敵機来襲するも動ぜず　軍命令に基き行動せよ　バンジエル軍当局談」

「中央ボルネオの秘境を探る⑭　寒冷激し赤道直下　石炭の露頭燃して煖をとる　マハカムの支流マリブ河下り」

「曳光弾」

「通信士、無線技術者を登録」

8月18日（水）

「中央ボルネオの秘境を探る⒂　錦蛇を悠々手掴み　岩角に頭を叩きつけて殺す　ダイヤ族の平然さにビックリ」

「民政第一線の体験と抱負（上）　言葉も窮せば通ず　純朴だが依存性の強い原住民」

「邦貨携帯帰国　二百円迄許可」

8月19日（木）

「中央ボルネオの秘境を探る⒃　我は見たり宝の庫　この奥地に無尽蔵の石炭層　錦蛇のサツテに一行たじへ」

「鉄砲兵器弾薬など　月末迄に軍当局へ　期限内に提出せぬものは厳罰」

「民政第一線の体験と抱負（中）　原住民指導に挺身　上層階級から欧米思潮を払拭」

「十月一日に売出し　『復興富籤』十二月一日に抽籤」

8月20日（金）

「芽生える農民魂　農事講習所の原住民青年達」

「中央ボルネオの秘境を探る⒄　仙境の渓流に水浴　椰子の芽料理に一行は舌鼓　山中食ふに困らぬ自然の恵み」

「燈管規則けふ実施　従来の準備管制を更に強化」

「曳光弾」

「民政第一線の体験と抱負（下）　ボルネオに秋あり　一年分の配給を一日でペロリ」

「少国民文化賞　同功労賞も設定」

「原住民の職員も月額貯金」

8月21日（土）

「戦ふ炭焼き村（上）　木炭銑鉄へ貴い一役　カユ・ガラムの原始林に挑む」

「中央ボルネオの秘境を探る⒅　雷鳴下にズブ濡れ　恐しや錦蛇のサツテの祟りか　河原の夜営で豪雨に見舞はる」

「妄りに逃避すれば　生命財産保護せず　非常災変に関し民政部令公布」

「防護団あす結成式　午前九時よりアロン広場で」

「曳光弾」

「『仲よしになりませう』　内地の学童からボルネオの友へ」

8月22日（日）

「中央ボルネオの秘境を探る⒆　十日ぶりで人里へ　ラタ河を溯りダヌンパリ着　激流を大胆に乗切るダイヤ族」

「燈管下の犯罪は厳罰」

「映画会開催　けふから四日間」

「軍人援護献納短歌」

8月24日（火）

「バンジエルマシンを我ら断じて防衛せん　日本人会防衛団力強く結成式」

「中央ボルネオの秘境を探る⒇　ラジヤ・バルの祝ひ　ダヌンパリ全部落あげて歓迎　引留められてこゝに二晩泊り」

「戦ふ炭焼き村（下）『工業の島ボルネオ』　その日も近い、夥しい窯の群」

8月25日（水）

「中央ボルネオの秘境を探る㉑　踊り狂ふダイヤ族　日本のトアンと友達になれた　この無上の喜び、最大のお祝ひ」

「ゴム⑴　内地の秋偲ばるゝ　紅葉も美しいゴム林」

「錬成道場第二回修了式挙行」

「原住民医師会議」

「島内中等学校」

8月26日（木）

「中央ボルネオの秘境を探る㉒　「忽ちムクロ山突破　峻険ビヒヨナギス山に難儀　苦い経験なめた『キラ／＼時間』」

「ゴム⑵　ラテツクスの採取　朝、戦場の如き忙しさ」

「『映画の音は日本の智恵』　加藤司政官が語る巡回宣伝の旅」

「現地都市名　仮名遣統一」

「原住民の郡長　副郡長を更迭」

「断食月に親心　学校も概ね休み」

8月27日（金）

「中央ボルネオの秘境を探る㉓　あ、再びバリト河　真赤な流れを見て暫し無言　歓迎受けトンバンムルツト着」

「曳光弾」

「ゴム⑶　輸送方法に新機軸　ゴム袋にゴム液をいれて」

「ガラス窓に紙を貼り　白屋根は塗替へませう」

「コレラの予防注射を施行」

「島内だより」

8月28日（土）

「嬉しいお便り有難う　日本のヨイコドモのお友達へ　原住民学童が御礼の作品製作」

「中央ボルネオの秘境を探る㉔　愈よ最奥地に向ふ　最後のカンポン、トポスを後に　たゞ二人、バリト源流を溯る」

「ゴム⑷　ゴム・シートつくり　こゝにも戦ふ原住民の姿」

「商社邦人の正式登録　来月一日一斉に実施」

8月29日（日）

「中央ボルネオの秘境を探る㉕　文字通りの原始境　ダイヤ族さへ珍しがる風物　驚き・廿米も上に巨大な流木」

「曳光弾」

「ゴム⑸　ピンからキリ迄ゴム　敵英米に見せたい新風景」

「繊維製品の配給縮減　九月分から邦人に実施」

「作業衣特配　現地資源開発　原住民戦士に」

「ポンチアナク防諜週間　原住民、華僑の時局認識徹底」

「放送局開設」［ポンチアナク］

「自動車検定　合格証交付」

「島内だより」

8月31日（火）

「『保健地ボルネオ』へ　原住民〇万人に種痘」

「我に盤石の護り！　初の防空訓練の実施　九月二日午後、四日夜の二回」

「中央ボルネオの秘境を探る㉖　恐しげな山男四人　見かけによらず何と親切者　我が一夜の泊りに小屋を提供」

「日本人会員の訓練心得」

「曳光弾」

「ゴム⑹　白いゴム液にまみれ　真摯に働く原住民青年」

「『大東亜寮』　南ボルネオ等　留学生の宿舎」

「マラリヤ、デングの妙薬　「アカル・サンパイ」蒐集を開始」

「「築け大東亜」「我等の歓喜」改称、作曲当選決る」

第3巻　中部版　昭和18年9月1日～10月31日

9月1日（水）

　「中央ボルネオの秘境を探る㉗　マリン山初登攀へ　尻込みするダイヤ族を励まし　磁石を唯一の頼りに突進」

　「建設戦も健康から　バンジエルのラジオ体操」

　「ゴム⑺　ロタンが御奉公　輸送に大役の新用途」

　「バンジエル消防新発足　拡充強化して結成式挙行」

　「明年四月から　旧郵貯払戻し」

　「現地郵便貯金　近く取扱開始」

　「本紙市内販売店開設」ボルネオ新聞社

9月2日（木）

　「中央ボルネオの秘境を探る㉘　「あつ　もう駄目だ」　激流に架した即製の丸木橋　靴が滑つて片足踏みはづす」

　「南ボルネオ動物三態（上）　カメラで捕へた天狗猿」

　「空襲警報に木鐘を連打」

　「ゴム⑻　南洋を制するものは世界を支配する」

　「敵性四銀行　預金払戻し」

　「島内だより」

9月3日（金）

　「中央ボルネオの秘境を探る㉙　『八紘の瀧』を発見　大バリト源流に相応しい豪壮さ　命拾ひして辿りついた仙境」

　「敵機来らば来れ！　昨日バンジエル初の防空訓練　邦人の指導下見ごとな統制　民政部当局講評」

　「曳光弾」

　「本社主催座談会⑴　南ボルネオの新世紀を語る　成長する産業、文化　新指揮下に起上つた原住民」

　「温和なオラン・ウータン　南ボルネオ動物三態（中）」

9月4日（土）

　「焼夷弾も恐くないゾ　防空訓練、原住民の協力　今夜も訓練」

　「中央ボルネオの秘境を探る㉚　行手を阻む大断崖　アヤオ山登高を中途で断念　再び命懸けでバリト激流下り」

　「南ボルネオの新世紀を語る⑵　旭日の如き光仰ぐ　すく〳〵伸びる教育、体育」

　「島内だより」

9月5日（日）

　「暗黒下に防空猛訓練　邦人、原住民一体となり」

Ⅱ. 総目録

「中央ボルネオの秘境を探る(31)　ダイヤ族と酒盛り　大喜び「トアンが飲んでくれた」　部落を守るトーテム・ポール」

「南ボルネオの新世紀を語る(3)　目覚めたダイヤ族　『浮いた木ばかりに乗るな』実践」

「ダイヤ族が憎む熊　南ボルネオ動物三態（下）」

「島内だより」

9月7日（火）

「中央ボルネオの秘境を探る(32)　首狩は遠い昔の話　部落々々に立つ首柱の由来　ダイヤ族の宗教による蛮風」

「今夜から慰問映画　四日間上映」

「曳光弾」

「大東亜の為に働く覚悟　現地学童から内地へお礼状」

「南ボルネオの新世紀を語る(4)　新アジアへの復帰　婦人も家庭生活の建直し」

「南方の留日学生入京　南ボルネオの七名始め廿一名」

「敵撃滅の祈り　全回教寺院で」

「日本語手当　原住民官公吏に」

「島内だより」

「バンジヤルマシン爪哇銀行、和蘭銀行、蘭印商業銀行、債権者債務者及利害関係人ニ対スル告示」敵性銀行清算人台湾銀行バンジヤルマシン出張所

9月8日（水）

「南方軍政下に於る　翼賛政治体制整備　ジヤワに参与、参議院新設」

「日本人は熱帯向き　体温、脈拍、呼吸によつて適応　現地衛生当局の研究成果」

「中央ボルネオの秘境を探る(33)　病魔の退散を祈る　ダイヤ族『ドクトル』の踊り　彼等の生きる世界を覗く」

「ニッポンのオモチヤ　子供も大人も大喜び」

「バンジヤルマシン爪哇銀行、和蘭銀行、蘭印商業銀行、債権者債務者及利害関係人ニ対スル告示」敵性銀行清算人　台湾銀行バンジヤルマシン出張所

9月9日（木）

「あす晴れの入学式　入京した南方からの留学生　「リパイ君ようこそ」　旧知の正源寺君と嬉しい対面」

「中央ボルネオの秘境を探る(34)　三尺余の大鯉釣る　「日本トアンとの別れが辛い」　純情！ダイヤ族の見送り」

「バンジヤルマシン爪哇銀行、和蘭銀行、蘭印商業銀行、債権者債務者及利害関係人ニ対スル告示」敵性銀行清算人　台湾銀行バンジヤルマシン出張所

「原住民家屋焼く」

9月10日(金)

「中央ボルネオの秘境を探る㉟　あゝ有難き大稜威　タカジヨンの公学校に　ダイヤの子らは歌ふ日本の歌」

「曳光弾」

「月給最低限度　十五円に引上　原住民地方職員」

9月11日(土)

「南ボルネオ建設戦の現段階　自主態勢の確立へ　超重点主義で最前線任務遂行」

「中央ボルネオの秘境を探る㊱　次第に廃れる蠻習　刺青や切歯などで怪奇化　驚き！　両耳に鉄の環七十個」

「南ボルネオの留学生ら入学　きのふ学友会へ」

「曳光弾」

「西ボルネオにおゝ日章旗　出漁中爆撃されて知つた開戦」

「十万三千四百余人　バンジエル市の人口」

「就職は約半分　職紹の取扱成績」

「教員の錬成会　好成績で終了　バリック州で」

9月12日(日)

「士気昂揚音楽大会」主催　ボルネオ新聞社、後援　ボルネオ民政部

「バラバイ」

「ボルネオ俳壇」

9月14日(火)

「中央ボルネオの秘境を探る㊲　再び赤道を越えて　増水したバリトの激流を下航　一気にタサンブトンに到着」

「ダイヤ族部落へ宣伝隊」

「島内だより」

「ボルネオ俳壇」

9月15日(水)

「中央ボルネオの秘境を探る㊳　火田式農法を踏襲　荒涼たるダイヤ族の畑の跡　勿体ない・灰になる木材資源」

「曳光弾」

「けふ空襲警報の試験」

「『今年は豊作』　バンジエル郊外」

「島内だより」

9月16日(木)

「中央ボルネオの秘境を探る㊴　度胆を抜く歓迎法　眼前で仔豚を屠り迸る鮮血　我等の前額や手

にベツトリ」

　「けふ第一夜　士気昂揚音楽大会」

　「曳光弾」

　「月給前借許す　プアサ明け正月」

　「島内だより」

9月17日（金）

　「空襲警報本極り　消灯、サイレン、木鐸、呼号」

　「中央ボルネオの秘境を探る⑷⓪　「あゝ山から下りた」　ジヨロイの石油ランプの光で　漸く人里に辿りついた感じ」

　「戦ふ音楽会　大盛況の第一夜」

　「島内だより」

9月18日（土）

　「中央ボルネオの秘境を探る⑷①　「科学日本の凱歌　日本精神の勝利　認識是正の貴重資料の収穫」

　「軍用機　全南ボルネオ号　献納　在留邦人の決戦参加の熱意」

　「曳光弾」

　「あす第一回錬成会　バ市日本人会防衛団」

　「アララン草を肥料に　「畑のギヤング」が大資源」

　「島内だより」

9月19日（日）

　「大盛況続く　士気昂揚音楽大会」

　「民政の浸透　県管理官要員多数到着す」

　「マルガサリ」

9月21日（火）

　「敵前文化建設　輝く勝利の記録　学童の増加約四万　文盲退治に巨歩　初めて師範、実務教育も実施」

　「南ボルネオ原住民思想の新動向⑴　いまや黎明に際会　復古主義と対日絶対依存」

　「更にマラリヤの新薬　現地で発見、赤痢にも特効薬」

　「軍用機献金」［ポンチアナク特電］

　「プアサ明けの正月二日休み」

　「島内だより」

　「ボルネオ俳壇」

9月22日（水）

　「南ボルネオ原住民思想の新動向⑵　潜在する日本文化　最もアジア的なるものゝ粋」

　「小売価格を一本建に　けふから民政部直轄州内で」

「島内だより」

「ボルネオ俳壇」

9月23日（木）

「サイレン、打鐘　けふ午後試験」

「南ボルネオ原住民思想の新動向(3)　敢闘への日本芸術　頽廃の音楽は欧米のものだ」

「「音盤と映画」明晩大阪劇場で」

「島内だより」

9月24日（金）

「南ボルネオ原住民思想の新動向(4)　復古主義の二特性　無焦点、それ故の対日絶対依存」

「初のダイヤ族指導者講習会」

「島内だより」

9月25日（土）

「南ボルネオ原住民思想の新動向(5)　対日親和性の誇り　欠点は多いが愛すべき民族」

「島内だより」

9月26日（日）

「南ボルネオ原住民思想の新動向(6)　心からの対日依存　空襲警報下に敢然として協力」

「島内だより」

「ボルネオ俳壇」

9月28日（火）

「第一回厚生週間　『勤労者に衣類を贈りませう』」主催　ボルネオ新聞社、協賛　バンジェルマシン市日本人会、後援　ボルネオ民政部

「曳光弾」

「南ボルネオ原住民思想の新動向(7)　「我らは働くもの」　経済を通じ自覚した彼ら」

「現地自給で出来た　ボルネオ・クレヨン　川面さんの苦心の結晶」

「嬉しい賞与　民政部全職員」

「島内だより」

「ボルネオ俳壇」

9月29日（水）

「南ボルネオを断乎防衛　「興南報国団」を結成邁進　原住民青年達の熱誠」

「曳光弾」

「南ボルネオ原住民思想の新動向(8)　か弱い民族の心理　今、帰るべきところに帰る」

「島内だより」

「全商社の錬成　米田司政官要望」

9月30日（木）
「南ボルネオ原住民思想の新動向(9)　身も心も打ち込む　日本に対する彼等の認識、信頼」
「監理官初会議　十一月中旬に」
「島内だより」

10月1日（金）
「南方でも徴兵身体検査　陸軍兵役法施行令等を大改正」
「南ボルネオ原住民思想の新動向(10)　原住民指導の原理　先づ日本の実力を体得させる」
「忽ち覚えた　オイ一、二　ラジオ体操指導者講習会」
「献金、本社へ寄託」
「ポンチアナク　放送局けふ開局」

10月2日（土）
「原住民の献金運動　賞与半額献金申出より進展」
「南ボルネオ原住民思想の新動向(11)　原住民指導の鍵！　在留邦人の日常坐臥の言動」
「二万盾の夢・実現近し　富籤売出し・素晴しい人気」
「英霊に捧ぐ花環、祈り　皇軍進駐当時の原住民志士」
「郵便貯金復活」
「ボルネオ俳壇」

10月3日（日）
「原住民中流婦人も　先登に立つ　厚生週間はじまる　本社寄託義金」
「西ボルネオ教員錬成道場参加記　指導官、寝食を共に　慈愛の手で原住民を鍛ふ　「希望と勇気が生れた」　受講者代表の感激と喜び」
「ボルネオ俳壇」

10月5日（火）
「回教団体新生の機運　大東亜建設へ積極的に協力」
「中央ボルネオ諾威人踏査記(1)　各河溯航千四百キロ　三十年前に島内諸種族を調査」
「曳光弾」
「協力熱意愈々加はる　第一回厚生週間の催し」

10月6日（水）
「曳光弾」
「中央ボルネオ諾威人踏査記(2)　オラン・ウータン　働くのがきらひ　だから喋れるのに黙つてゐる」
「新団体の結成に拍車　バンジエルの回教徒」
「島内だより」
「兵隊さんも古着を供出　厚生週間」
「厚生週間　衣類寄託＝順序不同（一）」

10月7日（木）

　「中央ボルネオ諾威人踏査記⑶　魚の好きな木の実　怪物の如き蟻食ひの肉は美味」

　「軍用機献納の機運　原住民青年間に澎湃と起る」

　「十五日から郵貯取扱ひ　バンジエル局」

　「郵便為替内地送金が簡易化」

　「南方開発に並行して　国内油田の振興施策　産油の画期的増産対策成る」

　「厚生週間　衣類寄託＝順序不同（二）」

　「島内だより」

10月8日（金）

　「中央ボルネオ諾威人踏査記⑷　優れた原住民料理　十本に及ぶダイヤ族の抜歯」

　「ウルスンガイにも献金熱」

　「厚生週間運動」

　「厚生週間　衣類寄託＝順序不同（三）」

10月9日（土）

　「黄金の穂波ゆれるウルスンガイ」

　「中央ボルネオ諾威人踏査記⑸　鶏の血を塗る儀式　ダイヤ族では一番めでたい印」

　「学童に日本語教科書　海軍々政下三十万人に」

　「原住民啓蒙講習会」

　「厚生週間」

10月10日（日）

　「水道を節水しませう　鹹水逆流でプラウで淡水運び」

　「けふ締切　厚生週間　衣類義金の受付」

　「一千盾寄託　ボルネオ民政部」

　「金一千盾也　ボルネオ民政部」

　「島内だより」

　「ボルネオ俳壇」

10月12日（火）

　「中央ボルネオ諾威人踏査記⑹　壁を破り棺を出す　『チワー』で終るムルン族の葬式」

　「逞し工業ボルネオへ　コークス、煉瓦等を現地生産」

　「文化日本の愛の手　ポンチアナクの『戦ふ放送局』」

　「厚生週間義金」

　「島内だより」

　「厚生週間」

10月13日（水）

　「中央ボルネオ諾威人踏査記(7)　ダイヤ族と首狩り　五十年前にあつた宗教的迷信」

　「分県に一校以上設置　日本語学校を拡充」

　「市役所の機構整備　建設戦の進展に即応」

　「バリト奥地へ　映画と紙芝居　第三回宣伝隊」

　「厚生週間」

　「厚生週間　衣類寄託」

10月14日（木）

　「初の棉花稔る　サロンも自給自足だ」

　「厚生週間」

10月15日（金）

　「マルタプーラへ　往復とも駈足　『興南報国団』初の野営錬成」

　「島内だより」

10月16日（土）

　「けふ卒業式　農業講習所の若人」

　「留日学生から初便り届く」

　「厚生週間」

　「島内だより」

10月19日（火）

　「サンピット奥地探検記(1)　ムンダワイ溯航に　我等の探査船サンピット出発」

　「仲好し兄弟達の敢闘　東京で南方留学生体育大会」

　「頑張り原住民青年　往復八十キロ駈足訓練成功　終始先登・十三の少年」

10月20日（水）

　「厚生週間決算報告　衣類五千点、義金一万六千盾」

　「サンピット奥地探検記(2)　曲りくねる蛇行流　落葉のやうな天狗猿の仔の群」

　「バンジェル庭球第一回錬成会」

　「ボルネオ俳壇」

10月21日（木）

　「曳光弾」

　「原住民自衛の熱意　島内　全中等校で軍教　先づ教育研究所で教練開始」

　「日本へ第二回留学生　南ボルネオから優秀青年五名　特別中学校　留学生を訓育」

　「サンピット奥地探検記(3)　静かな夜を鰐狩に　時々ある小プラウの犠牲」

　「大東亜戦争記念日に　護国九勇士の慰霊祭　日本人墓地建設本極り」

　「義金及び衣類　民政部に寄託　厚生週間」

「島内だより」

「ボルネオ俳壇」

10月22日（金）

「サンピット奥地探検記(4)　爛々と光る鰐の眼　睨合ひ寸時、失敗つた、逃走」

「自ら米を作る喜び　西ボルネオ初の日本式水田」

「改正海軍体操　けふから講習会」

「国防献金寄託」

10月23日（土）

「サンピット奥地探検記(5)　往けど進めど闇又闇　鰐棲む河を溯航する肌寒さ

「島内だより」

10月24日（日）

「宗教迷信の反日陰謀団　首謀者以下を断手銃殺　治安攪乱の妄動に鉄槌　主なる被告」

「不逞、民衆を扇動し　悪辣なる反逆行為　笑止千万な「王国」と「内閣」」

「治安紊す者　仮借なく摘発　無辜の良民は愛撫　海軍当局談」

「遙拝式挙行　靖国神社例大祭」

「九勇士墓参」

「サンピット奥地探検記(6)　恐しい病気全快祝ひ　ダイヤ族昔のまゝの大饗宴」

「厳粛に教練開始式　きのふ教育研究所生に対し」

10月26日（火）

「曳光弾」

「サンピット奥地探検記(7)　偲ぶ皇軍の密林戦闘　綿の如く疲れる湿地帯突破」

「ボルネオ製の茶碗や皿　カオリンの実験成功で実現か」

「島内だより」

「本年中に全島に開校　日本語学校を拡充」

「バラバイ中学に学徒挺身隊」

「ボルネオ俳壇」

10月27日（水）

「奥地の土侯、感激の涙　井上長官の西ボルネオ巡視」

「サンピット奥地探検記(8)　大猪へダイヤ犬挑戦　密林出でて仰げば雨雲も眩し」

「島内だより」

「ボルネオ俳壇」

10月28日（木）

「サンピット奥地探検記(9)　ポンブアンの秘境へ　警部の好意で新写真機も入手」

「無免許運転厳重取締り　自動車も留置」

「紙芝居シナリオ懸賞募集」ボルネオ民政部
　　「島内だより」
10月29日（金）
　　「サンピット奥地探検記⑽　日章旗ここにも飜る　邦人未踏破の秘境で迎ふ感激」
　　「工場を建設　タンニン採取」
　　「紙芝居シナリオ懸賞募集」ボルネオ民政部
　　「島内だより」
10月30日（土）
　　「曳光弾」
　　「サンピット奥地探検記⑾　原始境の森蔭に仮泊　ローソクと缶詰の生活始まる」
　　「抽選繰上げ　お楽しみの富籤」
　　「貨客運賃徴収　河船運航会」
　　「島内だより」
10月31日（日）
　　「明治節奉祝　来る三日の行事決る　演芸大会番組」
　　「サンピット奥地探検記⑿　美味いダイヤの白米　大鯉の刺身と煮付に舌鼓」
　　「山路大佐も熱心に観戦　民政部訓練日の攻防演習」
　　「本社長ら出発　大東亜新聞大会」
　　「島内だより」
　　「ボルネオ俳壇」

第4巻　中部版　昭和18年11月2日～12月31日

11月2日（火）
　「軍用機献納を提唱　我等の手で「南ボルネオ号」を　軍用機献納金受付規程」主催　ボルネオ新聞社、協賛　バンジェルマシン市日本人会、後援　ボルネオ民政部
　「曳光弾」
　「サンピット奥地探検記⒀　華僑もこゝが最前線　一行ランタウ・プルット到着」
　「島内だより」

11月3日（水）
　「初の邦人中等学校長　現地の文教施策充実」
　「サンピット奥地探検記⒁　あつ！大岩に激突　間一髪で危く一命を拾ふ」

11月4日（木）
　「明治節祭　きのふ宮中の御儀　厳かに遙拝式　南ボルネオの奉祝　本社の拝賀式」
　「サンピット奥地探検記⒂　兵隊さんのこの温情　寒さに震へるダイヤに雨合羽」
　「大東亜建設に協力　「華僑総会」が新発足　彼等の哀情、設立認可さる」
　鈴木乙治郎「学芸科学　野菜の現地栽培【上】　奇襲の『敵』は蟻先生」

11月5日（金）
　「サンピット奥地探検記⒃　ダイヤも熊蜂は苦手　マンジョールから更に奥地へ」
　「『ペンの戦士』壮行会　マカツサルで盛大に開催」
　鈴木乙治郎「学芸科学　野菜の現地栽培【中】　おゝ茄子は『全員成功』」

11月6日（土）
　「銀翼へ沸ぎる赤誠　軍用機献納　早くも献金殺到」
　「曳光弾」
　「逞しき南方留学生　神宮大会に合同体操演練」
　鈴木乙治郎「学芸科学　野菜の現地栽培【下】　希望者へは苗を分譲」

11月7日（日）
　「島内だより」

11月9日（火）
　「南ボルネオ防衛完璧へ　興南報国団を拡大強化」
　「曳光弾」
　「ダイヤ地域の保護　暫定民政裁判令の実施等指示　島内第一線行政官全体会議」
　「輝く第一船進水す　現地造船戦士に凱歌高し」
　「島内だより」

11月10日（水）

　「完勝へ！「大東亜戦争二周年記念日」迫る　新ボルネオ建設に意気昂揚　バンジエル市多彩の記念行事決る　米英撃滅必勝大会　パッサル・マラム開催　一年振りで原住民間に大人気」

　「大東亜新聞大会　近く東京で　我ボルネオ代表も熱火の弁」

　「九英霊の墓参　白衣勇士慰問　バ市上流婦人」

　「サンピット奥地探検記⒄　夜啼きする「かつら」　大密林の夜は深々と更ける」

11月11日（木）

　「暫定民政裁判令制定　現地新司法制度を整備実施」

　「曳光弾」

　「南ボルネオ初監理官会議　最前線行政へ粉骨挺身　指示に卅数項目、終始熱心に協議」

　「最前線行政官の奮起を要望　作戦寄与の一点へ　全智嚢を集中せよ　井上長官告辞要旨」

　「バンジエル新運動場　勤労奉仕で本年一杯に建設」

　「占領地行政の適否　第一線戦力の影響　山路大佐訓示要旨」

　「軍用機献納資金」

11月12日（金）

　「サンピット奥地探検記⒅　砂金拾ふダイヤの娘　森の聴くオランウータン伝説」

　「美し原住民の熱情　「南ボルネオ号」へ寄する赤誠」

　「軍用機献納資金」

11月13日（土）

　「曳光弾」

　「サンピット奥地探検記⒆　月夜に楽しや歌合戦　蛙までがドンツクドンと歓迎」

　「明年から三年計画　南ボルネオ米穀増産　自給自足、予備米保有へ邁進」

　「島内だより」

　「軍用機献納資金」

11月14日（日）

　「邦人、原住民が一体　バンジエル防衛団結成」

　「サンピット奥地探検記⒇　一行、最後の探査地へ　森の奥に美しい鹿の遊園地」

　「盟主日本への憧れ　留学希望申込み、定員の四倍」

　「赤道標も青田に囲まる　西ボルネオ地方の水稲増産」

　「軍用機献納資金」

　「島内だより」

11月16日（火）

　「日本の銃後の逞しさ　南方留学生、京浜の工場見学」

　「海軍勇士も醸金　「南ボルネオ号」へ盛上る熱誠」

「軍用機献納資金」

「島内だより」

11月17日（水）

「サンピット奥地探検記(21)　「皇軍は全能の神様」　ダイヤ族はかく信じてゐる」

「富籤第一回売切れ　来月一日　お待兼ねの抽選　第二回も売出し、一等三万盾」

「軍用機献納資金」

11月18日（木）

「サンピット奥地探検記(22)　プラウ、鰐と衝突　激流を突破、歓迎の踊に招待」

「軍用機献納資金」

「華僑だけの演芸大会　バ市華僑総会、軍用機献金」

「原住民演芸大会収益を献金」

「島内だより」

11月19日（金）

「『大東亜新聞大会』開く　光栄ある正義の筆陣　米英撃滅へ十億の心結集せん　各地域の人心を導き　大東亜の理想実現せん　天羽情報局総裁、力強き挨拶　東條首相激励　代表一行を招待」

「サンピット奥地探検記(23)　戦ふ皇軍の余力よ　奥地深く建設の戦ひは続く」

「軍用機献納資金」

「二万盾の夢の実現　富籤の抽選方法など決る」

11月20日（土）

「大東亜新聞大会第二日目　勝利への与論良導　大東亜大憲章の徹底浸透へ　「ペンを以て戦ひ抜く」　ボルネオ代表ハミダン氏熱弁」

「島内だより」

「軍用機献納資金」

11月21日（日）

「早くも五万盾突破　戦果に奔騰する軍用機献金」

「軍用機献納資金」

「島内だより」

11月23日（火）

「ウルスンガイを視察　〇〇司令官、五日間の旅」

「南ボルネオ地下資源座談会(1)　採鉱が一歩進めば　戦力化へ一歩前進　国家へ直接御奉公の開発」

「軍用機献納資金」

「島内だより」

11月24日（水）

「大戦二周年を記念　米英撃滅必勝大会　本社主催　来月八日アロン運動場で開催」

「南ボルネオ地下資源座談会⑵　日本の全需要を賄ふ　戦時重要資材のダイヤモンド」

「筐底に秘めて廿三年　今晴々し『日本の勲章』　俳優マイン君の数奇な物語」

「十二月八日の給料全部を醵出　民政部原住民職員の熱誠」

「軍用機献納資金」

「島内だより」

11月25日（木）

「南ボルネオの地下資源座談会⑶　至る所「鉄山」や「鉄島」　石炭は木材と共に量の横綱」

「敵艦撃沈の映画で　『日本の実』に感激　文化奉公隊の奥地巡回大成功」

「会話も鮮やか　バンジエル日本語学校卒業式」

「軍用機献納資金」

「島内だより」

11月26日（金）

「南ボルネオ原住民にも　政治参与を許与　三百万人の歓喜と感激　わが公約の実現　民政府総監談」

「「回教協会」が誕生　わが軍政の温い保護施策」

「曳光弾」

「南ボルネオの地下資源座談会⑷　戦力化へ凡ゆる努力　頭が下る開発戦士の創意工夫」

「軍用機献納資金」

「島内だより」

11月27日（土）

「"ボルネオ菅笠"で建設戦に協力しませう　陽よけ雨よけに重宝な名物"タンゴイ"」

「島内だより」

「軍用機献納資金」

11月28日（日）

「軍用機献納資金」

「繃帯代用品にダイヤの樹皮」

「ハロワイ」

11月30日（火）

「曳光弾」

「原住民の先登に立ち　邦人三氏の実践垂範　見事、大和魂の洪水禍を防衛　慰労費を軍用機献金　更にまた報国団員の美しい心」

「軍用機献納資金」

「島内だより」

12月1日（水）

バンジエルマシン市に　自治体の法人格を付与　政治参与、着々と進展　けふ実施　市庁設置規定

「暫定市令　市の性格を明確化」

　「曳光弾」

　「幸運者は誰　けふ富籤の抽選」

　「罹災原住民の感激　民政部、水害地救援に温い手」

　「軍用機献納資金」

　「島内だより」

12月2日（木）

　「曳光弾」

　「現地住民の民度向上こそ　道義日本に対する協力　「政治参与許与」民政部政務当局の談」

　「新生の五市　躍進・大東亜の都市　旧蘭印色を一切払拭、新発足」

　「二万盾の夢が実現　当籤は「一万三千廿」　初の富籤抽籤興奮裡に終る」

　「島内だより」

12月3日（金）

　「曳光弾」

　「「南ボルネオ青年団」誕生　来る八日、力強く結成式」

　「日本式猛錬成　受講原住民の感想　日本精神を理解　大東亜の建設に挺身を誓ふ」

　「富籤「二万盾」の幸運者　ポンチアナク在住邦人」

　「里芋、白菜、玉葱など　内地から野菜の種子　遠からず南ボルネオへも」

　「軍用機献納資金」

　「島内だより」

12月4日（土）

　「富籤　三等二枚は原住民に　ポンチアナク税関の職員達　老海軍勇士　一等の宮下氏」

　「軍用機献納資金」

　「島内だより」

12月5日（日）

　「大日本文化写真展　パッサル・マラムに公開」ボルネオ新聞社

　「呼物　パッサル・マラム　八日賑やかに開幕　敵米英撃滅の決意を盛つて　第二回富籤　夜市で売出」

　「曳光弾」

　「内地向け郵便為替　規則改正　一千盾までは送金出来ます」

　「ボルネオ民政部告示二五号　ボルネオ民政部告示二四号第一回復興富籤抽籤要領ニ依リ第一回復興富籤ノ抽籤ヲ実施シタル結果下記ノ通リ」ボルネオ民政部

12月7日（火）

　「あす！大戦二周年　現地も職場で黙祷　午前十一時五十九分一斉に」

「第二回留日学生決る　初めてダイヤ族からも両青年」

「島内だより」

「話題　義理深いダイヤ族」

12月8日（水）

「大東亜戦争勃発けふ二周年　けふ大詔奉戴日　戦力培養源の使命　挺身飽まで達成へ　井上長官　一段の奮起を要望　逞しき前線建設　南ボルネオ軍政躍進　施政　原住民の協力　資源開発　増産計画を樹立し　食糧に万全　現地自給の実現へ　産業　敵性色払拭　皇化教育を徹底普及　文化　敵米英壊滅の日まで　我ら死すとも止まじ　山路大佐、決戦の覚悟を強調」

「曳光弾」

「『翼賛奉仕の精神』を以て　政治参与の光栄に応へよ　三百万島民へ　井上長官談話発表　諮問機関に州会、市会　優秀なる現地住民を選抜、登庸　声明　海軍民政府総監」

「バンジエル　けふアロン広場で　『米英撃滅必勝大会』　待望のパツサル・マラム開幕」

「ポンチアナク　三万盾突破　軍用機へ寄せる赤誠」

「花束と共に　可愛い献金　バンジエルの回教学校児童」

「日本式料理店　「常磐」けふ開業」

「島内だより」

「南方資源の開発進捗し　帝国大戦完遂の実力確保　栗原大佐　南ボルネオへ寄す」

「原住民の決意を聴く　敢然まづ自己修正　かくして「心中の賊」に勝て」

12月9日（木）

「きのふ大東亜戦争二周年　十億の決意新た　「米英撃滅必勝」の雄叫び　バンジエル市に高らか」

「待望の不夜城開く　＝パツサル・マラム大賑ひ＝」

「けふ運動会、映画会など」

「本紙創刊一周年記念式挙行」

「曳光弾」

「『政治参与』の全貌発表　バンジエルに『市会』設置　直轄区域に『州会』　原住民議員を簡抜　州会議員は十五名以内　廿五歳以上の領民中より委嘱」

「州会議員任期は二年　通常会を年一回開く　暫定州会令　通常市会は毎年六回　暫定市会令」

「島内だより」

12月10日（金）

「曳光弾」

「原住民職員に大福音　任用、給与要綱発表　人材を活用、待遇改善の親心」

「紅三点の雄弁大会　米英撃滅へ婦人の蹶起を絶叫　『不夜城』第二夜も大盛況　記念日第二日」

「誓う米英撃滅　マカツサルの市民大会」

「大重量の建設資材　小型船で見事運ぶ　殊勲の船長が謝礼金は献納」

「我らの『南ボルネオ号』献金十四万盾を突破　米英撃滅へ羽搏きの日近し」

「五万七千余盾　華僑有志が献納」

「島内だより」

12月11日（土）

「曳光弾」

「あす午後一時二十二分　在留邦人一同も神宮を遙拝」

「パツサル・マラム　三日間会期を延長　原住民の切なる希望容れて」

「〝死ねば骨は工事現場に〟　ダイヤ族青年の建設美談」

「新回教協会の正副会長決る」

「軍官民の「憩ひの家」へ　日本人倶楽部」

12月12日（日）

「追加行事決る　パツサル・マラム」

12月14日（火）

「現地で徴兵身体検査　明年の五月頃に施行　クチン及びサンダカンで　民政部当局談」

「番組一部変更　パツサル・マラム」

「島内だより」

12月15日（水）

「曳光弾」

「徴兵身体検査　身上申告書　調整心得」

「軍用機献納資金」

12月16日（木）

「厚生週間義金追加　総額三万三千盾を突破」

「大賑ひのうちに閉会　パツサル・マラム八日間」

「島内だより」

12月17日（金）

「勇壮な市街攻防演習　バンジエル海軍○○隊精鋭」

「島内だより」

12月18日（土）

「ダイヤは語る　「苦あれば楽あり」　深く信じて戦勝のみを祈る」

「軍用機献納資金」

「島内だより」

12月19日（日）

「新設『州会』『市会』の原住民議員数決る　明年三月頃までに初会議

「三区を設置　特別警察庁も新設　バンジエル市の区画変更」

「島内だより」

12月21日（火）

「不逞抗日陰謀を総別抉　首謀者全部銃殺　旧蘭領ボルネオ総督等　迷夢に等しき武装蜂起計画　収容所内外を連絡諜報、蠢動を続く　事件の概要　執拗な謀略諜報戦　地下細胞組織で米英にも通報　諜報活動　防諜を強化　敵側の策動を撃攘　軍当局談」

「曳光弾」

「原住民開発戦士は語る　働き甲斐ある仕事　感激、感謝の増産だ　口を揃へて『勤労の喜び』披瀝」

「若き邦人の指揮下　原住民、華僑一体の功績　ボルネオの屋根に大鉱脈発見」

「バンジエル綜合病院　明春紀元節に開院か　外科大島博士ら感激の乗込み」

「軍用機献納資金」

「ランタウ管内を巡回診察　民政部一行出発」

「年末年始休暇　現地も取やめ　元旦に勝抜く誓」

「島内だより」

12月22日（水）

「大東亜新聞大会　報告講演会　ボルネオ代表本社ハミダン氏」

「軍用機献納資金」

「島内だより」

12月23日（木）

「蘭人抑留者家族へ　皇軍の温情　クリスマスに贈物」

「原住民職員の五訓　民政部で朝礼時間に朗誦」

「ランタウ」

12月24日（金）

「私は見た、盟主『日本』の真姿　大東亜新聞大会ボルネオ代表　ハミダン氏、感激の帰還報告　白雪頂く霊峰富士　暁の宮城、感激の奉拝　片翼樫村機に知る皇軍の精強」

「島内だより」

12月25日（土）

「『一人・一人が日本語教師』　全邦人・海軍省新方針に協力せよ」

「大東亜新聞大会ボルネオ代表　ハミダン氏帰還報告　『ソロモン』の字睨み　全力尽す生産戦士　航空工場に見る日本の強み」

「十七万盾を突破す　『南ボルネオ号』に昂まる赤誠」

「パツサル・マラム華僑食堂　純益と献金箱の四千七百盾献納」

「貴重な茄子苗　希望者に分与　鈴木海軍大尉が邦人への贈物」

「バラバイ」

12月26日（日）

　「原住民、華僑だけで　四万七千盾突破　ポンチアナクの軍用機献金」「大東亜戦争写真展覧会　ポンチアナクで大人気博す」

　「島内だより」

12月28日（火）

　「島内公学校で二部教授」

　「"近眼の薬"要求に吃驚　巡回診療班、好績収め帰着」

　「五箇條の綱領決る　南ボルネオ青年団の錬成指針」

　「島内だより」

12月29日（水）

　「日本人墓地　新春十四日　地鎮祭執行」

　「ローマ字綴は日本式　公文書を始め全刊行物に使用」

　「島内だより」

12月30日（木）

　「曳光弾」

12月31日（金）

　「あす！輝く戦捷の新春　感激の遙拝式を挙行　けふ米英撃滅の餅搗き」

　「軍用機献納資金」

　「島内だより」

　「「厚生週間」の寄託金品追加」

第5巻　中部版　昭和19年1月1日～2月29日

昭和19年（1944年）

1月1日（土）

　「戦勝第三春　この一年！　決戦勝利の年とし　勇往任務を完遂　民政部長官　井上庚二郎」

　「一切の我執を捨て　決勝の道へ猛進　海軍大佐　山路一行」

　「戦力増強に邁進し　米英断じて撃滅　海軍大尉　鈴木乙治郎」

　「晴れの当選　懸賞論文、小説、戯曲」ボルネオ新聞社

　「新大運動場　紀元節に開場式体育会」

　「島内だより」

1月2日（日）

　「戦ふ祖国を偲んで　戦捷の新春遙拝式　井上民政部長官、烈々の訓示」

　「和蘭色を完全に払拭し　順日本的バンジェルへ　逞まし、建設第三年の姿」

　「民情の視察に挺身　熱誠、原住民を説く　井上長官、中部ボルネオを巡視」

　「曳光弾」

1月4日（火）

　「軍用機献納資金」

　「島内だより」

1月5日（水）

　「曳光弾」

1月6日（木）

　「邦人職員逐次来島　決戦態勢愈よ完璧　『勝利の年』の南ボルネオ行政」

　「ボルネオ物資配給組合の改組、強力化を断行　建設状況に即応して［新発足］」

　「バンジェル」

1月7日（金）

　「招く三万盾　第二回富籤売切近し」

　「島内だより」

1月8日（土）

　「初の日本語検定試験　来る四月一日、各地で実施」

　「軍用機献納資金」

　「島内だより」

1月9日（日）

　「島内だより」

1月11日（火）

　「「日本人墓地」　十三日地鎮祭　十五日移遷祭」

　「ポンチアナク市議の定員は十一名」

　「人口十一万カンポン十九　大バンジエル市区画改革成る」

　「島内だより」

1月12日（水）

　「諸工業の躍進顕著　海軍々政地域の経済建設　工業建設の躍進　還送物資の増大」

　「自動車両検査　操縦技倆検定」

　「島内だより」

1月13日（木）

　「廿日から民政裁判実施　バンジエル特別警察庁を開設」

　「プレイハリ」「アモンタイ」

1月14日（金）

　「「南ボルネオ号」献金　卅五万円を突破　"我等の翼"雄翔の日近づく」

　「島内だより」

1月15日（土）

　「ダイヤ基督教会　設立許可　南ボルネオ宗教施策更に前進」

　「マルタプーラ」

　「生徒募集　電気通信従事者養成ノ為　原住民生徒ヲ募集ス」国際電気通信株式会社　東印度総局
　　養成所

1月16日（日）

　「安らかに眠りませ　故大久保伍長ら九英魂を移遷　きのふ新墓地で埋葬慰霊祭」

　「島内だより」

1月18日（火）

　「大バンジエル市の新市長任命さる　南ボルネオ首都、愈々躍進一途」

　「島内だより」

1月19日（水）

　「南方食糧繊維増産打合会議」

　「挺身する秘境マハカムを行く(1)　夕暮、水郷に漂ふ詩情　奥地の開発に精魂打ちこむダイヤ族」

　「『原住民政治参与懇談会』　民政部主催、本社楼上で開催」

　「島内だより」

1月20日（木）

　「曳光弾」

　「"五百万盾貯蓄"必成へ　邦人、原住民、華僑　打つて一丸の猛運動　民政部当局、協力要望の

談発表」

　「挺身する秘境マハカムを行く(2)　高い床に丸太梯子　昔は城塞、楽しい集団　五百人が雑居のラミンの偉観」

　「華満、香港への郵便開始」

　「島内だより」

　「生徒募集　電気通信従事者養成ノ為　原住民生徒ヲ募集ス」国際電気通信株式会社　東印度総局養成所

1月21日（金）

　「挺身する秘境マハカムを行く(3)　前歯のない花嫁さん　汁器は竹筒、家賃には陶製の甕　水汲と米搗に清澄な朝は明く」

　「現地徴兵身体検査　受験願提出者の注意事項」

1月22日（土）

　「挺身する秘境マハカムを行く(4)　豊年祭に夜の幕開く　椰子油の灯影に夢心地の囃子　晴衣のダイヤ娘歓喜の踊り」

　「士気昂揚講演・映画の会　『興南報国団』が開催」

　「島内だより」

1月23日（日）

　「秘境マハカムを行く(5)　若者の度胸試し牛祭　首狩りにも武勇礼讃の伝統あり　ダイヤ生活いま更生一路へ」

　「島内だより」

1月25日（火）

　「ボルネオ初の父兄会　バンジエル普中に感激情景」

　「非常な好成績　プロクチヤウの興南報国団支隊」

1月26日（水）

　「曳光弾」

　「日本語普及へ突進　月末から種々の強調運動」

　「島内だより」

1月27日（木）

　「護国の英霊眠る　海の勇士の戦友愛」

　「勤労奉公隊が誕生　原住民青年一千名を動員」

　「食肉類の自給確保へ　家畜増産計画を実施」

　「島内だより」

1月28日（金）

　「日本語のみの座談会　原住民の日本語勉強ぶり」

「予期以上の成果　「厚生週間」の寄贈衣類」

「島内だより」

1月29日（土）

「皇軍ポンチアナク入城けふ二周年　躍進・西ボルネオ　軍政下に各方面急速に成育」

「勤労奉仕に挺身垂範　来月邦人官民全員参列」

「古タイヤ回収　加工更生使用」

「パリンギン」「ラブアンアマス」「カンダンガン」

1月30日（日）

「日本語を使はう　けふから普及強調週間」

「パンカランボン」

2月1日（火）

「皇軍進駐記念日迫る　邦人、真心の指導で　約束さる南ボルネオの繁栄　統治二年・井上長官の清談」

「日本語普及強調週間始まる　満場、感心する正確さ　和やかな『原住民日本語座談会』」

「けふラジオ演説大会　バンジエル放送一周年記念」

「選抜の二十三名が　流暢な日本語の熱弁　四校連合『日本語大会』」

「島内だより」

2月2日（水）

「曳光弾」

「食糧大増産へ総進軍　来年度予算で　農試、種畜場新設　バンジエルには海魚の大冷蔵庫」

「家畜の模範飼育所　原住民に実物で教育　民政部に呼応、市庁も増産進軍」

「長官が、指揮官が　率先して担ぐもつこ　結成の『勤労奉公隊』初出陣」

2月3日（木）

「島内だより」

2月4日（金）

「皇軍バンジエル占領　二周年記念日迫る　歴史が創られた六日間　生地獄に迎ふ神兵・日本軍　ロスバンデイ博士の追憶談」

「『治安維持会』を結成　燃える市内で皇軍歓迎の準備　二月八日　二月九日」

「けふマライ語厳禁　会話一切、日本語の日　各職域で邦人の協力を要望」

「市中大行進　三千の学校生徒」

「女学校に衛生看護知識　バンジエル普中で初の講義」

2月5日（土）

「歴史が創られた六日間　皇軍バンジエル占領二周年　ロスバンデイ博士の追憶談　征戦闌明の布告を配布　安居楽業、歓喜の更生へ　皇軍に協力、活躍開始　二月十日　二月十一日　二月十二

日　二月十三日」

2月6日（日）

　「50年後の南ボルネオ　八木司令官の宝の島新設計　バリック特急『勝利号』　大工業地帯の煙突縫つて快走」

　「積極的栽培加工に着手　西ボルネオの駆虫剤デリス根」

　「米穀自由販売を解禁　買占め、公価違反者は厳罰」

　「自動車事故の防止　各責任者で十分の注意　海軍当局から要望」

2月8日（火）

　「大東亜写真交換展　バンジエルマシンでも開く」

　「軍用機献納資金」

　「文教主任官初会議」

　「「ヤマト」増産　新工場完成」

　「島内だより」

2月9日（水）

　「曳光弾」

　「建設三年目に俟つ　原住民の自覚と協力　バンジエル占領二周年記念日を迎へるに当り　鈴木指揮官談」

　「必勝の決意を昂揚　紀元節・戡定二周年奉祝行事」

　「現地でも一斉に遙拝　十一日九時「国民奉祝の時間」」

　「軍用機献金興行　十一日より十七日　大阪劇場」

　「『犠牲は覚醒を促す』　十一日から開演の戯曲梗概」

　「防空サイレン等　十一日に吹鳴試験」

　「島内だより」

2月10日（木）

　「あす奉祝市民大会　アロン広場に数千原住民参集」

　「空砲射撃演習　海軍〇〇隊」

　「初の文教主任官会議開催」

　「軍用機献納資金」

　「バラバイ」

2月11日（金）

　「曳光弾」

　「けふ迎ふ肇国の佳日　戦ひ抜かん決戦の年　バンジエル占領二周年記念日」

　「重要鉱産物を発見　けふ井上長官から晴の表彰　青年技師平田茂留氏の殊勲」

　「けふ国民遙拝　皇軍の必勝を祈願」

「"仁丹所持者は親日分子"　常時和蘭当局の狂態　皇軍進駐当時回顧座談会」

「「南ボルネオ号」への赤誠　早くも四十六万七千八百盾に達す」

「官民邦人対抗庭球大会」

2月12日（土）

「邦人、原住民相共に　必勝の決意誓ふ　軍艦旗の下に紀元節を奉祝」

「機甲部隊の示威進行」

「西ボルネオ報国会結成　ポンチアナク」

「現地に皇大神宮祀る　建設戦士の聖汗奉仕で　サンガサンガ神社建立」

「島内だより」

2月13日（日）

「奉祝学芸会　多彩番組で盛況」

「青年団原住民指導者講習会」

「軍用機献金に「決戦の大空へ」映配が映画界」

2月15日（火）

「『南ボルネオ婦人会』　けふ誕生、大阪劇場で発会式」

「運転手免許証　けふから二十日までに正式下付」

「放送局の呼出符号　波長けふから変更」

「島内だより」

2月16日（水）

「婦道涵養、建設協力へ　紅唇迸しる烈々の叫び　「南ボルネオ婦人会」きのふ発会」

「島内だより」

2月17日（木）

「ゴム、椰子の用途転換成功」

「島内だより」

2月18日（金）

「シトロネリヤ草から　強力　防蚊香水　民政部衛生試験所で調整成功」

「大東亜新聞会　事務局を設置」

「島内だより」

2月19日（土）

「ボルネオ紹介映画　『密林に挑む』　バリックパパンで撮影進捗」

「島内だより」

2月20日（日）

「決戦施政の躍進へ　初の州知事会議開催　来月二、三両日、真摯の協議」

「完成近し新『資源街道』　大湿地帯を見事征服　月の夜　自発的に働く原住民」

「バリツクに一般邦人診療所」
「島内だより」

2月22日（火）
「挺身！聖汗に垂範　トアン・ブツサールも敢闘【写真】」
「島内だより」

2月23日（水）
「曳光弾」
「三万円の夢実現へ　第二回富籤抽籤方法決る」
「島内だより」

2月24日（木）
「ヨイコドモから　激励の慰問文」
「島内だより」

2月25日（金）
「『政治参与』栄光の第一歩　来月・歴史的な初州・市会　原住民議員を委嘱」
「原住民の対日協力と　日本人の偉大なる底力　スターマー独大使、南方視察談」
「コタバル」「プレイハリ」

2月26日（土）
「バ市青年団発足　あす盛大に結成式、活動開始」

2月27日（日）
「逞しき現地の新工業　西ボルネオ・シンカワンに見る」
「島内だより」

2月29日（火）
「南ボルネオ大建設へ　重要案件、山積の盛観　初の州知事会議、二日間の日程」
「三千団員、力強き誓ひ　バンジェル青年団、晴の結成式」
「東部ボルネオ・敵前建設の巨歩　続け南海決戦場へ　熱と意気の『第一線』　活気溢れるバリックパパン」
「原住民の日本語発表会　廿名選抜、九日大阪劇場で開催」
「劇映画が五本　来月大阪劇場の上映日程」

第6巻　中部版　昭和19年3月1日～4月30日

3月1日（水）

「光栄の初代州・市会議員　けふ委嘱、氏名発表さる　初州会は廿七日、市会は十五日から　委嘱状交付式　各界の代表的人物　慎重銓衡して野の偉材を集む　"協力の実を挙げよ" 井上長官談　"力の限り御奉公を" 議員に選ばれた人々の感激」

「州知事会議　九、十両日開催」

「東部ボルネオ・敵前建設の巨歩(2)　密林の壁を貫く道　丁々と響く鉞の音　米英撃滅の新道路と木材伐採」

「けふ　三万円の幸運は誰？　午前十時から大阪劇場で　第二回富籤・運命の抽籤」

「パリンギン」

3月2日（木）

「一等44019　二等27621　30277　三万盾、幸運の主決る　ポンチアナクで売出した一枚　第二回富籤きのふ抽籤発表」

「東部ボルネオ・敵前建設の巨歩(3)　緑の無尽の大資源　油田と炭鉱の要衝　生気満ち溢れるサマリンダ」

「島内だより」

3月3日（金）

「ジヤワ劇団の最高峰　四日から大阪劇場で上演予定」

「東部ボルネオ・敵前建設の巨歩(4)　決戦下の特急造船　南方で最初の合板船　大農場はバリックへ蔬菜補給」

「教員養成所、農業実務校　バリックとサマリンダで開校」

「南ボルネオ号へ二千盾　入場料全額を献金」

「軍用機献納資金」

「島内だより」

3月4日（土）

「地久節奉祝の音楽会　図画展とともに開催」

「東部ボルネオ・敵前建設の巨歩(5)　百年でも堀切れぬ　素晴らしい石炭の層　米英撃滅、地下一千尺の戦場」

「今春は倍の入学許可　バンジエル普中へ志願者殺到」

「原住民青少年体操大会　来月中旬、アロン広場で開催」

「戦意昂揚興行　けふ大阪劇場で開演」

「島内だより」

3月5日（日）
　「国旗を掲揚　あす地久節」
　「原住民職員の任用　諸規定を近く実施、身分を保障」
　「東部ボルネオ・敵前建設の巨歩(6)　錆びた防寒に偲ぶ　タラカン激戦の跡　空から見る美しき地図・珊瑚礁」
　「島内だより」
3月7日（火）
　「東部ボルネオ・敵前建設の巨歩(7)　戦前以上の採油率　敵撃滅の補給基地　タラカン、日本語勉強も島内一」
3月8日（水）
　「東部ボルネオ・敵前建設の巨歩(8)　内職するサルタン　妻七人を持つ土侯　世界有数のプラウ炭鉱の設備」
　「富籤二等当籤　軍用機に献金」
　「奉祝音楽会と絵画展　バ市各中等校共催で盛会」
3月9日（木）
　「"大東亜建設に挺身"　厳粛なバ市々議委嘱状伝達式」
　「東部ボルネオ・敵前建設の巨歩(9)　田働きのみ仕事に　目覚めた土侯の姿　皇化洽く原住民喜びの毎日」
　「けふコレラの予防注射」
3月10日（金）
　「征戦完遂協力の決議　バ市初市会、三諮問案も決る」
　「日本の友へおくる　南ボルネオ女性の愛誦歌」
　「勤労奉公票　勤労作業奉仕　原住民に贈る」
　「軍用機献納」
　「島内だより」
3月11日（土）
　「映画公開・今月中の日割」
　「日本語競演会　入賞者決る」
　「島内だより」
3月14日（火）
　「興南報国団の新指導員　邦人四氏を増員、委嘱」
　「富籤当籤賞金　四百円を献金　マルタプーラの邦人十六名」
3月15日（水）
　「けふ栄光の初市会開く　バンジエル市政新紀元　"市会の使命は重大"　献身的奉仕を　議員の決意」

「南ボルネオの日本語熱　微笑し『窄き門』の嘆き　学校増設を追越す志願者殺到」

3月16日（木）

「バンジエル初市会開会　征戦完遂に協力を決議　全市議、感激の審議」

「福の神はジヤングルがお好き　迷ひ子・一等当籤富籤の行方判明す　密林のダイヤ五人に　三万盾の幸運舞込む　同じナバンで華僑妻女が二等」

「島内だより」

3月17日（金）

「自覚せざる者は認めず　軍政当局、一般住民に　更に一段の緊張要請」

「生活刷新、増産策を答申　バンジエル初市会閉幕　戦時市民生活の刷新方策　食糧物資増産に関する方策」

「曳光弾」

「第三回富籤　来月売出し六月抽籤」

3月18日（土）

「南ボルネオ　学制改革一ヶ年の成果　日本語の修得から『日本精神』の体得へ　量に質に『敵前文教建設』躍進」

「島内だより」

3月19日（日）

「十一万市民挙げて　食糧増産の戦列へ　バンジエル市当局、挺身要望」

「龍神剣を追加　恤兵部提供映画」

「アンパ」「クルワ」

3月21日（火）

「七中等学校を新設」

「勤労奉仕団体　感謝状授与式」

「民政部野球試合」

「原住民の活躍目覚し　邦人に協力し船火事に殊勲」

「マルガサリ」「コタバル」

3月22日（水）

「南ボルネオの委託学生　ダイヤの一青年がジヤワへ」

「警察幹部養成所の初入所式　ボルネオ十三名」

「軍用機献納資金」

「島内だより」

3月23日（木）

「南ボルネオ　軍政の飛躍的進展へ　初の州知事会議開催　戦力増強に全力傾倒　熱意と断行・井上長官要望す」

「三知事の現地報告　治安良好、建設戦順調に進捗　食糧は潤沢　米も近く自給　ポンチアナク　地下資源の新探鉱に努力　バリックパパン　食糧増産へ土俟自ら蹶起　タラカン」

3月24日（金）

「南ボルネオ州知事会議　第一線行政の指標を確立　多大の成果収め閉幕」

「勤労の喜びに浸つて　新市民運動場建設に奉仕」

「島内だより」

3月25日（土）

「六千名の原住民職員　正式に身分決定　四月一日から　任用及び給与暫定要綱を実施」

「建設戦　湿地帯征服」

「島内だより」

3月26日（日）

「使命達成に全幅の努力　軍政参与の光栄に応へよ　井上長官談」

「あす！栄光の初州会開く　南ボルネオ建設に新紀元　三百万島民の総力結集」

「具体的実践性に富む　建設的な答申を要望　州会議長・山路大佐談」

「光栄に感激　誓つて使命完遂せん　州会議員三氏の感謝と覚悟」

「勤労奉仕、食糧自給に　華僑、回教徒等が挺身　在住邦人の率先指導要望さる」

3月28日（火）

「皇軍に感謝、協力を誓ふ　決議　初の直轄区域州会開く」

「建設の理想実現へ　井上長官告辞」

3月29日（水）

「三特別委員会開き　協力具体策を審議　第一回直轄区域州会（第二日）　各議員、力強い協力の熱意」

「貯蓄は米英撃滅の　三百万島民の戦闘行為だ　その日暮しの浪費の悪習は『敵』　分相応の貯蓄は勝利への協力　当局・現地住民に説く」

「奥地へ『映画』の贈物　常設館を新設、建設戦士慰問」

「島内だより」

3月30日（木）

「輝しい成果を収めて閉会　第一回直轄区域州会」

「新ボルネオ建設策　答申」

「炭鉱記（上）　開発戦士の眼に輝く　黒ダイヤ増産の五誓　原住民戦友へ「苦力」の名称禁止」

「我らの『南ボルネオ号』　献納式当日に『海軍』公開　四月の映画上映予定」

3月31日（金）

「新ボルネオ建設の　理想と熱意を披瀝　州会議員一行、本社で座談会」

「炭鉱記（下）　腰も延ばせぬ坑道　頭が下る開発増産戦士の苦労　幽霊井戸に残る和蘭の暴虐」

「電話加入料と市外料金徴収　ウルスンガイへは一通話八十銭」

「島内だより」

4月1日（土）

「曳光弾」

「働かざる者は認めず　『勤労奉公隊』を結成　三百万人皆働運動へ　州会答申・現地住民の実践要請」

「宗教家も街頭へ進出　基督教首脳部、協力挺身を誓ふ」

「島内だより」

4月2日（日）

「南ボルネオ全女性　建設協力へ総蹶起　婦人会代表が烈々の誓ひ」

「『後光の山』の怪　日曜の食卓に贈る　南ボルネオの秘話　大ダイヤモンドの番をする絶世の美女　コタ・バル対岸、不知火の伝説」

「"アジアの明りは日本語"　標語、ポスター、作文入選決定　けふから日本人クラブに展示」

「特別中公学校　晴の初卒業式」

4月4日（火）

「南ボルネオ・必勝の年　資源開発、昨年の二倍へ　企業担当者の大奮起要請　作戦寄与へ断乎突撃」

「曳光弾」

「山の第一線(1)　謹んで山神に宣す　木材伐採の使命達成の決意」

「初の日本語検定試験　直轄区域だけで受験千二百名」

「ポンチアナク」

4月5日（水）

「『戦ふ南ボルネオ』の姿を日映が映画化」

「山の第一線(2)　天を摩す巨木の群　海岸から目も遙かに連る」

「食糧増産の勤労奉仕へ　バ市在住華僑」

「西ボルネオに　米穀買上制実施」

「興南報国団の士気昂揚講演」

4月6日（木）

「山の第一線(3)　一本四百万石の巨木　内地材など及びもつかず」

「軍用機献金　第二回興行決算報告」

4月7日（金）

「山の第一線(4)　大きく強い海洋筏　驚くべき短時間で出来る」

「市会答申両策実践へ　バ市庁、あす各団体に指示」

4月8日（土）

「山の第一線（完）　敵米英撃滅の一翼　颯爽・海洋筏は南海を征く」

「バ普中入学式」

4月9日（日）

「無尽蔵の稀元素鉱脈　南ボルネオで続々発見」

「コレラ予防注射　一般原住民に」

「軍用機献納資金」

4月11日（火）

「コタバル便り（上）　建設戦の邦人慰さむ　鮮魚と鶴・亀両温泉　絶景は南ボルネオの瀬戸内海」

「島内だより」

「本社軍再勝す　対野村殖産軍錬成野球」

4月12日（水）

「コタバル便り（中）　大東亜の「新しい街」　在住二十七年の大瀬氏に聞く　『胡椒に港』の邦人活躍史」

「医薬剤の現地自給へ　民政部当局の努力結実」

「島内だより」

4月13日（木）

「コタバル便り（下）　水牛と白鷺が遊ぶ　バカタンの大水田　辺境に涙ぐまし邦人の活躍」

「州知事陣頭に　聖汗勤労奉仕　ポンチアナクの全邦人」

「軍用機献納資金」

「島内だより」

4月14日（金）

「敵撃滅の誓ひ新た　南溟に迎ふ天長節　三日間に亙る奉祝行事決る」

「邦人向映画　今月の公開日程」

「島内だより」

4月15日（土）

「『バンジエルマシン日本人建設報国団』　あす晴の結成式を挙行　決戦即応　一層の挺身」

「邦人墓地清掃へ」

「ポンチアナク」

4月16日（日）

「曳光弾」

「劇映画を二本建上映　けふ・あす恤兵部提供で公開」

「島内だより」

4月18日（火）

「建設報国団を結成し　バ市邦人逞しく発足　創立総会　綱領、団則、役員を決定」

「回教々会講演」

「バ市消防団の消火演習」

4月19日（水）

「島内だより」

4月20日（木）

「インドネシア婦人　向上運動の母偲ぶ　あす・カルティニ女史追悼の夕」

4月21日（金）

「曳光弾」

「日本語の普及に全力　民政部、建設団が協議、申合せ」

「バ市日本語学校修了式」

4月22日（土）

「マカツサル海員養成所の入所式」

「島内だより」

4月23日（日）

「軍用機献納資金」

4月25日（火）

「軍用機南ボルネオ号献納　献金六十一万盾を突破」

「曳光弾」

「あす夜・実戦的「防空訓練」　軍官民一体の猛演習　バンジエルマシン市・第三回　防空警報発令（訓練を含む）中における注意事項」

「バンジエル新病院　来月一日から開院　陣容整ひ廿七日晴の竣工式」

「初の原住民体操競演大会」

「島内だより」

4月26日（水）

「基地建設隊報告書　武田部隊の戦士と語る⑵　飛行場も忽ち泥海　悩みの種・南の豪雨　お宿は上等、敵の霊柩車の中」

「力強し現地貯金報国熱　内地に呼応、増勢一途」

「南方壮丁検査近く一斉開始」

4月28日（金）

「南ボルネオ号献納式　今夜八時から大阪劇場で」

「バンジエルマシン第三回敵前防空訓練　漆黒の闇中・鉄桶の防衛陣　警護隊、整然たる活躍」

「基地建設隊の報告書　武田部隊の戦士と語る⑷　慰問文に嬉しい涼味　兵隊さんと共に御奉公に挺身」

「今ぞ衛生報国に挺身　医学日本の誇・バンジエル大病院　きのふ盛大な竣工・開院式」

「島内だより」

4月29日（土）

「現地奉祝の前奏曲　昨夜「南ボルネオ号」献納式」

「週刊　ニッポン語新聞創刊」ボルネオ新聞社

「曳光弾」

「南ボルネオの国勢調査　明後日、邦人全工場、事業場に実施　担当者の協力を要望」

4月30日（日）

「台銀人事異動」

第7巻　中部版　昭和19年5月2日～9月30日

5月2日（火）

「南ボルネオに電信為替」

「自動車検査　操縦技倆検定」

5月3日（水）

「華僑の勤労報国精神　昂揚のため講演会で激励指導」

「道路一部変更　バンジエル・マルタプーラ間」

「島内だより」

5月4日（木）

「海軍地区為替管理令　来る十五日より実施」

「今月の邦人向映画　大阪劇場上映予定」

5月5日（金）

「真鍮、銅、鉄製品を回収」

5月6日（土）

「カンダンガン」「プロクチヤウ」「アンバ」「タンジヨン」

5月7日（日）

「対内地間電信　為替取扱開始　南ボルネオから」

「建設報国団勝つ」［野球］

5月9日（火）

「南ボルネオ開発増産倍加の戦ひ　ウルスンガイ基地に見る（上）　一トンでも多く戦力化へ「宝庫の扉」に橋頭堡　大進軍へ希望の朝暾　アツと驚く黒ダイヤの大瀑布」

5月10日（水）

「晴れの水泳場開き　十四日（日曜日）午後三時から」主催　ボルネオ新聞社、後援　ボルネオ民政部

「南ボルネオ開発倍加の戦ひ　ウルスンガイ基地に見る（中）　創意と工夫・生かせ増産へ　古い機械を組替へて　見事な新工場誕生だ　興隆近し製鉄・セメント両工業」

「軍用機献納資金」

5月11日（木）

「曳光弾」

「ウルスンガイ基地の生態（下）　今だ、頑張れ！　ボルネオ開発戦士　増産倍加へ！火の玉突撃だ　原住民の"聖汗群像"　建設戦の歓びに輝やく　意気で突破だ・隘路と障碍」

「軍用機献納資金」

「島内だより」

5月12日（金）

　「軍用機献納資金」

　「謹告」日産火災海上保険

　「自動車検査日　期日を変更」

　「アラビオ」

5月13日（土）

　「随想　祖先に随へ　○○隠士」

　「水中射撃の妙技や　軍官民対抗の競泳　あす晴れの水泳場開場式」

　「軍用機献納資金」

5月14日（日）

　「随想　落日の壮麗さ　○○隠士」

　「けふ　盛観予想さる　錬成水泳場の開場式」

　「南ボルネオ婦人会　巡回講演会」

　「軍用機献納資金」

5月16日（火）

　「飛沫をあげ熱戦展開　錬成水泳場開き水泳大会」

　「今月下旬の映画予定」

5月17日（水）

　「随想　純真さを奪ふもの　○○隠士」

　「第三回復興富籤抽籤要領」ボルネオ民政部

5月18日（木）

　「随想　右側通行論　○○隠士」

　「島内だより」

5月19日（金）

　「純日本式の指導下　逞しく伸びる学、行　南ボルネオへ九月に帰還　南方留学生」

　「日本へ留学の喜び　マカツサル特別中学を卒業」

　「希望、感激を高らかに　バンジエル中学校歌成る」

　「診療助手養成所開設　バ市旧臨時病院建物を利用」

5月20日（土）

　「随想　ある奴隷制と布教　○○隠士」

　「南方の映画界　日映、映配が一元統制　比島、ジヤワの現地製作好調」

　「忠魂碑に奉仕する少女　ポンチアナク・黙々と清掃一年」

　「大東亜新聞協議会　海軍地域事務局」

　「水泳場行きバス　毎日曜日に運転」

5月21日（日）

　「全住民が一致協力し　戦力増強に創意工夫　山路大佐、西ボルネオ視察談」

　「椰子物語　日曜の話題　南方共栄圏の象徴　大東亜戦下に逞しく成長」

　「西ボルネオ木材開発　万全の対策準備進捗」

　「五日本語学校を増設　バンジエル市内に六月から」

5月23日

　「〝創意工夫〟は輝やく　現地自給・自活戦⑴　衣料の巻　クルクル廻る糸車　ボルネオ生れ初綿布　手で作れる、サロンも防暑服も」

　「山崎総監・南ボルネオ初視察　今年こそは結実の年　企業担当者の一大奮起を要望」

5月24日

　「曳光弾」

　「輝やく『海軍記念日』迫る　南ボルネオに感激の奉祝行事」

　「輝やく〝創意工夫〟南ボルネオの自給戦【2】タイヤの巻　現地自活の殊勲甲　見事タイヤ修理成功　自動車・自転車・建設戦へ再生」

　「民政浸透、建設協力へ　市民の「隣組」制を実施　廿九日・バンジエル臨時市会

5月25日

　「曳光弾」

　「〝創意工夫〟輝く現地自活戦【3】医療品の巻　ナガラの鍛冶利用　立派なメスも作る　実験台は御本人・製薬も上等」

　「南ボルネオ警察教習所　廿八日、晴れの開所式」

　「御通知」関東配電株式会社　南ボルネオ電業部

5月26日

　「曳光弾」

　「随想　ボルネオ楽園化　〇〇隠士」

　「〝創意工夫〟輝く現地自活戦【4】蝋燭の巻　戦時向き、前線向き　容器入りローソク　風にも消えず倒れず長持ち」

　「南ボルネオの石炭　要求量は昨年の三倍　開発完遂へ関係者の奮起要望」

　「郵便物内容への留意を要望」

　「島内だより」

5月27日（土）

　「けふ輝く海軍記念日　海軍部隊　堂々の市中行進　けふ現地における記念行事」

　「優秀原住民青年を簡抜　海軍兵補に採用　輝しき戦争協力実現　七階級、軍属に準ず　海軍兵補実施要項　共同の宿敵英米撃滅　彷彿たる決意に応ふ　現地軍当局談」

　「曳光弾」

「南進男子の面目発揮　過半数が優秀な体格で甲種合格　南ボルネオ初の徴兵検査」

「"創意工夫"輝く現地自活戦【5】煉瓦の巻　水火の試煉を潜つて　建設戦へ窯で御奉公　吾輩は湿地帯産白粘土である」

「随想　我等の使命　○○隠士」

「バンジエル邦人に福音　日用食料品共同販売所が誕生」

「新水田起耕式　民政部あす挙行」

「島内だより」

5月28日（日）

「開発建設に奮起を誓ひ　米英撃滅の覚悟も新た　海軍記念日　バ市に漲る熱意　市民大会　長距離継走　市内早廻り　プラウ競漕」

「人、物の総力を結集　軍の優先に憂ひなからしめん　山崎総監、建設戦士を鼓舞」

「曳光弾」

「"創意工夫"輝く建設自活戦記(6)　木炭の巻　皇軍保護に御恩返し　軟禁者も製炭に一役　原材伐つた跡にカンポン誕生」

「日本語と日本作法　瞳輝かし熱心に勉強　南ボルネオ婦人会日語学校」

「ポンチアナク」

5月30日（火）

「"私は兵補を志願"　駅伝競走に倒れても止まぬ　ダイヤ青年の敢闘精神、責任感」

「三万盾の幸運は？　明後日午前十時から抽籤」

「隣組、常会組織本極り　バ市会、娯楽税を改正」

「記録映画「セレベス」　内地の映画だより」

「民政部直轄地市外電話料金変更広告」国際電気通信株式会社ボルネオ支局

5月31日（水）

「決戦の祖国を語る【上】　一掃された遊閑気分　婦人達も鉄兜を肩に勤労奉仕　順調に進んでゐる疎開　積極的に食糧の増産へ」

「原住民青年の感激　海軍兵補を募集　志願者締切りは来月二十日」

「原住民専門　第一分診所」

「民政部直轄地市外電話料金変更広告」国際電気通信株式会社ボルネオ支局

6月1日（木）

「南ボルネオ行政機構強化　十五県に分ち「県庁」を設置　建設・一大躍進期待さる」

「曳光弾」

「随想　ダイヤとネシア　○○隠士」

「決戦の祖国を語る【中】　戦争遂行の一点に　凡ゆる階級が全能力を集中　列車の中を乗客がお掃除　一機でも一艦でも多く」

「食糧増産措置　西ボルネオで」

「六月の映画」

「民政部直轄地市外電話料金変更広告」国際電気通信株式会社ボルネオ支局

6月2日（金）

「決戦の祖国を語る【下】　揺がぬ必勝の信念　限りなく心強い挙国団結の姿　涙ぐましい女子の進出振り　頭が下る今の青少年の偉さ　堅実になつた南ボルネオ観」

「第三回富籤　「一六四四五」が当り　三万盾はバリックパパン方面」

「海軍機献納へ醵金　第二回富籤に一、二等当籤の　ダイヤ族六人組と華僑三人組」

「昼夜間を通じて送電　○○発電所出力増加工事成る」

6月3日（土）

「ボルネオ民政部告示第二十三号　第三回復興富籤当籤番号」ボルネオ民政部

「重要地下資源　タラカン方面に」

「ラジオを一元的統制　マカツサル中央放送局に昇格」

「同盟タラカン支局開設」

6月4日（日）

「曳光弾」

「合格率は約六割（七級）　初の日本語検定試験の結果」

「ポンチアナク」

6月6日（火）

「建報団員一人残らず　原住民の指導者たれ　山路大佐、邦人の奮起を要請」

「曳光弾」

「創意工夫　物語続篇(1)　鉤・針の巻　全カンポンが釣鉤村　漁獲は増産、貯蓄奉公　石・手・鑢で鉤・針の現地自活」

「南ボルネオ直轄区域　県・分県の監理官会議　十日・強化後の初会同」

「バンジエル普中父兄会　新校歌発表や各種作業参観」

「野村殖産勝つ　対本社第三回錬成野球」

6月7日（水）

「憧れの「海軍兵補」へ　志願の申込み殺到す　締切り延期、講演・映画の夕開催」

「創意工夫　物語続篇(2)　陶器の巻　自転車部分品が台　廻つて出来る茶碗・皿　釉薬や着色も現地自給に成功」

「大湿地帯で水稲栽培　ウルスンガイに画期的増産譜」

6月8日（木）

「随想　カユ・ラジヤの如く　○○隠士」

「創意工夫　物語続篇(3)　代用袋の巻　ダイヤ族が採取の木皮から丈夫な袋・綱　食糧輸送に悩み

　　　　見事に解決」

　　「建報団員、血の友愛　血液型を調査、非常時に輸血」

6月9日（金）

　　「来る八月一日を期し　南ボルネオ人口調査　原住民の福祉増進のため実施」

　　「創意工夫　物語続編(4)　コークスの巻　ボルネオに煙突あり　宝の戦力化、茲に実現　現地製鉄
　　　工業へコークス自給」

　　「襟に錨と撫子の花　邦人女子職員に制服制定」

6月10日（土）

　　「創意工夫　物語続編(5)　製紙の巻　内地の半紙に劣らぬ　手漉き紙の自製成功　クレヨンに次ぐ
　　　川面氏の殊勲」

　　「ダイヤ族牧師の錬成会　協力精神を一段と昂揚」

6月11日（日）

　　「建設戦の完全遂行へ　実際に即し行政運営　きのふ県、分県監理官会議」

　　「『作業教育』初の実施　バンジエル上級学童千数百名　新運動場の土運びに奉仕」

　　「創意工夫　物語続編(6)　セメントの巻　ボルネオ工業の中軸　本格的セメント自給　現地自活建
　　　設戦に至大の貢献」

　　「島内だより」

6月13日（火）

　　「建報団勝つ　対民政部錬成野球」

　　「アラビオ」「バラバイ」「ビラヤン」

6月14日（水）

　　「既に七百名を突破　熱誠溢れる兵補志願者殺到」

　　「島内だより」

6月15日（木）

　　「米買上計画書　達成は確実　東ボルネオ」

　　「『音盤と映画の夕』　二十一日夜大阪劇場で」

　　「マラバハン」「プマンキ」

6月16日（金）

　　「曳光弾」

　　「初の貯蓄功労表彰　貯蓄目標一年分を四ケ月で突破　アモンタイ分県の個人団体」

6月17日（土）

　　「採用試験は二回施行　海軍兵補・七月十日願書締切り　タラカン、十倍突破か」

　　「殉職巡補、二階級特進　タラカン州知事庁葬を執行」

　　「島内だより」

6月18日（日）

　「「バンジエルマシン錬成団」　廿五日、晴の結成式挙行」

　「曳光弾」

　「生産現場を教室に　本格的な作業教育　バ市の学徒を建設戦に動員」

　「警察庁（署）長初会議　治安対策の完璧を協議」

　「島内だより」

6月20日（火）

　「有事防衛の基礎・「錬成団」　強力な統制・厳然たる紀律　一人の不参も許さず　山路大佐談
　　『錬成団』団則　錬成実施要領」

6月21日（水）

　「士気昂揚・兵補の夕べ　アロン広場で明夕、盛大に開催」

　「音盤と映画の夕　今夜八時・大阪劇場で」

　「島内だより」

6月22日（木）

　「抗日陰謀検挙功労に　司令長官より表彰状　海軍特別警察隊・民政部警務課」

　「マリノリ式輪転機を試運転　きのふ本社で」

　「"建設四原則"着々と実現さる　増産に勤労に貯蓄に　原住民の逞しき協力　めざまし州会答申
　　三ヶ月の成果」

　「南ボルネオ中央突破　マハカム、カプアス両河を結び　前人未到の秘境横断に成功」

　「戦ふ南ボルネオ、銀幕に　日映、初の撮影に着手」

　「定員の十倍に達せん　憧れの海軍兵補へ志願者殺到」

　「島内だより」

6月23日（金）

　「西ボルネオの米穀　本年度に自給確立　力強き産業開発・建設状況　八木司［政官］初視察談」

　「石油、既に戦前量を確保　躍進するタラカン島」

　「各等当籤が殖える　一等一万盾、第四回復興富籤　来月売出し、九月一日抽籤」

　「民政府派遣音楽隊　今明夜、邦人向き大阪劇場で」

　「島内だより」

6月24日（土）

　「あす晴れの結団式　全員一人残らず出席　『バンジエル錬成団』役員決定」

　「婦人の勝抜く覚悟昂揚　廿六日・講演と映画の会開催」

　「下痢患者が増えました　衛生当局、一般へ注意」

7月23日（日）

　「兵補援護と食糧供出　臨時州会を開き諮問　来月十八日、九の両日、協議答申」

「皮革の増産　ボルネオらしい話題　牛皮は貴重な資源　鰐や蜥蜴で御辛抱　近く自給自足・建設戦士の靴」

「晴の鍬入式　ブランガス村の盛典」

「けふの軍官民錬成野球大会」

「島内だより」

7月25日（火）

「曳光弾」

「本社主催　軍官民錬成野球大会　第二日　長打相次ぐ敢闘精神　二試合に本塁打五本の快記録　5－4　黒潮団惜くも敗る　建報第四軍との対戦　7－2　海運球団打ち勝つ　野村殖産敗退の悲運」

「市民の総力を結集　バ市会、奉仕会案を審議答申」

「木造船が続々と進水　逞しい現地の建設戦」

7月26日（水）

「曳光弾」

「開発建設に一路邁進　バ市建報団の役員一部更迭」

「ポンチアナク州で有能な華僑を登用」

7月27日（木）

「機帆船検査班　バ市にも設置」

「不必要な電灯は消しませう　節電と電球愛護」

7月28日（金）

「曳光弾」

「バ市内中等校　日本語大会　卅一日大阪劇場」

「人事相談所が仲人」

7月29日（土）

「曳光弾」

「あす准決勝　＝軍官民錬成野球＝」

「原住民に衣料配給　民政協力の嬉しい御褒美」

「島内だより」

8月13日（日）

「曳光弾」

「建設戦挺身の傍ら　危篤の先輩を救ふ　輸血をめぐる邦人の同士愛」

8月15日（火）

「重点的建設開発を促進　海軍地区に事業査察制　けふから徹底的に実施」

「曳光弾」

「建設戦へ勇躍参加　全邦人が勤労奉仕　一両日中に開始日割を決定」

「両軍追ひつ追はれつ　敢闘・熱戦・延長大試合　軍官民親睦錬成野球戦　試合経過　山路大佐陣頭に起ち　堂々の二塁打を放つ　攻守ともに両軍健闘」

「バリツク」

8月16日（水）

「曳光弾」

「戦ふ女性　黎明に咲く新ボルネオの花　『婦人会』ウルスンガイ支部歴訪記（上）」

「新時代の花嫁教育　勤労に励む乙女ら　家政塾敬慕の的・視学夫人」

「民間原住民職員も　給与を一率に規正　限度内で優秀者は抜擢、昇給　事業原住民職員暫定給与統制令」

「島内だより」

8月17日（木）

「大湿地帯の治水工事　驚異的な速さで完成　昨日バンジエル県内で竣工式」

「新ボルネオ女性戦記（中）"婦人会"ウルスンガイ支部の活躍　開発戦士にお菓子　美しい慰問隊の訪れ　『精神』に添へる女心の優しさ」

「『僕もアタシも日本へ』　男女十三人のボルネオ子福者　羨望の的・マンシヤ氏一家」

8月18日（金）

「けふから直轄区域臨時州会　兵補援護と米穀集荷を審議」

「曳光弾」

「穀倉ボルネオに若き母"旭川"　原住民協力の熱情結晶　増産大動脈・輝かしく誕生　蜒蜿廿一キロ、建設戦の凱歌」

「"婦人会"ウルスンガイ支部歴訪記【下】　夫の遺志継ぎ活躍　アモンタイ・ノルセイハン夫人　クルワの花に明るい三人娘」

8月19日（土）

「大戦完遂に協力を決議　真摯・建設的意見を開陳　臨時州会開く『二諮問案委員附託』」

「各領域に協力挺身　アジア民族の責任を果せ　山路議長の挨拶　井上長官告辞」

「曳光弾」

「あすからのプアサに　学校関係指導者教育　二週間に亘り三ケ所で開催」

「教員養成所卒業生特別教育」

「海軍兵補激励　慰問金を献納」

「兵補援護資金　マルガサリ公学校生が寄託」

「八木司政官送別の大野球戦　あす二時半　アロン広場」

8月27日（日）

「胸躍らして兵補入隊　ポンチアナク・廿九日壮行会」

「島内だより」
8月29日（火）
　　　「曳光弾」
　　　「海軍兵補よ、勇ましく征け　誉の入隊、壮行会で激励」
　　　「バンジエル桃太郎は　エム・マムンちやん　御褒美ドツサリ・大東亜ツ児表彰式」
8月30日（水）
　　　「錨の帽に凛々し、海軍兵補　入隊翌日から猛訓練」
　　　「南ボルネオ打つて一丸　『防衛戦士援護会』を結成」
　　　「稔りの秋・稲摘み奉仕　黄金の田園へ千五百名を動員」
8月31日（木）
　　　「嬉しい賞与　回教正月・休暇も二日」
　　　「玉手箱　あす　ひらく　誰に微笑む一万盾　当り籤増加・抽籤法改正」
9月1日（金）
　　　「皇軍と共にいまぞ征く　栄光に輝やく「海軍兵補」　けふ・胸躍る晴の入隊　名誉ある皇国海軍の一員として邁進せよ　佐藤指揮官談　後顧の憂ひは皆無　銃後一致協力して援護の誠　山路大佐談　逞しく征け　きのふバ市壮行会」
　　　「ポンチアナク兵補入隊」
　　　「曳光弾」
　　　「職員講習会けふ開講式　吉野通り公学校で」
9月2日（土）
　　　「颯爽たり海軍二等兵補　南ボルネオに初て誕生　きのふ現地部隊入隊　早くも開始した訓練　四日朝厳かに入隊式」
　　　「一等37701　二等15993　25218　一万盾はポンチアナクへ　バンジエル、マルタプーラに三等各一本」
9月3日（日）
　　　「三百万現地住民一丸に　「防衛戦士援護会」を結成　細則を決定、近く発足　南ボルネオ防衛戦士援護会々則　州会の答申の尊重　全原住民の感激と光栄の極」
　　　「曳光弾」
　　　「戦ふ南の海へ帆船"マキ"号けふ出航式　"プラフの墓場"に大和魂の凱歌　闘志と粘り・見事救つた"戦力の船"　涙ぐましい年余の作業・原住民歓呼裡に完成　錬成日曜の朝に贈る！　率先垂範の二邦人敢闘秘話」
　　　「『偽瞞基督教排撃大会』　今夕、大阪劇場で開催」
　　　「ボルネオ民政部告示第四六号　第四回復興富籤当籤番号」
　　　「映画公開日割　九月分きまる」

9月5日（火）

「大東亜の防人・晴の入隊式　『海軍二等兵補』を命課さる　力強し五箇條の宣誓　軍人精神を涵養し　本分の完遂を期せ　佐藤指揮官訓示　山路大佐祝辞　会長ルスバンデイ氏『防衛戦士援護会』の役員決る　全力を挙げて　責務を果さん　ルスバンデイ会長感激の談」

「曳光弾」

「国防献金寄託」

9月6日（水）

「曳光弾」

「基督教・回教が一致して　鬼畜の敵米撃滅に突進　聖骨冒涜に全島民憤激　抗議文」

「ラジオ塔を五ヶ所増設」

「本社販売店会議」

9月7日（木）

「防衛戦士援護資金献納　第二回中部ボルネオ蹴球大会」主催　ボルネオ新聞社、後援　ボルネオ民政部

「曳光弾」

「ダイヤモンドの大増産　原住民全作業員が採取競争　御褒美は嬉しい衣料・煙草・砂糖・塩など」

「ラジオ体操放送時間　一時間早くなります　邦人も率先・指導しませう」

「ポンチアナクで射撃の演習」

9月8日（金）

「プアサ明け正月　完勝への虚礼廃止　回教側指導者らが申合せ　奉戴日記念の夕べ　今夜大劇で」

9月9日（土）

「バ市支部結成式挙行　防衛戦士援護会の進軍」

「馬来語　ダイヤ語　支那語　熟達者を登録　三級に分けて本人から申告」

「第五回富籤　来月一日から売出し」

「タラカン」

9月17日（日）

「曳光弾」

「"独立公約"に一段と嬉しいレバラン祭　虚飾廃止・必勝へ新しい前進を開始せん」

「十八・九両日　必勝の士気昂揚へ　挨拶廻り　行進と兵補慰問」

9月19日（火）

「楽しいレバランの祭日　きのふ喜びと共に戦ふ回教徒の決意昂揚」

「音楽慰問隊を結成　バンジエル放送局所属楽団」

「島内だより」

9月20日（水）

「戦局即応の南ボルネオ開発促進へ！　松尾司政官　本社対談会　旧殻を脱し強力重点主義　築け！原住民総動員態勢　果断の新方針闡明さる　労力動員　不急の事業は一時中止し　超重点事業へ全陣容結集　必勝労働挺身隊　結成、随時・随所に活用　資材対策　親子自動車や急行貨船輸送増強　民生問題　働く者に衣料と煙草を　永遠の繁栄・完勝と独立へ　三百万を総蹶起せしめよ」

「曳光弾」

「逞しい大東亜の子供　ダイヤモンド増産に一役」

「防衛戦士に援護資金　バ市庁職員や州・市議から」

9月21日（木）

「本社主催第二回　待望の熱戦あす開幕　防衛戦士援護資金献納　中部ボルネオ蹴球大会」

「本紙定価改正」ボルネオ新聞社

「曳光弾」

「勇まし！海軍兵補入隊の日　バンジエルマシン　上＝その朝アロン広場の壮行会　下＝海軍部隊前で万歳の交驩（手前が兵補）」

「祭日は終つた　さあ！働かう　バリから義勇奉公隊　南ボルネオに労力応援申込み」

「現地に製紙手漉工場　川面氏の苦心・和紙大量生産へ」

「プアサ明けの喜捨贈る　民政府総監から」

9月22日（金）

「三百万原住民の決意表明　独立公約へ感謝協力決議　あすアロン広場で大会」

「曳光弾」

「凜々し！　南ボルネオの防人　"独立"東印度の礎石　撃敵の決意　眉宇に漲る海軍兵補　日本の兵隊さんの様に一日も早く成りたい！　両親や家郷のことすら忘れる程の楽しい毎日　回教徒兵補へ皇軍の温情」

「島内だより」

9月23日（土）

「防衛戦士の援護へ　八球団の熱戦の展開　本社主催　蹴球大会ウルスンガイ予選　抽籤試合組合せを決定」

「前線に軍事郵便　南ボルネオからも出せます」

9月24日（日）

「戦争完遂へ南ボルネオ三百万人の誓ひ　大日本と共に死生一体　完勝へ全力、全生命捧げん　独立公約感謝大会決議　感謝協力決議　東印度独立の栄・勝利によつてのみ実現せん　民族興起・歴史的祭典　会衆五千・感激の坩堝　満場一致・決議文採決の一瞬　戦ひと血の犠牲のみ　強き国家を築かん！　三代表、大東亜戦争完遂を叫ぶ　バンジエルマシン市議　ハミダン氏　南ボル

「ネオ・ダイヤ・キリスト協会長　サマット氏　バンジエルマシン郡長　ハナヒヤ氏」

　　「曳光弾」

　　「熱戦に敢闘相次ぎ　けふ愈々決勝戦へ　本社主催　蹴球ウルスンガイ地方大会　強豪四球団勝残る　第一回戦終了」

　　「勤労奉仕に熱汗挺身　山路大佐も感激の陣頭指揮　"一人も不参加はないやうに"」

　　「"花を召しませ"　防衛戦士の援護に　バ市婦人会が街頭で基金募集」

　　「バ市北区役所　新事務所開庁」

　　「バリックで大防空演習」

　　「薬局開局ニ就キ御挨拶」ボルネオ物資配給組合

9月26日（火）

　　「北ボルネオ最高指揮官　山脇中将、大将に進級」

　　「防衛戦士援護資金献納　第二回中部ボルネオ蹴球大会　カンダンガン軍最勝　緑輝く優勝旗を獲得　バラバイと共に大会決勝戦出場　ゴール前の競合ひ　熱戦極む試合経過　准優勝戦　優勝戦」

　　「オペラと共に　小磯声明の喜び　パシル地方民感激」

　　「兵補援護に一部献金　富籤一等一万盾当籤の華僑ら」

　　「稀元素の新鉱床開発　西ボルネオで順調進捗」

9月27日（水）

　　「嬉しい"必勝パツサル・マラム"　来月二十六日から十一月五日まで　陳列品も決戦色一本・大盛況を予想さる」

　　「現地造船報国に異彩　小スンダ義勇挺身隊受入れ式」

　　「邦人書画展　来月中旬開催」

　　「日下昌三郎氏個展」

　　「島内だより」

9月28日（木）

　　「曳光弾」

　　「安井バンジエル市長　輝く功績残して帰還　後任市長は野中司政官と決定」

　　「現地徴兵・誉の合格者　明後日盛大な壮行会　建設の功績残し勇躍第一線へ」

　　「『皇楯会』光栄ある解散　会費を軍用機に献金」

　　「防衛戦士援護献金」

　　「現地文教、飛躍的に充実　要員、教科書共に内地より到着」

　　「広告　バンジエルマシン爪哇銀行、蘭印商業銀行及和蘭銀行預金者ニ対シ十月一日以降第一回預金ノ払戻ヲ実施ス」台湾銀行バンジエルマシン出張所

9月29日（金）

　　「防衛戦士援護資金献納　中部ボルネオ蹴球大会　撃敵への士気を昂揚　栄冠争ふ強剛四球団　バ

ンジエル地方大会あす開幕」

「総監からの五千盾分配　教徒、日本の温情に感激　回教プアサ明け喜捨」

「晴れの入賞班決る　嬉しい商品・煙草や布どつさり　ダイヤ・白金の増産競争」

「現地入営勇士の壮行会　夜大阪劇場で開催」

「広告　バンジエルマシン爪哇銀行、蘭印商業銀行及和蘭銀行預金者ニ対シ十月一日以降第一回預金ノ払戻ヲ実施ス」台湾銀行バンジエルマシン出張所」

9月30日（土）

「本紙定価改正」ボルネオ新聞社

「曳光弾」

「ウルスンガイ地方感謝協力大会　光栄の勝利へ誓ふ総蹶起　会衆一千、感激の決議」

「家族と団欒　海軍兵補楽しい一刻」

第8巻　中部版　昭和19年10月1日〜20年2月3日

（東部版　昭和18年4月29日〜5月30日）

10月1日（日）

「週刊ニツポンゴ新聞　十月五日を期し創刊」ボルネオ新聞社

「強剛両球団　けふ決勝戦　滅敵の闘魂相打つ　熱戦に次ぐ好試合　本社主催　蹴球バンジエル地方大会」「プレイハリまづ勝つ　三―〇、クアラカプアス惜敗」「技倆伯仲息詰る接戦　二―一、バンジエル球団決勝」

「曳光弾」

「公学校二校新設や　市吏員への家族手当　バンジエル市会、追加予算可決」

「勇躍第一線の護りへ　晴の現地入隊者・盛大な壮行会」

「興南報国団の幹部錬成終る」

「勤労奉仕日割　頑張らう！あと一回」

「物資配給組合けふ薬局開設」

10月3日（火）

「防衛戦士援護資金献納　中部ボルネオ蹴球大会バンジエルマシン地方大会　バンジエル球団優勝す　大会飾る兵補の観戦　雷鳴轟く中に善戦　プレイハリ軍惜敗す　試合経過」「八日愈よ大会決勝戦　再び相見ゆ両代表軍　連勝か雪辱か、予想さる大接戦」

「曳光弾」

「空襲警報に即応し　敏捷に行動しよう　「警報発令」更に当局の要望」

「警報発令の注意事項」

「教員養成所卒業式　日本式教育の新戦士　先生二百四十名が巣立つた」

「災害扶助令を実施　原住民産業戦士に大きな福音」

「十月の邦人向映画【大劇】」

「原住民職員に暫定任命令　民政府で実施」

10月4日（水）

「ポンチアナク」

10月8日（日）

「けふ　防衛戦士援護資金献納　敵米英撃滅の士気昂揚　ボルネオ蹴球界の晴れの王座決定戦　午後四時アロン球場に"此一戦"」

「山中に伝単と爆弾を投下　バリツク来襲　敵機忽ち遁走」

「初のバ市学徒動員　挺身、貴重なる食糧米を救ふ」

「決戦食糧陣　バリツクで確立」

10月10日（火）

　「防衛戦士援護資金献納　中部ボルネオ蹴球大会　バンジエル球団二年連勝　輝く大優勝旗を獲得　試合経過　実況放送班も大活躍　初の邦人名審判・鈴木氏　大会点景」

　「海や山に投弾　バリック来襲の敵機遁走す」

　「錨の旗印のもと　大東亜の急に挺身　南ボルネオ青年団結成式」

　「我ら郷土防衛の戦士　興南報国団団旗授与式挙行」

　「防衛戦士援護資金　献納映画大会開催」

　「バリックパパン　物資配給組合を新設」

10月12日（木）

　「不急事業、重要事業に転用　戦力の現地急速増強断行　画期的非常措置令　海軍地区に公布、実施　重要事業等非常措置令」

　「バリックパパンに敵機来襲」

　「曳光弾」

　「敵空襲に即応する　実践的訓練を計画　防空壕の増設整備を急げ」

10月13日（金）

　「驕敵・南ボルネオに来らば鎧袖一触のみ　山路大佐・現地邦人一層の奮起を要請　常住坐臥、必勝信念を堅持　職域挺身、原住民の範たれ　裏切るな三百万の信頼心」

　「戦爆百三十機を邀撃し　一挙五割、六十五機を屠る　鉄壁のバリック制空陣」

　「曳光弾」

　「原住民婦女子は疎開　男は一体、防衛陣へ　決戦態勢完璧の南セレベス」

　「島内だより」

10月14日（土）

　「強力・迅速な企業整備後に　原住民総動員の積極策へ　戦力増強の南ボルネオ非常措置実施　松尾司政官談　全幅の御協力　土田建報副団長談」

10月15日（日）

　「南ボルネオ防衛に　ラジオ受信機を供出　当局、所有者の欣然申込み期待」

　「警報の改正けふ実施　空襲警報は長声五回吹鳴」

　「落花生菓子や塩干魚　けふ邦人向臨時配給」

10月17日（火）

　「バリックパパン来襲の敵五十六機を撃墜破す」

　「火気は厳重に注意　警報発令時の諸注意」

　「『邦人書画趣味の会』展　日本人クラブで開催」

10月18日（水）

　「献納金六千盾を突破　本社主催　蹴球大会決算報告」ボルネオ新聞社

「パッサルにも街にも原住民らの明るい顔　更に奮起する建設邦人部隊」

「ダイヤの供出運動へ　カンダンガン婦人会大活躍」

10月19日（木）

「バンジエル中等学校生徒の姿銀幕へ」

10月20日（金）

「バリックパパンにB25来襲」

「配給お知らせ」

10月21日（土）

「マルタプーラでもパツサル・マラム開催　廿七日から盛んな数々の行事」

10月22日（日）

「ポンチアナク」

10月24日（火）

「フランベシア撲滅へ　南ボルネオ一斉施療　建設戦の原住民労務者へ福音」

「バンジエル市施療日割　他の疾患も適宜処置」

10月25日（水）

「燦たり・原住民の協力　大戦下、世紀の感激乗せて　ボルネオに処女列車走る　試乗記」

「南ボルネオに鉄道が生れるまで　月の半ばを原住民が希望輝やく勤労奉仕　秘められた苦心談を聞く(1)」

「戦ふ現地住民の気魄　我らの郷土防衛・戦力増強に　必要あればこの生命も捧げん　ラジオの巻　お米の巻　ダイヤモンドの巻」

「共進会の呼び物　『戦時食展』　ボルネオ主婦の傑作を募集」

「島内だより」

10月26日（木）

「南ボルネオ鉄道開通座談会(2)　下る地盤との競争　同じ所へ土盛り十回　大湿地帯に鉄路敷設の苦心」

10月27日（金）

「南ボルネオ鉄道開通座談会(3)　恋人・真夜中の試運転　橋や築堤も見事突破　こまぎれ機関車組立ての苦心」

「燃え上る貯蓄報国熱　直轄区域はバンジエルが一位」

10月28日（土）

「輝く大戦果に沸立つ　戦ふ『夜市』の開幕迫る　呼物・市民生活会館や本社の豆工場の出勤　独立公約に歓喜溢る前景気　青年団、撃敵の叫びに　きのふ開幕　マルタプーラの夜市」

「南ボルネオ鉄道開通座談会(4)　自分の道具持参で　押かけ奉仕の原住民　渾然・力の和で建設の鉄路」

「現有労力維持増強へ　労務の管理を徹底化　食糧、衛生施設を改善強化」

「わが海軍の大戦果に　感激の献金　ダイヤモンド戦士千余名が」

「バンジエルマシン　学芸大会でお祝ひ　三学校の共同寄宿舎完成」

「サイレンの吹鳴試験実施　明後三十日午前十時」

10月29日（日）

「決戦の秋の要請に応じ　本紙を戦時版型に切替　十一月一日を期し断行」ボルネオ新聞社

「南ボルネオ鉄道開通座談会(5)　伸ばせボルネオの誇　既に列車を単独運転　原住民現業員感激の努力」

「大戦果に寄す国防献金」

「更に大苦難に堪へん　回教徒戦意昂揚大講演会　バンジエルマシンで開催」

10月31日（火）

「ランダ河奥地紀行　激流に飛込み金剛石採取　唯一人残る小人種の末裔」

「原住民への温き親心　邦人の自戒、厳に要望　パツサル・マラム愈々あす開幕」

「錬成庭球大会　優勝戦成績」

11月1日（水）

「曳光弾」

「けふ　晴の開会式を挙行　繰展ぐ戦ふ共進会・不夜城の絵巻」

「パツサル・マラムでダイヤモンド買上げ　供出者にサロンの御褒美」

「ドイツの名画　世界に告ぐ　バンジエルの今月公開映画」

11月2日（木）

「満堂に溢る、逞まし　新ボルネオの戦ふ姿　待望の共進会、きのふ晴の開幕　豆富籤を発行」

「ランダ河奥地探検記(1)　前人未踏の辺境五百キロ踏査　昔を語る男女の大砲　サルタン王城の遺跡　興亡盛衰の五百年、夢の秘境」

「人気の的、決戦食料理　お嬢さんに満点・一女学生の入賞」

11月3日（金）

「曳光弾」

「ランダ河奥地探検記(2)　鰐とダイヤモンドの話　鰐さん一寸邪魔だよ　横抱きにして他へ移す　勇敢な原住民の採取珍風景」

「けふ士気昂揚の運動会　アロン広場で開催」

「人気物豆富籤　忽ちに売切れ」

「バンジエル中等生　防衛戦士援護献納」

11月4日（土）

「曳光弾」

「海軍兵補、初の観兵式　あすアロン広場で厳粛に挙行」

「きのふ明治節　厳かに現地遙拝式　必勝、征戦完遂の誓ひ新た　本社でも遙拝式」

「ランダ河奥地探検記(3)　ランダの大瀑布を見る　深山・幽谷、密林の奥に　突如展く豪壮の大景観　一行あつと声を呑んでたゞ感嘆」

「山路大佐出場　士気昂揚運動会」

11月5日（日）

「邦人の猛反省要望　共進会場で不謹慎行為続出」

「曳光弾」

「海軍兵補更に実弾射撃演習」

「ランダ河奥地探検記(4)　富籤一等・福運の主と語る　髑髏の家で深夜聴く　嬉しい三万盾の使途　嶮しい山道に猛獣以上の敵・山蛭」

「共進会便り」

「けふの報国団錬成」

11月7日（火）

「ランダ河奥地探検記(5)　原始ダイヤ族の生態　国境近き最奥地では　未だに洞窟の穴居生活　山また山を十二時間の踏破行」

「共進会便り」

11月8日（水）

「海軍兵補の機動演習　ウルスンガイで五日間実施」

「ランダ河奥地探検記(6)　たゞ一人の矮人マンボツクの話　最近死んだ彼の妻も　一米ちよつとの小女　踊りを知らぬランダのダイヤ族」

「共進会便り」

11月9日（木）

「曳光弾」

「ランダ河奥地探検記(7)　珍しい結婚式の風習　お土産持参で婿入り　よい夢が同居の條件　恋愛や自由結婚は首をポトン」

「総収入一万三千盾献納　防衛戦士援護の映画巡回映画」

「バスの利用　邦人の協力要望」

11月10日（金）

「さあ、君もなれるぞ　憧れの海軍兵補へ　昂まる志願熱に第二回大募集」

「ランダ河奥地探検記(8)　ダイヤ実話〝仇討ち鰐狩り〟　五米余の人食ひ大鰐　鉦、太鼓で見事釣上ぐ　探査行の最後を飾つたみもの」

「共進会便り」

「物資配給組合総会」

11月11日（土）

　「全線開通いま一息　南ボルネオに走る処女列車」

　「共進会便り」

11月12日（日）

　「相撲実況放送中継」

　「待たれる"稔りの春"　お米・南ボルネオ初の二毛作」

　「共進会便り　大盛況裡に今夜閉会式」

　「けふ盛大な落成式挙行　三校共同寄宿舎」

11月14日（火）

　「検疫所開設　けふバンジエル港に」

　「夜市は終つた　さあうんと働かう　兵補援護資金に寄付も沢山」

11月15日（水）

　「曳光弾」

　「ラジオ供出　代金そのまゝ寄付　郷土防衛の熱意映し好成績」

11月16日（木）

　「兵補初の野外演習終る　勇壮の大絵巻を展開　ウルスンガイ地方感激に沸く」

　「全ボルネオの防衛へ　演習終り兵補の士気益々旺盛」

　「建報団役員、団則を改正」

11月17日（金）

　「南方事業給与統制令　経理統制の第一歩として実施」

11月18日（土）

　「タラカンで敵三機屠る」

　「曳光弾」

　「海軍兵補の蹴球大会　あすアロン広場で開催」

　「勤労奉仕で校舎を新築」

11月19日（日）

　「けふ錬成日」

　「防衛戦士援護資金献金映画会決算報告」

　「銀翼献金寄託」

11月21日（火）

　「女性生活刷新　バリト便り」

　「現地徴兵身体検査受験届出　十二月廿日迄に」

11月22日（水）

　「力強い建設の実情　三橋総監、ボルネオ初巡視の談」

11月23日（木）

　「十二月十日迄に届出　現地邦人徴兵身体検査受験願」

　「曳光弾」

　「兵補勇躍して任地へ　けふ大阪劇場で盛大な壮行会」

　「電報料金来月から改正　ボルネオ内地間十字まで四円」

　「タラカン又百機」

11月24日（金）

　「空襲に備へよ　敵の盲爆は必死　防空壕を急速整備　民政部が労力資材を全額負担　建報団が凝議　一般原住民用にも新設急ぐ」

　「"戦抜かん"決意も凜然　盛大な海軍兵補壮行会」

11月25日（土）

　「全力挙げ戦力増強へ　早川新長官きのふ着任、第一声」

　「曳光弾」

　「海軍兵補の母は強し　病床から我子を激励　佐藤指揮官も感激、特別の計ひ」

　「完勝へ貯蓄増強　目標突破既に二割余　バ市原住民の熱誠でこの成績」

11月26日（日）

　「タラカンで敵一機」

　「西ボルネオ基教徒　戦勝祈願祭を執行」

11月28日（火）

　「曳光弾」

　「マルタプーラ大橋　見事にけふ竣工式　土木日本の凱歌、建設に巨歩」

11月29日（水）

　「曳光弾」

　「"宝橋"盛大に渡初め　きのふマルタプーラ大橋開通」

　「余剰金を国防等に献金　結成一年、ナガラ鉄工同業組合」

11月30日（木）

　「曳光弾」

　「あす兵補の終了式　「一等兵補」に進級、実務へ挺身　兵補採用試験」

　「"宝の扉"を開く"宝橋"」

　「"危いから中止なさい"　原住民が幾度か忠告　日本の技術は見事に成功した」

12月1日（金）

　「大東亜戦争三周年記念　『戦ふ日本』写真展　三日より八日まで昼夜開催」主催　ボルネオ新聞社、後援　バンジエルマシン市庁

　「曳光弾」

「二十キロの排水路　マルタプーラ分県　数千町歩の農地を改良」

「けふ抽籤　第五回富籤」

「ダイヤモンド供出　一万盾の頸飾　そつくり献納」

「今月の映画」

12月2日（土）

「凜然たり「一等兵補」　きのふ栄の基礎教育終了式　兵補優良者」

「23758　一等当籤はコタバル　第五回富籤きのふ抽籤」

「バ市市政施行　きのふ一周年」

「建報団錬成は十日に延期」

「兵補記念碑を建設」

12月3日（日）

「曳光弾」

「ボルネオ民政部告示第61号　第五回復興富籤当籤番号」

「富籤三等の幸運者はどこか」

「本社主催　「戦ふ日本」写真展　けふから旧共進会産業館で」

「映画〝戦ふ南ボルネオ〟　七日大劇で試写会引続き公開」

12月5日（火）

「大東亜戦争三周年　意義深き記念行事　世紀の決戦下、決意新に実施」

「「南ボルネオ号」第二回献納式　来る八日夜大阪劇場で挙行」

12月6日（水）

「曳光弾」

「国防献金続々　石原産業全邦人から三千五百盾」

「一万盾の家宝も供出　ダイヤ買上に沸る原住民の熱意」

12月7日（木）

「大東亜戦争三周年記念　第二回軍用機献納式　八日夜八時から大阪劇場に於て　献納金内訳　献納式次第」主催　ボルネオ新聞社、後援　ボルネオ民政部

「曳光弾」

「現地防空功労者を表彰　バリック敵襲に挺身した三氏」

「中等学校プラウ競漕　記念日マルタプーラ河で挙行」

12月8日（金）

「ボルネオの戦争完遂へ　尊き神鷲に我らも続かん　大詔に応へ奉る道　民政部長官　早川元」

「〝ボルネオの決戦〟今ぞ我ら〝特攻隊〟たれ　〝神鷲魂〟体し使命完遂せん　資源開発、数倍・数十倍へ！　過去一年躍進の跡　戦争第四年の責務　全邦人の使命重大」

「邦人企業団体と原住民　軍政協力　けふ晴の表彰」

「軍用機献納式　入場は早目に」

12月9日（土）

「南溟に大東亜戦争第四年を迎へて敵米英撃滅の決意新た＝きのふ八日早川長官の詔書奉読＝ボルネオ民政部の大詔奉戴式」

「大東亜戦争三周年　必勝・三百万皆戦の誓ひ　"神鷲魂"体し敵撃滅へ　雄叫び高し感激の南ボルネオ」

「我らの南ボルネオこそ　攻勢転移の最良の基地　三橋民政府総監談」

「赤誠の軍用機晴の献納式」

「あす建報団員錬成」

「本紙創刊二周年記念式」

12月10日（日）

「号外発行」

「けふ晴の入隊　第二回採用海軍兵補」

「入場者三万人　戦ふ日本写真展　盛況裡に閉幕」

「けふの建報団員錬成は延期」

12月12日（火）

「あす第二回兵補入隊式」

「庶民金融に大福音　旧来の約半額の低利で貸付」

「タラカンにB24」

12月14日（木）

「第二回兵補入隊式　きのふ晴れの二等兵補命課」

「昼間の点灯は厳禁……　当局、電力の節約につき警告」

「南方渡航手続簡易化」

「航海補助、奨励金制度　民政府九月に遡及し実施」

12月15日（金）

「タラカンに又敵機」

「曳光弾」

「兵補を繞る美談　三人兄弟揃つて入隊　母の祈り神に通じて見事合格」

「普通海員養成所生る　来る二十日雄々しく出発」

12月16日（土）

「逞しき我が物的戦力　共栄圏の宝庫開発力強く躍進」

「四人兄弟揃つて受賞　興南報国団優良団員の表彰式」

「官吏の再教育　直轄区域原住民」

「あす錬成日　建報団員は木剣を携行」

「タピオカ五十万本植付」

「バリックパパン婦人会発足」

「ジヤワ移民村更生の新発足」

昭和20年（1945年）

1月14日（日）

「故鵜飼朝日新聞ボルネオ総局員の慰霊祭」

「曳光弾」

「バンジエル放送決戦化　戦ふ祖国の番組増加」

1月16日（火）

「必勝ウルスンガイ報告書(1)　建設戦士の敢闘に　人情長官、温い激励　米とウビ、頼もしい食糧増産戦」

「バンジエル軍官民懇親野球　紅白両軍、延長の熱戦　明朗敢闘、勝敗逆転の大試合　試合観戦中の山路大佐　紅白試合経過」

「竣工したマルタプーラの新橋・宝橋」

1月17日（水）

「必勝ウルスンガイ報告書(2)　食糧増産へ特攻隊魂　八人の若き日本青年　タラカンサット大農園完成　増産へと励むコークス工場を見る早川長官」

「庶民銀行出張所　プレイハリに開店」

1月18日（木）

「曳光弾」

「必勝ウルスンガイ報告書(3)　石炭増産に陣頭指揮　熱血男子・山のハリマオ　頼もし続々生まる新興工業村」

1月19日（金）

「必勝南ボルネオの推進機関　戦力増強協議会新設　開発建設、飛躍的に展開せん」

「建報団全力邁進の態勢　団則改正、役員幹部を強化」

「必勝ウルスンガイ報告書(4)　日本婦道にも似たる　ダイヤ供出の感激美談　心を惹く艶麗・歓迎の踊り」

1月20日（土）

「必勝ウルスンガイ報告書(5)　ボルネオはドリアン　刺の中に満ち溢る魅力　飛込んでこそある働らきがひ」

「西ボルネオ現地軍献金　軍用機南ボルネオ号資金へ」

1月21日（日）

「あす臨時本紙を発行」

「必勝ウルスンガイ報告書（終）　今こそ南ボルネオ・人・物の総力　敵米英撃滅に集中すべき秋　我ら特攻隊となり戦ひ抜き・勝ち抜かん」

「原住民の貯蓄組合に　奨励助成金　改組と共に十九年度より実施」

「建報団けふ錬成日」

1月22日（月）

「曳光弾」

1月23日（火）

「曳光弾」

「奥地巡回の『映配』音楽団　初の邦人向演奏大喝采」

「原住民が敵スパイ将校逮捕」

1月24日（水）

「一般原住民の公衆食堂　栄養本位で税関通りに開設」

「野村三社員告別式」

1月25日（木）

「バンジエルマシン共栄組合を結成　原住民生活物資の配給一元化」

1月26日（金）

「原住民青年熱誠に応へ　第三回海軍兵補を募集」

1月27日（土）

「バリックパパンで敵機撃墜」

「曳光弾」

「戦力増強創意工夫展に　遠隔地からも続々出品」

「軍用機献納資金」

1月28日（日）

「バンジエル市民へ楽しい贈物　カリマンタン映画館　一日から一般に公開」

1月30日（火）

「食糧自活は着々進行　早川長官、東ボルネオ視察談」

「タピオカ苗の植付けに　学徒、青年団が一斉出動　来月二週間、現地で勤労教育」

「遠隔地出身の兵補　慰問の激励に大感激　執務成績にも好影響」

1月31日（水）

「曳光弾」

「人情長官・感動の熱涙と激励　バンジエル中等学校聯合日本語大会で　上出来・アルシマヌワさんの"君が代少年"」

「郵便物は局窓口へ」

2月1日（木）
　「二月八日を期し　本社ウルスンガイ支局　カンダンガンに開設」
　「『必勝放送音楽大会』　今夕、大阪劇場で開催」
　「きのふ開館式　カリマンタン劇場」
2月2日（金）
　「黄金の穂の波生まん黄金川　蜿蜒十二キロ・スラパツトの灌漑水路竣工」
　「曳光弾」
　「軍用機献納資金」
2月3日（土）
　「バリックパパンで二機撃墜」
　「夜戦切込訓練　あす建報団錬成」

2．東部版（日本語）

○南ボルネオ関係　総目録（1943年4月29日～1945年1月22日）

第8巻　東部版　昭和18年4月29日～5月30日

（中部版　昭和19年10月1日～20年2月3日）

昭和18年（1943年）

4月29日（木）
　「大偉業の完遂に協力せよ　南ボルネオ海軍最高指揮官」
　「無尽蔵の宝庫をひらき　建設の槌音いまぞ高らか　躍進一年・東ボルネオ　地下資源　産業一般　都市交通　文化施設　市民生活」
　「ボルネオ新聞東部版創刊　栄誉ある責務」海軍司政官　後藤眞三男
　「健かな発展を」海軍燃料廠長　森田貫一
　「南海に轟く万歳　感激新た完勝へ邁進」
　「「日本映画の夕」海軍講堂でけふから」
　「社告」

4月30日（金）
　「ボルネオ新聞東部版発刊に寄す　輝きし大東亜建設へ」海軍大臣　嶋田繁太郎
　「ポンチヤナツクと　内地の電報　明日から」
　「天長の佳節　祖国へ響けこの万歳　きのふ現地で厳かな遙拝式」
　「燃料廠の道場開き」

5月1日（土）
　「受刑者五名に恩赦の恩典」
　「盟邦武官一行　バリック出発」
　「待望の日本酒　六月から現地で醸造　攪拌のコツ覚えネシア職人も協力　味噌と醤油も近く愈々大増産へ」
　「岩燕が報道陣に一役　帰巣性を利用して「伝書燕」に」

5月2日（日）
　「皆様に生必品を配給　米、砂糖等六種目を中旬から」
　「南ボルネオの　樹木の話（上）」

5月4日（火）
　「井上司政長官　きのふ当市へ」
　「南方言」

「渡洋筏来る　見事乗切つた南海の波濤　凱歌のかげに咲く美はし友情愛の後盾　木材基地の前途洋々」

5月5日（水）

「南ボルネオの　樹木の話（下）」

5月7日（金）

「物品を盗み治安乱す　ネシア人三名を銃殺　今後もかゝる者は断乎処分　良民は保護　よく軍律に協力せよ　軍律会議　法務官談」

「ゴルフ練習場　九日から開放」

5月9日（日）

「原住民も嬉しい協力　海への憧れ　海員養成所で猛訓練」

「獲ち得た進学への喜び　日本精神を体得、よき指導者に」

「青木大東亜相当市に来る　戦跡、建設状況を具に視察　青木さんの談　感深し力強い建設　経済的将来性に大いに期待」

［写真］「原住民を集め日本への忠誓を宣誓する〇〇王」

「〇〇河平定作戦の回顧（上）　奇襲攻撃で敵水軍を殲滅　匿はれた王を無事救出」

5月11日（火）

「南方言」

「ボルネオ七名　原住民若人の憧れの的　盟主日本へ嬉しい留学　海軍々政地区から初派遣」

［写真］「全面的降伏した敵司令官との会見」

「〇〇河平定作戦の回顧下　舟艇連ね敗敵の『白旗行進』　情けの隊長慕ふ原住民」

「映画の会」

5月12日（水）

「小学校授業料全廃の英断　果然・原住民の向学心喚起　嬉しい反響に当局大童　我国への信頼と心服」

「旧蘭印の愚民政策を抉る　学童へも搾取の魔手を」

「戦ふ「科学日本」に凱歌高し　造船技術に新光明　水銀なしの船底塗料を考案」

「軍刀とる手に包丁握つて　原住民に日本料理を伝授　和気藹々の親善講習会風景」

5月13日（木）

「マカツサルの公学校へ　南ボルネオのサルタンの孫二人　胸躍らせ嬉しい入学」

「指導国民としての　襟度を示せ　特警隊長から要望」

5月14日（金）

「海軍記念日の行事　柔剣道相撲など　現地軍官民全体の士気を昂揚」

「原住民学童の図書作品　近く内地の各地で展覧会開催」

「農業日本の技術に凱歌　蔬菜　熱帯低地で見事育つ　定石外れのあらゆる悪条件を克服　年末ま

「でにはどつさり現地の食膳に」

「南進者の衛生心得(1)　現地での一般注意事項」海軍軍医大佐　医学博士　細川オ市郎

「千古の密林へメス　南ボルネオ奥地探検隊を編成　サマリンダ班まづ壮途につく」

5月15日（土）

「南方の原住民へ　日章旗の贈りもの　六万一千旒を東京市民から」

「原住民に映画公開　ハワイ・マレー沖海戦」

「密林に挑むわが土木魂1　不当な独占宝庫に天譴　始めて光りを見た原住民をより幸福へ　取りあげられた陸上交通網の積極開発」

「南進者の衛生心得2」海軍軍医大佐　医学博士　細川オ市郎

5月16日（日）

「密林に挑むわが土木魂2　行手阻む困難は覚悟の前　千古不抜、前人未踏の魔の世界めがけて概略図を唯一の頼みに難事業の遂行へ」

「官吏への登龍門を　原住民にもひらく　二十三名がきのふ力強い宣誓式」

「南進者の衛生心得(3)」海軍軍医大佐　医学博士　細川オ市郎

5月18日（火）

［写真］「海と空の協力　ボルネオのサンスボン沖を哨戒」

「密林に挑むわが土木魂3　烈火の気魄・大和魂で来い　言語に絶する不自由に堪へて敢闘する土木戦士に負けずさあ我等も頑張らう」

「南進者の衛生心得(4)」海軍軍医大佐　医学博士　細川オ市郎

5月19日（水）

「綿紡機と織機を南方に移駐　現地の繊維製品自給体制確立へ」

「南方言」

「文と武で南方へ興亜の光　贈る現地版日本語読本　歴史地理の副読本も」

「開く大東亜武道大会　柔剣道の権威者を各地へ派遣」

「原住民子弟へ農工の技術　両実務校へ志願者殺到」

「ボルネオ作戦を　通訳戦士にきく　防塞の網を抜け無血上陸　夜陰に乗じてのがれる敵艦艇を一撃で沈む　敗残の身で食事や待遇に図々しい申出で」

「南進者の衛生心得(5)」海軍軍医大佐　医学博士　細川オ市郎

5月20日（木）

「南方言」

「ボルネオ作戦を　通訳戦士にきく(2)　決死敵地へ乗り込む軍使　無益な破壊戦術防止の重大任務を双肩に　嬉しネシア人船員も皇軍のために協力」

「南進者の衛生心得(6)」海軍軍医大佐　医学博士　細川オ市郎

5月21日（金）

「天与の新穀倉ボルネオへ　目覚し農業技術の建設戦　米作など自給の日近し」

「南方言」

「マカツサル海員養成所　さあ乗出せ大東亜の海へ　高等部も設け生徒大募集」

「ボルネオ作戦を　通訳戦士にきく(3)　闇の中に殊勲の燈火信号　危険な綱渡り、やつと切り抜けた敵の訊問　敵前上陸の陰にネシア人二青年の協力」

「南進者の衛生心得(7)」海軍軍医大佐　医学博士　細川オ市郎

5月22日（土）

「占領地名の呼び方」

「現地造船の増強へ　用材の供出を確保　管内各地区軍官民協議会開く」

「南進者の衛生心得(8)」海軍軍医大佐　医学博士　細川オ市郎

5月25日（火）

「僕ら嬉しや日本教育　特別公学校開校式に溢れる歓喜」

「南進者の衛生心得⑽」海軍軍医大佐　医学博士　細川オ市郎

5月26日（水）

「南進者の衛生心得⑾」海軍軍医大佐　医学博士　細川オ市郎（終）

5月27日（木）

「けふ大東亜戦下再び迎ふ海軍記念日　御稜威洽し南溟新附の皇土・征戦完遂米英撃滅への覚悟新た　戦勝へ捨身の敢闘をせん　南ボルネオ　海軍部隊最高指揮官」

「勝つて勝つて勝ち抜くぞ　佳き日に誓ふ現地将兵」

「栄光燦たり我等の海軍　邦人は銃剣道に相撲に、原住民は強歩行進　ボルネオ挙げて祝賀一色」

5月28日（金）

「勝利の日・総進軍の誓新た　米英撃滅の闘魂を各種記念行事に沸らせ　海軍一色きのふの現地」

「現地海軍の努力に感謝　二篤志家が赤誠献金」

「目覚まし南方建設　自給体制確立へ原住民も協力　大東亜相、外人記者団と会見」

「皇恩の無窮に俘虜感泣　佳き日にネシア人六十八名を釈放」

「南方の油田へ挺身　雄々しい中村中尉の遺業ついで　科学戦線に咲く女子三銃士」

5月29日（土）

「どしどし送らう南へ　卓上敷物や果物鉢・お盆など」

「南方共栄圏を結ぶ　科学の殿堂を建設　マカツサルの綜合研究所全貌発表」

5月30日（日）

「南方言」

「ネシア人に快報　何時でも来なさい留学生　東京、大阪、京都、名古屋四都市に大寄宿舎完成」

「女子にも留学の道　一校、一都市への偏在を防ぐ　教育方針」

「ネシア民族の慣習法を　邦文に翻訳　南方政策に大きな力」

第9巻　東部版　昭和18年6月1日～8月31日

6月1日（火）

　「三大懸賞募集　論文　小説　脚本」ボルネオ新聞社

　「南方の無尽林と取組む　技術者の養成所千葉県下に生る」

　「工具養成所　マカツサルに」

6月2日（水）

　「釈放後僅か三日で　新職場へ首途の喜び　ネシア人俘虜重なる温情に感激」

6月6日（日）

　「山本元帥の国葬」「現地の黙祷」

　「「投げ」に悟る日本精神　盟邦若人の柔道稽古に交つて　ボルネオのラヒム君も敢闘」

　「必需物資　輸移入税を免除　但し品種等は税関に報告せよ　原住民の生活安定に当局の親心」

6月8日（火）

　「讚へよ海軍・捧げよ感謝　どしく、現地で赤誠献金　本社受託」

　「海軍記念日　相打つ闘志　武道大会の写真点描」

　「深水画伯ら　近くボルネオへ」

6月9日（水）

　「高等官は給与の四割以上　現地も挙つて貯蓄奉公だ　民政当局が率先垂範　現地貯蓄の手引　手続き内容その他」

　「原住民警官の給与改善　海軍民政地域当局の大英断」

　「頑張る原住民【1】　鉱山の巻（上）」

6月10日（木）

　「現地生活の必要限度に　繊維皮革製品の購入禁止　在住邦人の消費を規正　けふ実施」

　「海軍地区全域に貯蓄奨励　原住民労働者も積立貯金」

　「一般商社邦人も起つ　産業協会で近く貯蓄率を決定」

　「頑張る原住民(2)　鉱山の巻（下）」

　「賞与は一律に五割以上　判任官、雇員も自発的に倍率」

6月11日（金）

　「南方言」

　「頑張る原住民(3)　ダイヤモンド採取場の巻」

　「健康市バリック建設へ　先づ塵埃処理にトラックを隔日に配車　各戸に塵埃箱を備へよ　必ず蓋付きで道路の近くへ」

　「私達の安居楽業は　全く海軍さんのお蔭　沸る現金献金・華僑の一番乗り」

6月12日（土）
　「頑張る原住民(4)　造船所の巻」
　「東拓代表の梅崎氏にきく　美味しい現地米をうんと　日本農業技術の粋に大和魂をぶち込んで血の滲む苦心努力を続ける鍬の南進戦士」
　「原住民に快報　ラジオ塔二ケ所増設」
6月13日（日）
　「頑張る原住民(5)　看護婦の巻」
　「短期農業技術指導講習所　マカツサルに」
6月15日（火）
　「頑張る原住民(6)　錬成道場の巻」
　「マハカム河を遡る　全員水上を匍ふ難行　インドネシアの住む最奥地　ダマイより海軍探検隊第一報」
6月16日（水）
　「通りすがりに百円の献金　ボルネオ興業社員一同の熱意」
　「南方言」
　「頑張る原住民(7)　大工学校の巻」
　「商社預金の要綱決る　産業協会より預金率を通告」
6月17日（木）
　「作戦に必勝　建設に必成　今こそ示せ国民性の真価　東條首相烈々の獅子吼」
　「原住民に政治参与の措置　インドネシアに輝く黎明」
　「頑張る原住民(8)　跳橋」
　「預金高申告書を提出せよ　郵貯整備を前に原住民へ通達」
6月18日（金）
　「資源開発順調　南方占領地軍政状況」
　「海軍軍政下の衛生部長会議　収穫収めて終了」
　「アカル・サンパイ　密林中から解熱剤　深山葛がキニーネの代用薬に」
6月19日（土）
　「戦友の妻よ強く生き抜け　戦病帰還の夫護つて敢闘する軍国一家へ　六千粁隔て、前線勇士たちが美しき後盾」
　「赤誠献金続く　二邦人本社へ」
6月20日（日）
　「南方言」
　「胸に溢れる留学の喜　ムイス君、州知事へ御礼の訪問」
　「バンジエルに教育研究所　本島の最高学府来月から開く」

「基督教信仰　けふから原住民に許す」

6月[22]日（火）

「南方言」

「原住民の零細貯金　台銀で近く取扱開始　邦人の使用人に奨励方を要請」

「百円を献金」

「日本語を学べ　堪能者には増俸の恩典　原住民官吏や先生に講習会」

6月23日（水）

「南方言」

6月24日（木）

「海軍へ感謝こめて　原住民から初献金　安居喜ぶ一農民が真心の二百円」

「海軍建築部　工員の献金」

「南方言」

6月26日（土）

「南方言」

「現地邦人の赤誠献金つづく」

6月27日（日）

「日本船員魂を身につけて　原住民若人憧れの海へ巣立つ」

6月29日（火）

「新鋭邦人官吏既に任地へ　統治機構の下部組織完成　南ボルネオに皇化洽し」

「米穀や労力を移入　南ボルネオ開発に嬉しい援助　山路大佐のジャワ出張土産話」

「給与引上など　原住民職員の優遇決る」

「五百円献金　石橋商会から」

「ボルネオ生れの木造船　内地留学原住民を乗せ処女航海」

「日本語講習所押すな／＼　定員制限を廃し一日から開講」

「ボルネオへも野菜種子を　バリ島で採種園の拡張計画」

6月30日（水）

「薬草また二つ発見　キニーネ代用に吹出ものに特効」

7月2日（金）

「生れる東ボルネオの学都　バリックパパンに工、農両校や教員養成所　サマリンダには中学校が本年内にひらく」

「ボルネオへ鍬の尖兵　近く内地から挺身隊　食糧自給へ原住民にも技術指導」

「南の留学生先陣入京　ボルネオ班は七月中に到着」

7月3日（土）

「当局もうれしい面喰ひ　希望者殺到で校舎も急に変更　日本語講習所開講す」

「共栄圏留学生　大東亜相ら訪問」

7月4日（日）

「密林がこんな沃土に更生　(1)現地食糧は自力で　蔬菜畑の巻」

「南方言」

「南方へ日本農業技術　農林省が指導者を養成して派遣」

7月6日（火）

「英気を養ふ祖国の香り　(2)現地食糧は自力で　味噌と醤油」

7月7日（水）

「初の試験漁業に一万貫　(3)現地食糧は自力で　海の幸」

7月8日（木）

「牛五千頭の大量増産へ　(4)現地食糧は自力で　牧畜の巻」

「マカツサル科学研究所　きのふ開所式を挙行」

7月9日（金）

「掲揚の校名板も日本字で　原住民初等教育に『活』」

「皇民への正しき躾け　初の校長会議に当局から指示」

「原住民高等船員を養成　マカツサルで」

7月10日（土）

「また嬉し献金」

7月11日（日）

「悲憤の焼跡に打込む雄々し建設の鍬」

「内地との航空郵便　受命商社の業務用書状に限り　きのふから待望の取扱開始」

「ボルネオの留学生　マカツサルで待機」

「南方言」

「バリックに大旅館　木造二階建で百名程度を収容　南進邦人のため当局が建設」

7月13日（火）

「南方言」

7月15日（木）

「全邦人家屋へ給水開始　バンジエルの上水道工事進む」

7月16日（金）

「ラワ上流の調査完了　奥地探検隊、勇躍第三目標地へ」

7月17日（土）

「南ボルネオ生れの木造船　颯爽たる姿で初の御目見得」

「安心して食へる飲食店に　一斉点検の結果市内の二食堂を槍玉に処分　現地当局が原住民達に吹込む衛生防疫思想」

168　Ⅱ．総目録

　　「航空郵便取扱要領本極り」
　　「現地の木炭製鉄事業進む　工場の鍬入式を挙行」
7月18日（日）
　　「武勲偲ぶ遺物のプロペラ　ボルネオ攻略の華・原田飛行兵曹長の忠魂碑　戦友達の手で思ひ出の地にみごとに完成」
　　「海軍地区の技術者が南方資源活用へ一丸　「工業技術報国会」結成決まる」
　　「豊年踊のダイヤ部落　奥地探検隊愈々ロンギラム出発」
　　「原住民警官の養成機関新設」
7月20日（火）
　　「南方言」
　　「半年間無休の頑張り　バンジエルにも造船の槌音逞し」
　　「空襲、火災等に備へ　バリツク防護団結成　民間自治組織として軍に協力」
　　「バンジエルに労務協会誕生」
　　「椰子から食塩」
　　「ポンチヤナク近く放送開始」
7月21日（水）
　　［写真］「中部ボルネオの治安全し　バンジエルに仰ぐ軍艦旗」
　　「日本語の本格指導へ　当局が『修得認定試験』を実施　合格者にはかず〴〵の特典」
　　「見よ現地に漲る赤心　献金部隊どつと突撃」
7月22日（木）
　　「相手は見えない敵　遠い山火事に気を配る親心　（上）南ボルネオ軍艦旗の護り」
　　「バリツクからも若人十名　憧れのマカツサル海員養成所へ」
　　「執務一時間を延長　月三回の定休制に　張切る州知事庁来月から実施」
　　「バリツクの海岸に憩の家　『海浜喫茶店』あす店開き」
　　「ポンチアナクの塩　当局の奨励奏効　自給自足が可能」
7月23日（金）
　　「大鰐や毒蛇が跳梁　燈台は和蘭の手で無残に破壊　（中）南ボルネオ軍艦旗の護り」
　　「南方言」
　　「抗日陰謀の幹部銃殺　奥地の秘密ラジオでデマを傍受　蘭支混血の村長と無電技師」
　　「初の医師会議　バンジエルで」
7月24日（土）
　　「村を挙げて大歓迎　兵隊さんも村民へどつさりお礼　（下）南ボルネオ軍艦旗の護り」
7月25日（日）
　　「南方言」

「山路大佐にきく　水田開発こそ刻下の急務　障碍乗り越え挙げよ日本農業技術の凱歌　未踏の密林に挑む逞しき道路建設の現場」

7月27日（火）

「スンガイ・ルワヤを行く　マハカム河奥地探検第一通信(1)　未到の僻地にも皇化洽し　大東亜戦争の意義を瞳輝かせて村長たち　樹上に乱舞する野猿・薄の間を縫う蝶や蛍」

「留学生の首途を激励　マカツサルで盛大に壮行会」

「労務者雇傭規則を制定　現地労働者の移動防止」

7月28日（水）

「南方言」

「けふ・あす　海軍軍楽隊来る　挙つて聴け必勝の調べ」

「スンガイ・ルワヤを行く　マハカム河奥地探検第一通信(2)　歓迎のダイヤ踊り　椰子の葉洩れる朧月を浴びて　杖と筒持ち一行も仲間入り」

「旧蘭印時代の不良図書一掃」

7月29日（木）

「スンガイ・ルワヤを行く　マハカム河奥地探検第一通信(3)　プラウ担いで難行　河底は行手を遮る倒木の乱立　暗闇を嗅覚で方向探るダイヤ」

「歌を通じて日本精神を　当局編纂の「唱歌集」が完成　来月から州内の全学童に普及」

7月30日（金）

「大東亜体育連盟　錬成と厚生に重点　バリックにも現地本部を設置」

「スンガイ・ルワヤを行く　マハカム河奥地探検第一通信(4)　酋長も村長も文盲　陽気でおしやべりなダイヤ族　虫を伴奏に騒々しい密林の夜」

「皇軍へ感謝の現地献金続く」

7月31日（土）

「南方言」

「スンガイ・ルワヤを行く　マハカム河奥地探検第一通信(5)　親心の遺産は甕壺　施肥耕作不要で二年使へる畑　三十年来跡を絶つた首狩騒ぎ」

「呑み易く解熱に特効　アカル・サンパイの丸薬が出来る」

8月1日（日）

「ダイヤ街道を行く　奥地探検第二通信(1)　おや歓迎かあの音は　病児を祈る呪文と太鼓の響き　喧騒に明けたナミスの第一夜」

［写真］「日本船員魂を体得して　錦を飾つた海の原住民若人」

「マカツサル海員養成所　更に高等部を新設　南海輸送陣へ原住民よ来れ」

「比島と一般郵便物取扱　けふから開始」

8月3日（火）

「ダイヤ街道を行く　奥地探検第二通信(2)　夜を徹して歓迎踊　唄ふ『日本の皆様』の即興詩　日本産の水甕を酋長が秘蔵」

8月4日（水）

「稔れよ稲穂・希望の田植式　司令官、参謀も参列・増産へ慈愛の激励　スンボヂヤに拓いた見事な内地式大水田」

「ダイヤ街道を行く　奥地探検第二通信(3)　腰に蘭兵斬つた刀　酋長の息子が遙々道案内に　お洒落で美人のサンボン女」

8月5日（木）

「ダイヤ街道を行く　奥地探検第二通信(4)　炎天下の屠牛祭　椰子の注連縄張つて呪文踊り　血まみれの首を童児が鷲掴み」

「バンジエル初の木造船　万里渡丸が晴の進水」

8月6日（金）

「ダイヤ街道を行く　奥地探検第二通信(5)　働き者で亭主孝行　夫も貰つた煙草を妻の土産に　ブンテアン族と暮した一週間」

8月7日（土）

「南方言」

「けふ奥地探検報告講演会」

8月8日（日）

「南方言」

「赤誠の献金」

8月10日（火）

「内地へ携帯する本邦通貨　二百円以下は許可は不要　帰国者や旅行者へ親心」

「南方言」

「原住民教員錬成会開く」

「バリト探険隊　調査終へて帰る」

8月11日（水）

「教育研究所と工業実務校入学式」

8月12日（木）

「ウルスンガイところどころ(1)　面踊り」

「カンポンバルに郵便局分室」

8月13日（金）

「南方言」

「ウルスンガイところどころ(2)　マルガサリ　籐細工の街」

8月14日（土）

　「現地学童へ日本式の訓練　奉公少年団の結成決る」

　「ウルスンガイところどころ(3)　バラバイ　明るい表情」

8月15日（日）

　「バリック来襲の敵機　一機を撃墜され遁走　我が砲火陣に所期の目的達せず」

　「南方言」

　「ウルスンガイところどころ(4)　ナガラの郊外　淡水魚地帯」

8月17日（火）

　「南方言」

　「ウルスンガイところどころ(5)　アムンタイ　豊作の歓び」

8月18日（水）

　「見よ原住民の協力　空襲下・建設に挺身　鬼畜の米機に昂まる敵愾心」

　「南方言」

　「ウルスンガイところどころ(6)　洞窟…岩妻…　増産に一役」

8月19日（木）

　「南方言」

　「ウルスンガイところどころ(7)　アンパ　ダイヤの首塚」

　「鍛へよ原住民学童　背は高いが胸囲がうんと狭い」

8月20日（金）

　「南方言」

　「ウルスンガイところどころ(8)　スンガイ・バル　群れ遊ぶ水牛」

8月21日（土）

　「マハカム河奥地探検記【3】　バト・プテ登攀記(1)　雑草を朱に染めて　夕映に立つ忠魂碑　思出新た・原田飛曹長の遺勲」

8月22日（日）

　「マハカム河奥地探検記【3】　バト・プテ登攀記(2)　日本人を父に持つ　ダイヤ娘のオキク　密林に綴る数奇なロマンス」

8月24日（火）

　「現地防衛献金」

　「マハカム河奥地探検記【3】　バト・プテ登攀記(3)　バハオ族　疫病流行に懲りて　教会すてゝ引越し　根のないダイヤの基督教信仰」

8月25日（水）

　「マハカム河奥地探検記【3】　バト・プテ登攀記(4)　バハオ族　手に手に蛮刀と楯　剣舞そつくりの踊　世襲で絶対独裁権のラヂヤ」

8月26日（木）

　「建設道路をゆく⑴　密林に谺す斧の響　山の幸と取組んで懸命の汗闘」

　「マハカム河奥地探検記【3】　バト・プテ登攀記⑸　河全体が宛ら小瀧　プラウを阻む激流　食糧節約に痛快な野豚狩り」

　「バリックの私立校を　公立に移管　皇化教育を強化徹底」

8月27日（金）

　「建設道路をゆく⑵　山を削ぎ谷を埋め　勝鬨あげてトラクターは走る」

　「マハカム河奥地探検記【3】　バト・プテ登攀記⑹　叫べど山彦応へず　原始林の海を縫ふ　美しき故国日本への感謝新た」

　「兵隊さん献金」

　「軍用機献金」

8月28日（土）

　「建設道路をゆく⑶　日の丸に誓ふ忠誠　見よ希望輝く原住民工夫の斧」

　「一口五盾で一等は二万盾　十月一日から復興富籤大売出し」

　「マハカム河奥地探検記【3】　バト・プテ登攀記⑺　一望千里緑の一色　碧波打寄す大樹海　余りの雄大さにダイヤも驚嘆」

8月29日（日）

　「これぞ原住民の範　表彰に栄ゆ空襲下決死の挺身」

　「マハカム河奥地探検補記　武勇を誇る象徴は　耳朶を飾る犀の牙　ポンチアナ州境土人の奇習」

　「海軍地区在留邦人の　登録規定決る　来月一日から実施」

　「ボルネオの皆さん　仲よくしませうネ　力を合せて勝ち抜きませう　内地学童から嬉しい便り」

　「ボルネオとセレベスに　四帝大の演習林を開設」

8月31日（火）

　「原住民教育に画期的刷新　日本式の錬成に旧蘭時代の残滓を凡て払拭　公学校あすから更生」

第10巻　東部版　昭和18年9月1日～12月31日

9月1日（水）

　「南方言」

　「南ボルネオ各地都邑名　呼び方を民政部が統一」

　「愈々来月から　現地の郵貯を開始　原住民の旧貯金も全面的承認」

9月2日（木）

　「南の国に祖国偲ぶ田植歌」

　「一人三部提出　帰国、管轄外転住の場合も届出　邦人登録に御注意」

　「皇軍勇士への恩返しに　盲の原住民が真心献金　邦人からも続々と感謝の寄託」

　「マカツサル海員養成所改称」

9月4日（土）

　「夜間に歩くなら最左側　自動車は道端に置くな　厳守せよ　交通規則」

9月5日（日）

　「南方言」

9月7日（火）

　「南ボルネオの留学生入京す」

9月8日（水）

　「恤兵金に献金」

　「防空壕　柱と梁仕口を再点検せよ　壕の上にのせる土は六十センチあれば充分　専門家にきく
　　「これだけは心得置くべし」」

　「空襲下の職場を死守　燃料廠で模範原住民従業員表彰」

9月9日（木）

　「奉戴日に献金」

9月10日（金）

　「バンジエルで敵性銀行清算」

　「興亜の子供養成に全力を　流暢な日本語で原住民の先生は所感を披瀝　僅か一ケ月の錬成で挙げ
　　た素晴らしい収穫　州知事から修了証書を授与」

　「原住民よ励め日本語　合格者の特別手当や賞金決る」

9月11日（土）

　「あすから五日間　歌謡に舞踊に浪曲に　兵隊さん慰問　祖国から芸能隊来る」

　「恤兵に献金」

9月15日（水）

　「現地献金二つ」

174　Ⅱ．総目録

　　　「鰐の話　闇夜しか獲れぬ　昼と夜で四つの眼を使ひ分け　実用品目指し皮も決戦奉公」
9月16日（木）
　　　「ワッ！来たぞ日本の玩具　バンジエルで大人気」
　　　「原住民保健剤　沢山薬草を採りませう」
9月17日（金）
　　　「日本人は熱帯向き　炎暑を喞つのも半年の辛抱　呼吸も脈拍もすぐ現地に適応」
　　　「いゝなあ！日本の音楽　原住民大喜び　慰問隊公演に広場沸く」
9月18日（土）
　　　「南ボルネオ　動物三態（上）　オラン・ウータン」
　　　「バリックパパン分県以外の　公学校全教員にも錬成実施」
　　　「セレベスの四帝大演習林　研究眼目や設置数など決る」
9月19日（日）
　　　「南ボルネオ　動物三態（中）　樹上に群れ遊ぶ天狗猿」
　　　「原住民の創意二つ　樹皮で作つた丈夫な着物　樹液からは重宝なランプ油」
9月21日（火）
　　　「南方言」
　　　「南ボルネオ　動物三態（下）　ダイヤ族の憎まれもの熊　体は小さいが乱暴で畑荒し」
　　　「近く自動車の車両検査」
　　　「大東亜圏　写真交驩展　現地からも応募を　敢闘する真の姿を紹介せよ　バリックパパンでも来春開催」
9月22日（水）
　　　「ボルネオ　郷土防衛に原住民も協力　海軍地区に見る敢闘譜　逞し職場死守の決意　バンジエル消防隊は全部原住民」
　　　「大人気の富籤」
　　　「原住民正月に親心　子供に日本製のオモチャ特配　バリックでは蹴球大会を開催」
9月23日（木）
　　　「南方言」
　　　「早くも予約が殺到　大人気の復興富籤　原住民や華僑らも売出しを鶴首」
　　　「帝都についたボルネオ留学生」
9月24日（金）
　　　「タンニンの話　本格的大量製造へ　近く生れる二工場　前途洋々の南ボルネオ新資源」
9月25日（土）
　　　「南ボルネオの木材資源　造船に民需に開発進む」
　　　「海軍へ献金」

「バンジエルと各分県の公価　同一に統制」

「旧蘭印の貨幣所持者は　必ず引換へよ　期間は本年末まで延長」

9月26日（日）

「南ボルネオのお米　今年は平年作突破　原住民も華僑も供出に積極協力」

9月28日（火）

「皇化の恩恵に原住民感激　特別公学校四千を数へ中等生徒も二千余名　留学生制度をも設けて文教の逞しい進軍」

「十万三千余人　バンジエルの人口調査結果」

「内地にもどし〳〵送らう　南方各地の製塩頗る好成績」

「畑荒しの「ギヤング」が　増産に一役　アララン草から肥料」

9月29日（水）

「カンポンバルへ電話開通　通話輻輳に交換台も増設」

9月30日（木）

「闇のないバリックへ　適正価格販売場を市場に開設　薪の配給制も当局で近く実施」

10月1日（金）

「陸相の定むる南方地域の　徴集延期制度適用を廃止　在留地で身体検査実施」

「海軍地区に戦争保険創設　暫定措置令を制定　今日より実施さる」

「ポンチヤナクで　けふ放送を開始」

10月2日（土）

「忽ち羽が生へて飛ぶ　復興富籤　きのふ愈々売出さる」

10月3日（日）

「南方言」

「現地華僑献金」

10月6日（水）

「南方言」

「原住民に敬礼の躾を　取締責任者に軍当局から要望」

「ゴム⑴　偲ぶ内地の秋　紅葉も美しいゴム林」

「一年ぶりの待望の催しへ　雪崩うつ黒山の原住民　幕をあけたマカツサルの夜市」

「戦うふ日本を写真で展示　大東亜を巡回」

10月7日（木）

「南方言」

「住みよい南ボルネオ建設　食糧に衣料に現地自給の努力着々実を結ぶ」

「ゴム⑵　切付に蒐液に　転手古舞ひゴム園」

10月8日（金）
　「ゴム⑶　送荷に新機軸　ゴム袋の中にゴム液」
　「ダイヤ族指導者講習会終る　バンジエルで」
　「真心の銀翼献金」
10月9日（土）
　「ゴム⑷　シートの截断　子供づれの女も協力」
　「農林産試験場を新設　マカツサルとバンジエルに」
10月10日（日）
　「南方言」
　「風景より寧ろ人物に　画慾を唆る　南方行脚の富田画伯談」
　「ゴム⑸　容器つくり　ピンからキリ迄ゴム」
　「バリツクからも四名入所　バンジエルに通信吏員養成所」
　「現地のヨイコドモヘ　お待兼の日本語読本」
10月12日（火）
　「ゴム⑹　ゴムを容器へ　ラテックスの処理場」
　「栄冠燃料廠軍に輝く　原住民蹴球大会熱戦展開」
　「台銀の執務時間　きのふから変更」
10月13日（水）
　「ゴム⑺　ロタンを利用　輸送の箱代わりに上々」
　「味噌はタピオカから　醤油はコプラの滓で　現地に無尽蔵の原料で本格醸造」
　「バンジエル市の機構拡充　邦人助役二名を置き市行政統轄」
　「陸軍へ献金」
10月14日（木）
　「ゴム⑻　戦線へ祖国へ　米英尻目にさあ発送だ」
　「真心こもる現地の献金　原住民労務者が給料出し合つて　小遣ひを銀翼へ」
10月15日（金）
　「収穫に励む原住民の歌声も朗か　黄金の穂波ゆらぐウルスンガイ」
　「逞しく伸びる「宝島」　ボルネオの二島今や戦力培養基地」
　「赤誠現地献金」
　「県と分県監理官会議をけふ開く　バンジエルで」
10月16日（土）
　「ウルスンガイで棉花の収買　廿三日から開始」
10月17日（日）
　「拓く現地の海の幸　水産日本の技術で原住民訓練　近く愈々本格的な漁業を開始」

10月19日（火）

　「ボルネオ若人も健闘　盛況だつた南方留学生体育大会」

　「旧蘭印の切手とはがき　内地向の使用を禁止」

10月20日（水）

　「眠れる資源を活用　戦力増強へ工業ボルネオ躍進　コークスや煉瓦も現地生産だ」

　「サマリンダと内地電報開始　来月一日から」

10月21日（木）

　「仮名は卒業して漢字勉強　「上手だ」廠長も賞める工夫養成所生の日本語日記」

10月22日（金）

　「日本語日曜講習会を開催　カンポンバルの原住民のために」

10月23日（土）

　「感謝で築く勇士の墓地　バンジエルで景勝の地に移転」

　「先づ師範学校から　原住民中等校生徒に軍事教練」

10月24日（日）

　「帝都で南方資源巡回展　中等校生に「目から南方教育」」

10月26日（火）

　「現地産業開発　目覚しい躍進」

10月27日（水）

　「原住民の福祉増進に努力」

　「治安攪乱企む宗教狂信の　反日陰謀団に極刑の処断　バンジエル特警隊で検挙、幹部の銃殺を執行　笑止千万な白日夢　国王を僭称し自称内閣を捏造　蛮刀を武器に原住民を煽動　断じて許せず　当局の談」

　「海軍へ赤誠献金」

10月28日（木）

　「海軍へ献金」

10月29日（金）

　「武道大会や運動会など　明治節を寿ぐ現地の催し」

11月2日（火）

　「マハカム　三大河風土記(1)　更生ダイヤ　建設戦へ逞しき登場」

　「サマリンダの教員錬成会　八日から一月間」

　「専任の邦人校長が着任　南ボルネオの皇民化教育を強化」

11月3日（水）

　「バリト　三大河風土記(2)　詩情は追放　綴る逞しき建設譜」

　「決戦現地の防諜注意【1】　"君だけに……"　この衝動に打ち克て」

「大東亜新聞大会へ　ボルネオからはハミダン君　原住民代表東京へ鹿島立ち」

11月4日（木）

「軍用機献納を提唱　我等の手で『南ボルネオ号』を」主催　ボルネオ新聞社　後援　ボルネオ民政部

「必勝の決意で寿ぐ明治節　相撲に競技に現地建設部隊勇士の意気軒昂」

「カプアス　三大河風土記(3)　南十字の下　華僑も雄々しく更生」

「決戦現地の防諜注意(2)　警戒心を強化せよ　職場でも酒席でも心を緩めるな」

「日本紹介写真展　百六十五枚に盛る戦時下の姿　八日からバリツクでひらく」

「既に百六十万円！　サマリンダ全官民　貯金へ挺身　原住民も心から協力」

11月5日（金）

「早くも沸る赤誠献金の渦　敵撃滅の熱意こめて忽ち六千四百円を突破　本社提唱　軍用機献納の第一日」

「決戦現地の防諜注意(3)　"三猿主義"では駄目　積極的に進んで官憲に協力せよ」

「真心の銀翼献金」

「原住民使用人に　日本料理伝授」

11月6日（土）

「安かれ先覚廿五柱　サマリンダに眠る邦人の慰霊に　床し原住民達も心からの協力」

「損害保険業務　バリツクで取扱を開始」

「決戦現地の防諜注意(4)　難しい占領地防諜　現地日本人全部が一騎当千の　心構へで常住坐臥に注意せよ」

「軍用機献納資金（敬称略）」

「翼に沸るこの赤誠　兵隊さんも挺身女性も華僑も　本社提唱　軍用機献納の寄託相つぐ」

11月7日（日）

「複雑矛盾の敵性色を一掃　現地裁判制度の整備成る　共栄圏新秩序の着想を織込み民権を保護尊重」

「現地新聞代表の壮行会」

「日本紹介写真展　都合で延期」

「軍用機献納資金（敬称略）」

11月9日（火）

「決戦現地の防諜注意(5)　敵はどこにも居る　"洩れた一言・飛び来る百機"」

「軍用機献納資金（敬称略）」

「思切り低率　プラウの運賃」

「クチン燐寸　大々的に生産」

「現地向きの代用梅干　台湾から移植のローゼルで　食膳に偲ぶ故国の味と香り」

11月10日（水）

「あの日の覚悟忘れずに　心せよ罪は一瞬・悔は一生　標語で呼かく防諜と防犯」

「現地労務者の移入を　一元的統制　申請書は今月中に」

「昂まる赤誠　半島同胞も原住民も協力　軍用機献金続々寄託」

「軍用機献納資金（敬称略）」

「華僑総会、基督教総会など　現地三団体新構想で更生」

11月11日（木）

「耕せ植えよ食糧増産だ　南ボルネオ自活へ総進軍　日本式農法で明年度から本格的に三ケ年計画」

「科学兵器に必須の　重要鉱物発見さる　宝庫ボルネオ開発にまたも凱歌」

「十七日より三日間　大東亜新聞大会　共栄圏の報道関係者八十二名参集」

「軍用機献納資金（敬称略）」

11月12日（金）

「原住民若人を選り　興南報国団発足す　皇軍に協力し郷土防衛に挺身」

「南ボルネオの棉花試作良好」

「西ボルネオも食糧自給へ　二毛作採用やゴム園の稲作転換」

「軍用機献納資金（敬称略）」

11月13日（土）

「更生するダイヤ族　保護地域確定や簡易裁判など　着々成果を挙げる特殊行政」

「軍用機献納資金（敬称略）」

11月18日（木）

「軍用機献納資金（敬称略）」

「邦人、原住民一体となり　強力な防護団　バンジエルに結成」

「共栄圏の新聞代表放送局を見学」

11月21日（日）

「大東亜新聞協議会　力づよく結成さる　日本新聞協会は発展的解消」

「建設一路へ　更生するマハカム【2】　土侯も進んで協力　嘗ての徒食街も今は勤労の街に　みごと結実した現地当局の指導」

11月23日（火）

「建設一路へ　更生するマハカム【3】　山窩その儘の生活　現地邦人のこの挺身あつてこそ　今ぞ大密林に開発の斧音高し」

11月24日（水）

「綻ぶ沈黙提督の顔　開発戦士に丁寧な犒ひの言葉　最高指揮官、中部ボルネオ視察」

「翼の勝利讃へ二万円突破　本社提唱軍用機献納運動へ赤誠の寄託つゞく」

「農園に鳴る"ボルネオの鐘"　全島を拓く若き鍬の戦士を導く」

180　Ⅱ．総目録

　　「軍用機献納資金（敬称略）」
　　「南ボルネオの現状」（海軍大佐岸良幸著）
11月25日（木）
　　「大東亜新聞代表西下」
　　「軍用機献納資金（敬称略）」
　　「原住民労務者　天晴れ敢闘　錬成大会開く」
11月26日（金）
　　「軍用機献納資金（敬称略）」
11月27日（土）
　　「南ボルネオ原住民にも　嬉しい政治参与の光明」
　　「便利で早い配給組合生る　配給所は邦人と原住民に区別して六箇所新設　カランダサン、カンポンバル両市場で食品直配」
　　「記念に日用品を特配」
　　「内地から野菜種子　ボルネオ、ジヤワ等熱帯地帯には　強くて収穫の多い甘藷、白菜、玉葱等」
　　「軍用機献納資金（敬称略）」
　　「原住民の文化昂揚　指導育成に興民文化会生る」
11月28日（日）
　　「南方言」
　　「働くダイヤを抱擁　指導こそ建設の鍵　マハカム奥地に聴く指導者の声」
　　「軍用機献納資金（敬称略）」
11月30日（火）
　　「煙草は一箇月に四百本　化粧石鹸は月一個、タオル、靴下は三月に一点　こんな基準で邦人へ新組合から早速配給開始」
　　「軍用機献納資金（敬称略）」
12月2日（木）
　　「幸運の富籤決る　一等は一三、〇二〇」
　　「軍用機献納資金（敬称略）」
　　「南ボルネオの原住民　大量に造船工に養成」
12月3日（金）
　　「大東亜戦争二周年記念日　米英撃滅の決意更に新た　八日午前十一時五十九分・職場持場で完勝祈念　対空演習や街頭行進　士気昂揚へ多彩なバリックの行事　バンジエルでも数々の行事」
　　「市庁設置規程及び　暫定市令公布さる　原住民政治参与実現への準備」
12月4日（土）
　　「送金制限撤廃　海軍軍政地区相互間」

「軍用機献納資金（敬称略）」

　　「日本人の温情に感謝　水禍も何んぞ原住民奮起」

12月5日（日）

　　「優秀コークスの増産へ力瘤」

　　「南ボルネオの簡易セメント製造開始」

12月7日（火）

　　「復興富籤　四等以下の番号　二万盾はポンチアナクの邦人に」

　　「軍用機献納資金（敬称略）」

12月8日（水）

　　「けふ大東亜戦争開始二周年　いまぞ完勝気魄発揮の秋　南ボルネオ海軍部隊最高指揮官」

　　「原住民よ感奮興起せよ　軍政参与に関し民政府総監声明」

　　「払暁の銃砲声に幕を切り　空に陸に展く記念日絵巻　見よ、現地の燃える意気」

12月9日（木）

　　[写真]「必勝の意気高く歩武堂々バリックパパンの街頭行進」

　　[写真]「クランダサン運動場できのふ現地官民の力強い万歳」

　　「現地にあの日の感激爆発　決意沸る払暁の対抗演習や歩武堂々の大行進　開戦記念日に銀翼献金
　　　部隊もどつと殺到　サマリンダでも街頭行進」

　　「原住民政治参与関係法令の正文きのふ第一次分を発表」

　　「顔触れに異彩を放つ　ダイヤ二名　晴の内地留学生決る」

　　「軍用機献納資金（敬称略）」

12月10日（金）

　　「明朗マハカム点描(1)　建設の海へ順風満帆」

　　「原住民を広く職員に登用　給与も確立　成績よければ最高級まで昇進」

　　「誓ひも嬉し原住民熱血漢　天与の好機に挺身する二人」

　　「軍用機献納資金（敬称略）」

12月11日（土）

　　「浮かぬ硬木を大量に輸送　籠児海洋筏にもこの辛苦　スコール荒ぶ海を乗切り入港の日の嬉しさ」

　　「明朗マハカム点描(2)　颯爽進む建設の浮城」

　　「軍用機献納資金（敬称略）」

12月12日（日）

　　「わが猛撃に敵機忽ち遁走　バリックの空の護り鉄壁」

　　「明朗マハカム点描(3)　原住民の躾にも魂入れて」

　　「衣料自給へ操業開始　南ボルネオの紡績工場建設進む」

12月14日（火）

「銀翼へ寄せるこの真心　サマリンダ、サンクリランの邦人、華僑、原住民の協力」

「繃帯代用品にダイヤの樹皮」

「明朗マハカム点描(4)　日の丸仰いで建設へ協力」

「軍用機献納資金（敬称略）」

12月15日（水）

「東北ボルネオところどころ（一）　タラカン島(1)　爽気溢れる緑の島　余裕綽々、花を楽しむ建設戦士　千姿万態、人種展宛らの街頭」

「闘ふ日本の真姿紹介　大東亜新聞大会に出席した感激　ハミダン代表ら近く帰還報告」

「映画上映お知らせ」

12月16日（木）

「日本留学の若人へ　長官が激励の訓示」

「軍用機献納資金（敬称略）」

「東北ボルネオところどころ（二）　タラカン島(2)　礼儀正しい原住民　流暢な会話・訛りのない唱歌　親心の指導で上達した日本語」

「実を結んだ六ケ月の精進　きのふ日本語学校修業式」

12月17日（金）

「南方言」

「敵機全く無為　バリック来襲機敗走」

「東北ボルネオところどころ（三）　タラカン島(3)　圧迫に見事仇討ち　間道を探り当て、皇軍を案内　勝山翁にきく南進邦人の苦艱」

「特別警察庁を開設」

「ボルネオ民政部告示第二五号　第一回復興富籤」

12月18日（土）

「東北ボルネオところどころ（四）　ブロンガン(1)　偶の船を楽しみに　索寞に堪へて頑張る現地邦人　手軽なダイヤ族の水田づくり」

「現地農工業の開発めざし　原住民技術者を大量養成　実務学校など新設拡張」

12月21日（火）

「東北ボルネオところどころ（六）　タラカンの島々　鉄木繁る五つの島　せつかくの日本への身売話も　問題にされなかつた明治の末」

「共栄圏各地からの若人を　温い親心で世話をしよう　留日学生家庭協会生る」

「富籤の幸運を掴んだ人へ　けふから支払を開始」

12月22日（水）

「現地で徴兵身体検査施行　明年の五月頃にクチン及びサンダカンで」

「議員定数決る　バンジエル州市会」

「東北ボルネオところどころ（七）　タワオ瞥見⑴　根強い邦人の人気　原住民の反乱を恐れ敵側でも　大戦勃発のとき軟禁さへ遠慮」

12月23日（木）

「旧蘭領ボルネイ総督ハガら　抗日陰謀の首謀者悉く銃殺　武装蜂起の企画を剔抉　笑止！味方の反攻来を夢想　米英側に通謀し収容所を中心に蠢動す　蛇の如き執拗な暗躍　地下細胞組織で米英に謀報通達　防謀を強化　敵の策動を撃摧せん」

「東北ボルネオところどころ（八）　タワオ瞥見⑵　和かさ満つ雰囲気　腰の座つた現地生活を楽しんで　麻とゴムを相手に朗かに敢闘」

「お箸の使ひ方も鮮かに　共栄圏留学生の招待会」

「燃える青年の探鉱行　西ボルネオ奥地で重要資源発見」

12月24日（金）

「東北ボルネオところどころ（九）　ドラワン島　長寿の多い桃源郷　碧の海を背景に椰子の葉蔭で　南方情緒豊かな踊のもてなし」

「原住民の蹴球大会　元旦から三日間バリックで」

「軍用機献納資金（敬称略）」

12月28日（火）

「印紙類売出し」

「頼もしや硫黄の自給整ふ」

12月31日（金）

「搗けや搗け戦捷餅だ　搗きも搗いたり○トンの豪華版　元旦を前に元気なバリック勇士」

「軍用機献納資金（敬称略）」

「四方拝の合唱練習」

第11巻　東部版　昭和19年1月1日～2月29日

昭和19年（1944年）

1月1日（土）

「南溟に仰ぐ瑞気満つ初日の出　我等年頭に誓はん〝熱火の挺身〟皇紀二千六百四年米英必滅」

［写真］「ボルネオの空海を護る我等が海軍部隊」

「海に陸に翻く軍艦旗　軍官民厳かに拝賀式」

「けふの佳き日に生れる　日本名の街路　素晴しいバリック建設」

1月4日（火）

「言葉ばかりでなく　精神や躾まで育成　南ボルネオの日本語指導を統一」

1月5日（水）

「挺身する秘境マハカムを行く⑴　暮の水郷に漂ふ詩情　奥地の開発に精魂打ちこむダイヤ族」

「人気素晴しい復興富籤　早くも売切れさうな凄い景気」

「民政一組優勝　原住民蹴球大会」

「軍用機献納資金（敬称略）」

「謹告」大東振興株式会社（旧名　東満林業公司）バリックパパン事務所

1月6日（木）

「頑張れバリックの原住民　南ボルネオで貯金第一位　三ケ月で早くも六万円突破・この意気でゆかう」

「挺身する秘境マハカムを行く⑵　高い床に丸太の梯子　昔は城塞楽しい集団　猫、鶏も雑居するラミンの偉観」

1月7日（金）

［写真］「ボルネオの空海を圧して我が海鷲は飛ぶ」

「挺身する秘境マハカムを行く⑶　前歯のない花嫁さん　汁器は竹筒、家宝に陶製の甕　水汲と米搗に清澄な朝は明く」

「軍用機献納資金（敬称略）」

「吾らは指導員　拓けおいらの村を日本式農耕で　十日開くサマリンダ訓練所」

1月8日（土）

「挺身する秘境マハカムを行く⑷　豊年祭に夜の幕開く　椰子油の灯影に夢心地の囃子　晴衣のダイヤ娘歓喜の踊り」

「パシル分県公学校教員の錬成会」

1月9日（日）

「想起せよ！ちやうど二年前　皇軍タラカン島に敢然上陸　青史を飾る我がボルネオ攻略戦思出の記」

「挺身する秘境マハカムを行く⑸　若者の度胸試し牛祭　首狩りも結局は武勇礼讃の伝統　ダイヤ

生活もいま更生一路へ」

「軍用機献納資金（敬称略）」

1月12日（水）

「コプラ大増産」

「軍用機献納資金（敬称略）」

1月13日（木）

「軍用機献納資金（敬称略）」

1月14日（金）

「来襲敵機悉く撃墜破　半数四機は撃墜残りは致命的損傷　バリックパパン皇軍の防空鉄壁」

1月15日（土）

「皆様へお酒「いさを」　速成醸造の椰子水ブランデー　三月から野村で大量に生産」

「軍用機献納資金（敬称略）」

1月16日（日）

「井戸水は飲料とするには必ず煮沸して使用せよ！」

1月20日（木）

「全南方の農事増産評定　権威寺尾博士の渡来を機会にジヤワで開く　南ボルネオ代表も参加して食糧、繊維生産検討」

1月21日（金）

「映画」於大和館

1月25日（火）

「照覧あれバリック新生二周年　英霊の墓前に力強い建設報告　一月二十四日　従軍記に偲ぶ奇襲上陸」

［写真］「バリックパパン上陸直後に敵軍敷設の機雷処置」

「軍用機献納資金（敬称略）」

「庭球場を開放　現地軍心尽し」

1月26日（水）

「サンガサンガ神社　貴し建設戦士ら雄大な神社建設」

「街は日本語の一色　映画に座談会に卅日から普及週間」

「"慰問袋遠慮します"　南方海軍兵隊さんの自発的意思」

1月27日（木）

「稲穂実るマハカム　"我等土の子"訓練生懸命の鍬　ダイヤ村長も蕃刀腰に奉仕」

1月29日（土）

「バリック初めての機帆船　決戦の海へ雄々し船出」

1月30日（日）

　「近く操業開始　ウルスンガイ　セメント工場」

2月1日（火）

　「映画のお知らせ」

2月2日（水）

　「軍用機献納資金（敬称略）　赤誠七万円遙かに突破」

2月3日（木）

　「張切るサマリンダ　若き力を先登に邦人ら開発に全力」

2月4日（金）

　「村名の隊旗先登に　団服凜々しい出動　バンジエルの勤労報国隊結成式」

　「衣料増産に　ダイヤ一役」

2月6日（日）

　「素晴しマハカム開拓　大水田開発を目指し現地総進軍」

　「軍用機献納資金（敬称略）」

2月8日（火）

　「第一回大東亜　写真展　バリックパパンでもひらく」

　「原住民の美挙」

2月9日（水）

　「軍用機献納資金（敬称略）　七万七千円を突破す」

　「今週の映画（於大和館）」

2月10日（木）

　「あす紀元節　司令官の閲兵に引続き　海軍部隊堂々市中行進　現地に展く必勝絵巻　原住民に日本紹介　クランダサン日語学校で写真展」

　「南ボルネオ文教主任会議　きのふからバンジエルで開催」

　「バンジエルでお米自由販売」

　「原住民婦人会　けふ結成式」

　「プラウ作り　ブギス族技術者ボルネオへ」

　「西ボルネオ邦人が報国会を組織」

2月11日（金）

　「現地邦人表彰　南ボルネオ現地長官から」

　［写真］「日本紹介写真展けふ蓋開け」

2月12日（土）

　「轟く万歳・誓ふ熱火の建設挺身　歩武高く海軍部隊堂々の行進　決戦下に現地の奉祝絵巻　建設戦士へ初の廠長賞　サマリンダの慶祝行事」

［写真］「軍艦旗を先登にバリックパパン市中を行進する現地部隊」
　　［写真］「紀元節絵巻　（上）クランダサン運動場で民政部官吏の万歳奉唱（中）肉弾相打つ軍官民
　　　聯合相撲大会（下）本社主催、州知事庁後援の日本紹介写真展の盛況」
2月15日（火）
　　「兵役延長の届出注意　本籍地の各家庭で行ふこと」
　　「映画のお知らせ（於大和館）」
2月16日（水）
　　「軍用機献納資金（敬称略）」
2月17日（木）
　　「日本を知つた感激　ハミダン君の〝日本訪問〟の熱弁　サマリンダ方面で大好評博す」
　　［写真］「突貫するボルネオ」
2月18日（金）
　　「軍用機献納資金（敬称略）」
2月19日（土）
　　「起上る増産郷パシルを訪ねて⑴　魚を追ふ〝漂浪種族〟　水際の部落に頼もしい女村長」
　　「南方挺身者に福音　内地向け送金緩和」
2月20日（日）
　　「起上る増産郷パシルを訪ねて⑵　その名「日の出農園」　タナゴロの外れに縹渺展く大水田」
　　「画用紙を試作」
　　「大東亜新聞連絡事務局長決る」
2月22日（火）
　　「自動車事故を無くせよ　特に速力、置場所に注意」
2月23日（水）
　　「現地初の知事会議　来月上旬」
　　「南方山林主任者会同ひらく」
　　「けふの映画」
2月24日（木）
　　「重点主義の戦時下教育へ　全島的に一貫性、日本語普及と実業教育振興　南ボルネオ初の文教主
　　　任会議で方針決定す」
　　「海軍軍政地域に於る　小口金融機構を整備　庶民銀行令を公布・四月より施行」
　　「起上る増産郷パシルを訪ねて【3】　汗の浄財で建つ魂の殿堂」
　　「軍用機献納資金（敬称略）」
　　「映画のお知らせ」

2月25日（金）

「南に満つ日本の力　原住民の心からな建設協力に瞠目　スターマー独大使視察の感想」

「起上る増産郷パシルを訪ねて⑷　開発の追分〝ロロ〟」

「労務者ところ〲　激しい仕事に耐へるジヤワ人　奥地建設にはダイヤ族が一番」

2月26日（土）

「超重点主義で戦力増強へ　地下資源の開発だ、造船だ　飛躍的に発展する西部ボルネオの鉱工業」

「起上る増産郷パシルを訪ねて⑸　密林拓いて野菜畑」

「生活必需品も自給」

「軍用機献納資金（敬称略）　赤誠すでの九万円突破」

2月27日（日）

「起上る増産郷パシルを訪ねて【6】　踊りに漂ふ歓び」

「州市会準備　三月中旬開く予定」

「軍用機献納資金（敬称略）」

2月29日（火）

「文教啓蒙にも皇化洽し　州立三中等学校を新設　四月から教員養成所と農業実務校ひらく　建設三年・この親心」

「起上る増産郷パシルを訪ねて【7】　歌も号令も日本語　教練遊戯に童顔に溢れる歓喜」

「ハミダン君の日本訪問報告演説会　全聴衆熱弁に陶酔　タナグロとパシルでも大感銘」

第12巻　東部版　昭和19年3月1日～7月30日

3月1日（水）
　「原住民待望の政治参与　直轄地域州会議員決る　ダイヤ族、華僑も委嘱・今月下旬に初の州会招集　直轄地域第一回州会議員　異色の顔触」
　「バンジエル青年団　結成式挙行さる」
　「バンジエルに農林研究所」
　「軍用機献納資金（敬称略）」
　「恤兵映画」

3月2日（木）
　「マハカムの特産　蜜蝋の話（上）花を求め集団移動　蜂の作巣樹は先祖伝来の財産」
　「ハミダン君　日本訪問報告演説　今夕大和館で開催」
　「サマリンダでも大好評　『日本紹介写真展』開く」
　「正式に軍政職員に　原住民職員を愈々四月から任用」
　「軍用機献納資金（敬称略）」
　「バリック旅館開業」

3月3日（金）
　「マハカムの特産　蜜蝋の話（下）麻袋で厳重な護身　蜂の襲撃を避けて闇夜に採巣」
　「現地官吏も無休だ　民政府管下官庁が決戦即応執務」
　「牛の大増産　西ボルネオ」
　「44019　これが一等　復興富籤幸運決る」
　「軍用機献納資金（敬称略）」

3月4日（土）
　「ウル・マハカム（上）米穀増産にも凱歌　インドネシアとダイヤの反目も　さらりと水に建設へ嬉しい協力」
　「ハミダン君の日本訪問報告演説会　力強い拍手の連続　超満員のバリックの聴衆沸く」
　「バンジエルの手紡成績良好」
　「軍用機献納資金（敬称略）」

3月5日（日）
　「ウル・マハカム（中）男子も丈なす長髪　耳飾が多く手足の甲に刺青した　女がバハオ・ダイヤ族では美人」
　「サマリンダ青年団　けふ結成式　建設挺身へ意気昂し」
　「今週の映画（於大和館）」

3月7日（火）

「ウル・マハカム（下）　今年は洪水の年廻り　鶏に豚、川魚、ドリアン等御馳走の山　八歳の少女に痛い〳〵入墨の実演」

「つひに十万円突破　決戦の翼へ沸りたつ現地の熱誠」

「軍用機献納資金（敬称略）」

「第二回富籤当籤番号」

3月8日（水）

「樹の繊維で代用布　無尽蔵のマハカムの資源を活用　衣類、蚊帳、ロープなどを製作」

「ポンチヤナク教員錬成会卒業式」

3月9日（木）

「作付面積も昨年の　二倍に拡張　南ボルネオの棉作」

「西ボルネオの今期米作良好」

3月10日（金）

「バンジエル市会議員委嘱式」

「勤労報国隊に特配　バンジエルで」

「現地版日本語唱歌」

「軍用機献納資金（敬称略）」

3月12日（日）

「軍用機献納資金（敬称略）　決戦に寄す現地の赤誠沸る」

「立派に邦語発表　バンジエルで」

3月15日（水）

「軍用機献納資金（敬称略）」

3月16日（木）

「富籤の夢　密林の奥へ　人跡まれな谷間のダイヤ五人男」

「営業時間変更」株式会社台湾銀行　南方開発金庫　日本銀行

3月17日（金）

「征戦完遂の決議案を　力強く可決　初のバンジエル市会ひらく」

「軍用機献納資金（敬称略）」

3月18日（土）

「熱弁に日本信頼の鯨波　講演に座談会に職場激励にタラカン方面の感激　ハミダン君の東部ボルネオ講演行脚終る」

「敢闘するロアクール病舎⑴　石鹸、絆創膏も自給　現地産の材料を活用して製造だ」

「バリックで書籍を販売　二十一日から」

「ポンチヤナクで日本歌謡大流行」

3月19日（日）

「敢闘するロアクール病舎(2)　草根木皮とり〳〵に　マハカムの奥地は薬草の宝庫」

「全島原住民に深い感銘　協力態勢一段強化さる　成果収めたバンジェル市会」

3月21日（火）

「軍用機献納運動　本社提唱　さあ頑張れ！あと旬日だ　われらの手で護れ南の大空・飛ばせ赤誠の翼」

3月22日（水）

「南海の戦士　原住民海員養成愈々すすむ」

「原住民皇化教育徹底へ　どし〳〵殖える中等校　昂る南ボルネオの向学心」

「人」

3月23日（木）

「日本語の修得から更に　〝必勝日本精神〟の体得へ　南ボルネオ学制改革一ケ年の逞しき成果」

「第二回富籤当籤番号訂正広告」

3月24日（金）

「軍用機献納資金（敬称略）」

3月25日（土）

「軍用機献納資金（敬称略）」

「南方の皮膚病はこれで　現地産の材料で特効薬が完成」

3月26日（日）

「慰安親睦に激励に　劇も建設へひと役　マハカム地区勤労劇団とり〳〵」

「軍用機献納資金（敬称略）」

3月28日（火）

「郵便値上げ　手紙は七銭、葉書三銭」

「議員委嘱式　バンジェル州会」

「ダイヤの海員」

3月29日（水）

「富籤売出し　四月一日から・抽籤は六月一日」

「規定以上の速力を出すな　特警隊が自動車運転注意」

「自動車技倆検査」

「電報頼信の注意」

3月30日（木）

「軍用機献納資金（敬称略）」

「自慢の木船　そつくり現地産の誇りに就航」

「熱意横溢す　南ボルネオ州会開く」

「今週の映画（於大和館）」

3月31日（金）

「皆働案実施など　答申案に見る戦ふ原住民の熱意　南ボルネオ直轄地初の州会終る」

「軍用機献納資金（敬称略）　けふ締切り」

「国防献金」

「バリックの若人に優等賞　マカツサル中学校けふ卒業式」

4月1日（土）

「けふから　新学期　普通上級公学校を大増設　各種中等学校も続々開設・図書館も本月中に開く」

「州立教員養成所」

「州立サマリンダ農業実務学校」

「けふから　信書の送達にご注意」

「小型木造船　華僑が大増産」

「警察教習所開く　バンジエルに」

「州会議員の見学　バンジエル市で」

「軍用機献納資金（敬称略）」

4月2日（日）

「晴れの開校　きのふバリック教員養成所挙式」

4月4日（火）

「バンジエル華僑報国団結成　食糧増産、現地開発に奉仕」

「教員錬成終る　西部ボルネオで」

「サンクリラン　血の苦闘も今は昔　精魂つくして増産　開拓の先駆も誇らかに返咲く」

［写真］「団長後藤知事の訓示（上）と新団旗掲げて市中行進する団員」

「赤桜の団旗も颯爽　軒昂の原住民若人　バリック州青年団きのふ結成式」

「実弾射撃演習　あすから二日間　必ず待避を」

「今週の映画（於大和館）」

4月5日（水）

「西部ボルネオで　米穀買上制実施」

4月6日（木）

「家畜の増産へ　西ボルネオ実施」

「日本語検定試験」

「けふあすに延期　実弾射撃演習」

4月7日（金）

「失業者減る　バンジエル市」

「軍用機献納資金（敬称略）」

4月8日（土）

「地下資源と木造船建造の　目標を昨年の二倍以上へ　南ボルネオの建設進む」

「晴れの開校　サマリンダ農業実務校」

「出来るだけ受験させよ　近く原住民の日本語検定試験」

4月20日（木）

「文教政策　旧蘭印との比較　サマリンダを中心に　松田司政官に聴く　上流の占有から　広く教育を開放　学童も二倍に、伸びる皇化政策」

「野生黄麻で麻袋」

4月21日（金）

「西ボルネオの水田開発進む」

「日本語検定試験」

「今週の映画（於大和館）」

4月22日（土）

「バリックパパン来襲の　敵機を撃墜　鉄壁の防空陣に凱歌」

「軍用機献納資金（敬称略）」

「現地徴兵身体検査　バリックは来月十九、廿日の両日」

4月28日（金）

「各部聯合の武技体技大会　あすの佳節・現地での催し」

「天長節奉祝映画」（於大和館邦人のみ）」

「今週の映画」

4月29日（土）

「聖寿万歳　けふ大東亜に寿ぐ佳節　感激新た完勝へ邁進」

「週間　ニッポン語新聞創刊」ボルネオ新聞社

「創刊一周年の辞」

「原住民受刑者にも恩赦　海軍地区で五千名、バリックだけで百四十名」

「閑地を徹底的活用　バリックで力強い食糧増産運動」

「鼠を退治しよう　一匹五銭で買上」

「現地労務配置の適正化へ　海軍軍政全域で調査を実施」

4月30日（日）

「南溟遙か聖寿万歳　きのふの佳き日・現地の決意新た」

「日本留学の希望に燃えて」

5月2日（火）

「銀翼へ総員献金　燃料廠施設係で」

「佳き日寿ぐ〝突貫催し〟　卅日は本社主催白衣勇士慰問」

「警報下オートバイ禁止　自動車の燈火取締り更に強化」

「現地内地間に　電信為替扱ひ」

「旺な日本語熱」

5月4日（木）

「赤誠六十一万円を突破　軍用機「南ボルネオ号」の献納式挙行さる」

「若き農魂沸らせて　東ボルネオにも十八名が着任　農報聯の指導員活動を開始」

「人体そつくり南海の怪魚　捕獲の「人魚」を解剖」

5月5日（金）

「郵貯新記録　四月は実に四万七百余盾　頑張るバリックの原住民」

「訓練日設定　原住民青年団」

「国防献金に　現地の赤誠」

「【訂正】昨紙所報、軍用機「南ボルネオ号」献納式記事中献金内訳の数字」

5月9日（火）

「武器保有者取締」

「兼鉄助氏告別式」

5月10日（水）

「原住民の新職制　力を与へ向上の路開き　諸事みな思切つて簡素化　決戦指導のために全邦人の理解が必要」

「武器届出は廿日迄」

「今週の映画（於大和館）」

5月12日（金）

「原つぱ菜園に早変り　民政部の音頭で原住民勤労」

「冷凍や加工も整備　急激増産予想の海軍地区水産業」

「宣の字胸に　宣撫の旅へ　原住民劇団が」

5月13日（土）

「共栄圏へ緬調査団」

「宣撫劇を公演」

5月14日（日）

「現地徴兵検査迫る　まづバンジエル組壮丁が仮入営　兵隊さんと一緒に元気で作業」

「頼もし南方　初の産業部長会議に力強い報告」

5月17日（水）

「食肉、皮革の増産へ　海軍全地域に積極的計画を樹立」

5月18日（木）

「建設の捨石たらん　図南の決意固く学窓に訣別して　七青年学徒颯爽とボルネオへ」

「原住民華僑らの人口調査　八月一日、海軍地区全域で」

「バンジエル郊外に錬成水泳場ひらく」

5月19日（金）

「感激の報告　バンジエル議員」

「日語検定結果発表　ポンチヤナク」

5月20日（土）

「殆んど全員が甲種合格だ　現地徴兵検査愈々始る　坐礁の船上で敢然　果せり男子の責任　天晴れ南方挺身壮丁のこの気魄」

「七生報国の念願血書に　採用を嘆願　病後押して検査場へ」

「新聞協議会海軍地域事務局創設」

「南の留日学生　この秋は帰ります　郷愁もいまは消えてみつちり勉強　色とり〳〵で先生も一苦労」

「原住民出身お医者を養成」

6月6日（火）

「ボルネオ民政部告示第二十三号……第三回復興富籤ノ抽籤ヲ実施シタル結果下記ノ通リ」

「合格率六割七分の成績　南ボルネオ日本語検定試験」

「初の農産物品評会　けふから開く」

「名義変更謹告　日本原皮鞣剤統制株式会社　バリックパパン出張所」

6月7日（水）

「拓くバリックの兵站基地　州知事庁がスンボヂヤに七百五十町歩を開墾」

「長さ一尺以上のピサンや牛の頭程のパイナツプル　初の農産物品評会ひらく」

6月8日（木）

「タラカンにも　映画とオペラ」

「蔬菜の出荷を統制　現地の農産物はすべて集荷所へ」

6月9日（金）

「濁流に義侠の抜手　溺れる原住民の子供をめがけて　邦人青年決死の捜査美談」

「軍用機献金」

6月10日（土）

「日本人には必ず敬礼を　家でも日本語を話しませう　バリック教員常会の申合せ」

「ボルネオ横断に　邦人初の成功　難行五十七日」

6月18日（日）

「食糧蒐配を一元化　サマリンダに生鮮食糧協議会」

「来月から現地食糧の　消費を規正　米、砂糖、藍の三品目」

「タラカンにも　海員憩ひの家」

「タラカンで製塩」

「軍用機献金」

「国防献金」

6月21日（水）

「バリック産業協会更生　報国団と改称して発足　総務、技術、錬成、厚生の四部を設けて活動」

「二百八万七千余盾へ飛躍　南ボルネオ直轄地域の貯蓄」

「三倍の造船計画へ　タラカン活況」

6月22日（木）

「サマリンダ便り　燃料廠体育大会」

「軍用機献金」

6月23日（金）

「原住民女子へも　待望の高等教育　サマリンダ家政女学校八月開く」

「兵補熱昂る」

「陰謀団検挙に敢闘　現地警察係に褒状」

「タラカンの水産業」

7月9日（日）

「野菜は欠かさぬ　企業当路は白鉢巻　現地バリックの農園開墾すゝむ」

「二箇月で六十一万盾を突破　タラカンの貯蓄」

「バンジエルに隣組」

「島内だより」

「タラカンに青年団」

「軍用機献金」

7月11日（火）

「バリックの学童揃つて　一人一本の果樹植付け　新学制を感謝して教員常会で嬉しい申合せ」

「ボルネオ啓民指導部を新設」

「ポンチアナクで　原住民に学費貸与」

「軍用機献金」

7月12日（水）

「ボルネオ横断記(1)　激流煙り大密林は掩ふ　蘭人遭難の難所も征服　初めて開く秘境の扉　マハカム河コース　ケハムの難所を目指して　ダイヤのカンポンを縫ふ　いよ〳〵来た最大の難所」

「よく働くダイヤ族労務者　タラカンで建設に協力して大もて」

「タラカン州県監理官会議を開催」

「中等学校長会議」

「『日本の母』に『日本の娘』　母の遺志を継いで愛娘の敢闘」

「バンジエルマシンの実費診療所開く」

「軍用機献金」

「事務所移転御通知　野村東印度殖産株式会社　バリックパパン支店」

7月13日（木）

「ボルネオ横断記(2)　濃霧の樹海・幽邃境　今ぞ越ゆ国境の山　時は奉戴日・思はず名づく〝威光嶺〟」

「労働を蝕むマラリヤ撲滅　マカツサルから雲博士の防疫班を招いて　バリック各地を虱つぶしに大掃蕩戦開始」

「知事を総指揮にタラカン増産推進班」

「島内だより」

「軍用機献金」

7月14日（金）

「ボルネオ横断記(3)　天空を摩す巨木の群立　猛獣毒蛇の影も見えぬ」

「素晴らしい兵補志願　南ボルネオは二十倍の人員殺到」

「蚊取線香や蠅とり紙　湯の花に脱脂綿など　現地工夫の創意いろ〳〵」

「バンジエルの放送」

7月15日（土）

「文芸作品懸賞募集　論文、小説戯曲、映画筋書」ボルネオ新聞社

「ブランガス地区の開墾工事完成」

「学資貸与の範囲と金額きまる」

「タラカン修学道場」

「軍用機献金」

7月16日（日）

「華僑の巡補採用」

「タラカン防護団」

「頬被りして搾取　狡猾な金融支配　旧蘭印庶民金融の実相衝く」

「島内だより」

「軍用機献金」

7月18日（火）

「ダイヤ族物語(1)　ボルネオの土着民　祖先はアジア大陸南部から移住　山地に河川流域に営む原始生活」

「けふ実弾射撃」

「軍用機献金」

「ウルスンガイにも邦人の報国団」

「バンジエルの診療助手養成所ひらく」

198　Ⅱ. 総目録

7月19日（水）
　「ダイヤ族物語(2)　大別すれば十種族　死に関心薄い信仰」
　「熱情溢る翼の献金　篤志の寄託相次いで一万円突破」
　「軍用機献金」
　「ポンチアナクの兵補募集　申込み殺到」
　「バンジエルに原住民簡易宿泊所」

7月20日（木）
　「ダイヤ族物語(3)　結婚は入婿が通例　豚、鶏の血を塗る髪剪式や切歯式　娘達は競ふとり〳〵の刺青」
　「奥地よどし〳〵送れ　サマリンダ食糧配給順調な辷出し」
　「バリックに機帆船検査班」
　「有能華僑登用　ポンチアナク州庁英断」
　「バンジエルに市民報国会を新設」
　「島内だより」
　「軍用機献金」
　「国防献金」

7月22日（土）
　「銀翼献金に勤労奉仕に　米鬼必滅の熱血は躍る　バリックを始め各地に火花散る総進軍譜」
　「ダイヤ族物語(5)　木の管に毒の吹矢　酋長を頭に一般人、奴隷の三階級　血族か部落単位に作る自治社会」
　「バンジエルで　初の警務会議」
　「"兵補になるのだ"応募殺到　特にサマリンダは五倍の五百名を突破する熱心さ　採用試験はサマリンダ廿五日、バリックは廿七日」
　「働く原住民へ贈り物　タラカンで繊維製品を配給」
　「バンジエルの第二次試験」
　「軍用機献金」
　「八月から改正　戦時損害保険」
　「国防献金」

7月23日（日）
　「勝たずして何の我等ぞ　原住民の労働へは　病退治が先づ必要　雲博士らバリック地区を調査」
　「自活に懸命　労務、食糧など更生のタラカン」
　「島内だより」
　「兵補になりたいと　血書の志願　サマリンダに見る熱意」

7月25日（火）

「食糧自給の達成へ　サマリンダ農実訓練生晴の巣立」

「軍用機献金」

7月26日（水）

「軍用機献金」

7月27日（木）

「赤誠の翼南ボルネオ号　海相より現地へ感謝状　献金　六十一万余円献納　第二陣も二万円を突破　勝つのだ、それ献金だ、サイパンの忿怒沸る」

「島内だより」

「軍用機献金」

7月28日（金）

「筆答はたど〳〵しいが　瞳輝やかして兵補を受験　制服もカーキ色に、階級も兵隊さん並に」

7月29日（土）

「山間の土で鋳型を作り　出来たぞ鋳物現地の凱歌　建設戦士の努力結実」

「タラカンの教練」

「映画のお知らせ」

7月30日（日）

「村長さんら八十名　大挙して熱汗志願　スプランからプラウで乗込む」

「タラカン庶民銀行」

「現地にも更に　稀元素鉱床　十二箇所発見」

「西ボルネオ保育園」

「兵補募集終る」

「島内だより」

第13巻　東部版　昭和19年8月1日〜20年1月22日

（西部版　昭和19年9月5日〜9月12日）

8月1日（火）

「学校即職場の建前で　原住民の中堅婦人養成　けふサマリンダ女学校開く」

「噴飯ものの和蘭本　教へられた原住民こそ災難　皆様で真の日本を吹込まう」

8月2日（水）

「不逞も根を断ち　民政の推進に期待　明朗建設へ西ボルネオの敢闘」

「それ挽け木材・建設の腕は鳴る」

「軍用機献金」

「現地も更に　決戦勤務だ　郵便局など」

8月3日（木）

「バンジエルで昼間日語学校開く」

「バンジエルで原住民職員講演会」

「島内だより」

「軍用機献金」

8月4日（金）

「薬も現地産　自給目指し大量生産」

8月5日（土）

「精魂打込む建設の汗に　水田は開きお米は稔る　食糧基地パシルの現況」

「日本人常会を中心に　蹶起する原住民男女」

「どし〳〵水田を開いて　稔るお米、蔬菜の増産へ」

「近くパシル焼お目見得」

「砂金も採れる」

「軍用機献金」

8月6日（日）

「二公学校を増設」

「タラカンの米価」

8月8日（火）

「泥汗に塗れて勤労の一日」

「軍用機献金」

「サマリンダの建設　嬉しい現地邦人の一致協力ぶり　山路大佐の各種企業地視察談」

「国防献金」

8月9日（水）

「起上る原住民へ　正しい音楽指導　藤山一郎氏ら来巴し慰問行」

8月10日（木）

「一般原住民も続け　農園収入やお小使ひで　全学童が一日一銭貯金　校内では指環腕環など装身具をやらぬ申合せ」

「木造船建造進む」

「僕等は嬉しい"兵補合格"　採用試験の結果発表」

「タラカン職員錬成」

「島内だより」

「一般邦人に慰問演奏会　十五日夜司令部講堂で」

「映画のお知らせ（於大和館）」

「軍用機献金」

8月11日（金）

「原住民婦人たちも　双手翳して決戦へ　まづバリック州内に婦人会を」

「飼犬は繋いで置くやう　十五日から野犬狩が始まる」

8月20日（日）

「足並み揃へて前進だ」

「ようこそ長官殿　嬉し涙で誓ふ協力　全町挙げて挺身するブンドツク」

「バリト風土記(1)」

「島内だより」

8月23日（水）

「バリト風土記(3)　百年戦争の古戦場　古老は語るプロクチヤウの伝説　蘭印総督も此処まで逃げて降伏」

8月24日（木）

「バリト風土記(4)　お米を尊び猟を好む　純朴で勇敢なダイヤ」

「全邦人で鉄桶陣　サマリンダ防護団新しく発足」

「島内だより」

「建設戦に仆る」

8月25日（金）

「バリト風土記(5)　軍政の慈光浴びて　芽をふく新生の春　酒を汲み徹夜で唄つて踊るダイヤ」

「ポンチアナクで蔬菜品評会」

「軍用機献金」

8月27日（日）

「バリト風土記(7)　輸送動脈の厄介者　名物の洪水と流木」

202　Ⅱ．総目録

　　「日本の書籍を欲しがる奥地の原住民」

　　「慰問に指導に熱演　民政府音楽隊サマリンダ地方巡回」

8月29日（火）

　　「学都サマリンダ⑴　乙女の殿堂」

　　「軍用機献金」

8月30日（水）

　　「学都サマリンダ⑵　土と取組む」

8月31日（木）

　　「学都サマリンダ⑶　学童は溌剌」

　　「島内だより」

　　「映画」大和館

9月1日（金）

　　「学都サマリンダ⑷　僕等は尖兵」

　　「勇む兵補　くり〳〵坊主で大張切り　報国団が壮行茶話会」

　　「街頭行進に大賑ひ　サマリンダで」

　　「ポンチアナク入隊」

　　「原住民に賞与　プアサ明けに」

　　「軍用機献金」

　　「国防献金」

9月2日（土）

　　「我等の代表を護れ　美はしい兵補献金七百盾を突破」

9月5日（火）

　　「左腕に赤布、胸に軍艦旗　皆揃つて海軍二等兵補　戦闘帽凜々しく入隊式」

　　「醜敵米英に見せたい　この余裕　現地部隊の楽しい一日」

　　「当籤の番号　四等以下」

　　「防衛戦士の援護会　南ボルネオに生る」

9月6日（水）

　　「天晴れこの村　マハカム中流の西部クタイ分県　お米の自給もでき増産に拍車」

　　「富籤　一等はポンチアナクへ　二等一本はバリックに」

　　「軍用機献金」

　　「国防献金」

9月7日（木）

　　「島内だより」

　　「富籤二等の幸運者　バリックの原住民」

9月8日（金）

　「仮事務所設置御通知」映画配給社

9月9日（土）

　「小磯首相の嬉しい約束　感謝して起上る原住民　頑張れ前途に光明」

　「最後の血の一滴まで　バリック原住民は感奮して誓ふ」

　「雑用によい手漉紙　サマリンダで近く大量生産」

　「歌や踊であす　慰問芸演大会」

　「民政府音楽指導班　マカツサルに帰着」

9月10日（日）

　「小磯首相の声明に沸く南方　大東亜宣言の具現　原住民の敢闘望む　海軍民政府　総監の談話」

　「ダイヤ買上　増産にも拍車」

　「原住民職員に賞与」

　「バリックパパン建設譜　石油のボルネオ　四巻」大和館

　「軍用機献金」

9月12日（火）

　「最高指揮官の閲兵の下　現地邦人で義勇軍結成　米英撃滅へ今ぞ起つ」

　「タラカン青年団力強く発足」

　「タラカン両河川沿岸の食糧増産ぶり」

　「バンジエルで戦力増強展を開催」

9月13日（水）

　「本紙定価改正」ボルネオ新聞社

　「報道を強化　南ボルネオに」

　「防衛戦士援護運動に　本社が率先乗り出す　購読料金改正　一部を援護会に献金」

9月14日（木）

　「団体貯蓄を特に優遇　一律に年二分四厘の利子がつく」

　「軍用機献金」

9月16日（土）

　「日本語を身につけ　巣立つ原住民工員　二十三日に喜びの記念学芸会」

9月17日（日）

　「学校名は日本語で　バリックの普通上級公学校を改称」

9月19日（火）

　「紅蓮の焔へ突撃　バリック防護団の凛々しい訓練」

　「タラカン錬成終る」

9月20日（水）

「用具を揃へ　警報に注意　敵機いつでも来いの備へ　近く綜合防空演習を実施　原住民も挙つて参加」

「大密林と病魔を克服し　十一月中旬に開通の見込　着々すゝむバリック・サマリンダ道路工事」

「軍用機献金」

「国防献金」

9月21日（木）

「一機でも多くの熱意　献金既に四万円突破」

「ジユモーの樹皮で　代用繊維　作業服などによい」

「坊主頭で蹶起　テンガロン青年団の意気込」

「島内だより」

9月22日（金）

「現地初の綜合防空訓練　すは警報直に快速配置　消火も見事に鉄壁陣」

「心強い防護団整備　原住民もあとひと頑張り」

9月23日（土）

「白衣に包む赤い心　病める生産戦士を優しく看護　姉妹仲よくバリックで挺身」

「一般電力は今後有料　関東配電が引受けて来月から経営」

「二倍はおろか四倍増産　ダイヤモンド採取に張切る原住民」

「巣立つ原住民警官」

10月8日（日）

「送油管」

「島内だより」

「軍用機献金」

10月10日（火）

「郷土防衛の銀翼へ　サマリンダ各地から美はしい献金」

「皇恩に報いん　ポンチアナクで感謝式」

「パツサル・マラムを日本名に改称」

10月11日（水）

「昨朝百三十機の大編隊来襲し　一挙に堂々六十五機を撃墜破　厳然たるバリック防空陣」

「原住民女性の総力を挙げ　サロンだけは織らせよう　バリック州知事の肝煎りで真摯な生産計画」

「全員武装も凛々しく　訓練に火花　ポンチアナク意気軒昂」

「タラカンでも感謝大会」

「増産サマリンダ鍬の進軍【上】　邦人商社に農産部　原住民にはお米、タピオカの責任栽培」

「廠長、部長が陣頭に　稔る野菜、食糧自給へ流す聖汗」

「電話開通御知せ」バリックパパン電報電話局

10月12日（木）

「初の戦闘機群侵攻も失敗　敵来襲半数を喪つて潰走　バリック制空陣盤石」

「現地の不急不要事業転用　急速に戦力の飛躍に寄与　海軍民政府、重要事業等非常措置令を公布実施」

「増産サマリンダ鍬の進軍【下】　勇士達の丹精結実　害虫も退散し立派な野菜の戦果」

「島内だより」

10月14日（土）

「軍用機献金」

「映配奥地巡回へ」

10月17日（火）

「有難う献金の速射　大戦果に応へ赤誠」

「逞しい若人　農業実務生の作業ぶり」

「軍用機献金」

10月18日（水）

「現地生活物資配給は凡て　商社単位の購買会向けに　狙ひは疎開と適正配布」

「軍用機献金」

「大和館」

「原住民警察幹部　四十九名巣立つ」

10月19日（木）

「原住民の警察官を養成　あすバリック教習所の開所式」

「僕ら大東亜の子供　ダイヤモンドを増産　原住民学童が戦力増産に一役」

「原住民の移転制限を　厳重に実施　バリック州知事庁」

「島内だより」

「軍用機献金」

10月20日（金）

「東京娘二人組　兵隊さんに続けと足掛三年　タラカンから更に新任務へ」

10月21日（土）

「バリック警察教習所開所式」

「油断は禁物　敵機来襲、空中戦見物は危い　警報・直ちに必ず防空壕内へ　急降下爆撃や機銃掃射の惧れがある」

「墜落不時着の航空機には　絶対手を触れてはならぬ　現地軍で現場取締に関し命令」

「軍用機献金」

「原住民教員敢闘に感激　育英に献金　現地入営壮丁の佳話」

「七万円を遂に突破　大戦果に感激して銀翼献金続々」

「ポンチアナク敢闘」

10月22日（日）

「送油管」

「現地赤誠献金の二段跳　巨弾で一挙九万円突破　この大戦果に続こう」

「島内だより」

「軍用機献金」

10月24日（火）

「献金急角度に上昇　幕僚に士官・民間の巨弾連発　見る／＼中に十一万円を突破」

「軍用機献金」

10月25日（水）

「資源の陸運に希望は洋々　まづパシル地区に八粁完通　拓く南ボルネオ産業道路」

「ポンチアナクの奥地で巡回映画」

「大和館御案内」映画配給社

10月26日（木）

「隠忍自重大戦完遂へ　栄光の日は遠からじ　バリック州原住民が敢闘の飛檄」

「相次ぐ大凱歌に感激、呼応　銀翼献金十三万円に近し」

「軍用機献金」

「島内だより」

10月28日（土）

「現地事業給与統制令改訂　十一月一日から実施」

「けふお祝酒を特配　バリック・更に戦はうと士気昂揚」

10月29日（日）

「送油管」

「万歳渦巻くバリックの感激　仇討だ・思ひ知つたか米鬼　邦人、原住民の歓喜爆発」

「増産マハカムの村々【上】　芽ぐむ勤労の田畠　一年前とはガラリ変つた力強さ」

「強い日本・醜敵惨敗　赤誠の献金殺到や躍上る原住民　歓喜に沸立つサマリンダ地方」

「軍用機献金」

「島内だより」

10月31日（火）

「明日から　本紙は戦時版型」ボルネオ新聞社

「増産マハカムの村々【下】　陸稲稔る黄金の波　こゝかしこ純情原住民の敢闘譜」

「軍用機献金」

11月1日（水）

　「兵補巣立つ　巻脚絆姿も凜々し　郷土防衛の前線へ」

　「明治節奉祝映画」大和館

11月2日（木）

　「撃墜敵機の所在を発見……　バリック・殊勲の原住民を表彰」

　「軍用機献金」

　「島内だより」

11月3日（金）

　「現地酒に新消費税」

　「当籤四千円が宙ぶらり」

　「軍用機献金」

11月4日（土）

　「明治節・全国各神社に　大戦果奉告　征戦完遂の誓ひ新た　現地でも厳粛に遙拝式執行」

　「兵器を献納　大留秀夫氏」

　「日本人墓地　グヌン・アンパツトに」

11月5日（日）

　「送油管」

　「貯蓄報国の第一位　バリック州・六百八十八万円余」

　「島内だより」

11月7日（火）

　「軍用機献金」

　「感謝で築く献金の山」

11月8日（水）

　「入荷案内」日本出版配給会社

11月9日（木）

　「民防衛へ智嚢動員　バリックに協力委員会を組織」

　「原住民に日本語検定試験　十二月一日に五、六、七級を実施」

　「農業実務校を創設　食糧増産へ・原住民指導者養成」

　「大和館」

　「島内だより」

　「入荷案内」日本出版配給会社

11月10日（金）

　「スンボジヤ　密林は農場に一変　バリック食糧基地を目指し　苦心の青物作り愈々本格的」

　「軍用機献金」

11月11日（土）

「教員常会　今月の申合事項　励まう・食糧増産へ　席上感激の軍翼献金」

「軍用機献金」

11月12日（日）

「島内だより」

11月14日（火）

「バリック大空中戦　荒鷲に聴く(1)　一撃にゆらぐ巨体　火を噴きコンソリ海中へ　マカツサル海峡上空の追撃空戦」

11月15日（水）

「バリック大空中戦　荒鷲に聴く(2)　愛機は傷む敵は三機　一機々々ぐうつと引寄せ皆殺し」

「着陸も体当り　予備機で舞上り殴込んで勝星」

11月16日（木）

「敵潜三隻を撃沈破　マカツサル海峡　駆潜艇の偉勲」

「バリック大空中戦　荒鷲に聴く(3)　密林に落ち命拾ひ　空戦中うつかりして新手が攻撃」

「敵兵は泣き面　痛快なのは落下傘喰ひ切り術」

「軍用機献金」

11月17日（金）

「バリック大空中戦　荒鷲に聴く(4)　戦闘したい者ばかり　支度中に僚機でこつそり舞上る」

「立派に体当り　日の丸振つて散つた内山中尉」

「もう鬼に金棒　優秀な若鷲揃ひに新鋭機は大量」

「民政府総監　現地を巡視」

「大和館」

「軍用機献金」

11月18日（土）

「一人で菜園を五坪　食糧自給へ各商社に栽培を割当て」

「タラカンに敵機初見参」

11月19日（日）

「送油管」

「敵機何者ぞ　タラカン健闘」

「島内だより」

「軍用機献金」

11月22日（水）

「タラカン空襲」

11月24日（木）
　「軍用機献金」
11月25日（金）
　「宝庫パシルを行く⑴　餌なしで釣れる鰹　荒くれ男御す女村長」
11月26日（土）
　「送油管」
　「宝庫パシルを行く⑵　和蘭の圧政に反乱　精悍パシル族赤白鉢巻隊の伝説」
　「きのふ開校式挙行　バリックパパン農業実務学校」
　「婦人会を結成　サマリンダの女性蹶起」
　「サマリンダ　相次ぐ赤誠の銀翼献金」
　「町中央に農園　テンガロン婦人会」
　「軍用機献金」
11月28日（火）
　「宝庫パシルを行く⑶　時鐘を打つ警察官　女の嫉妬平和の町に犯罪を生む」
　「開発の動脈　道路、橋梁の工事成る」
　「軍用機献金」
11月29日（水）
　「宝庫パシルを行く⑷　飛出す肥つた野豚　道路工事に協力する原住民青年」
　「電報料金改正」
　「軍用機献金」
11月30日（木）
　「宝庫パシルを行く⑸　お姫様手製の珍菓　土侯一族をあげての大歓迎宴」
　「軍用機献金」
12月1日（金）
　「宝庫パシルを行く⑹　悩みは労力の不足　お別れに開くコーヒーの大饗宴」
　「空襲に毅然　タラカンは戦ふ」
12月2日（土）
　「醜敵撃滅の一翼　飛ばさんバリック号　赤誠の献金十二月八日に献納」
　「軍用機献金」
12月3日（日）
　「八日に竣工式　パシルの産業道路完成」
　「一等の幸運は二三七五八　第五回富籤の当籤番号発表」
　「大和館」映画配給社

12月5日（火）

「行事に盛る撃滅の意気　大東亜戦争三周年　一日戦死の生活費献金や　焼跡を開墾　州知事庁の総動員挺身」

「右足を失ひ血の敢闘　敵機から護つた燃料廠三氏表彰」

12月6日（水）

「団体別の農場建設　原住民の勤労錬成と食糧増産へ」

「新開拓地で豊年祈願祭　スンガイ・ピナンの現地で執行」

「「仇を討つて」と軍翼献金　妻子を盲爆に奪はれた一原住民」

12月7日（木）

「赤誠の軍用機献金　三社分を一括して海軍省へ送付」

「島内だより」

12月8日

「けふ大東亜戦争開戦三周年　神風隊の心で敵に当れ　南ボルネオ海軍最高指揮官談　冷静沈着職分を尽せ　杉山州知事、原住民の協力要望」

「タラカンに敵機」

「赤誠の銀翼献金献納　各地で厳かな記念式」

「優良三商社を表彰　功労原住民八名に知事賞を授与」

「けふ軍用機献納映画会」主催　映画配給社　ボルネオ新聞社

12月9日（土）

「滅敵へ羽搏け赤誠の翼　意義深き日に最高指揮官へ軍用機献納の手続」

「完勝への決意新に　街に沸る決戦一色　表彰に開墾に慰問に多彩な行事」

「各地の記念日　バンジエル　タラカン」

「軍用機献金」

「第四年も献金突撃　早くも六千円集る」

12月10日（日）

「送油管」

「血潮の甲板に凱歌　おゝ・巨体燃え落つ　わが掃海艇、敵飛行艇と一騎討ち」

「僅か一日で千二百円突破　銀翼献納映画大会に集る赤誠」

　映配直営　大和館

12月12日（火）

「第五回復興富籤当籤番号」

「井戸を掘つて　草を刈りませう　アメーバ赤痢とマラリア対策」

「原住民婦人会　盛大に結成式」

「一棟は八十平方米程度　地形はそのまゝで利用　建築に関して当局から注意発表」

「軍用機献金」

12月13日（水）

「敵機タラカン頻襲」

「シンコン若葉を食べよう　ビタミン補給に好適の代用野菜」

「密林開拓戦士護る　バリツク診療所にマラリア検血班」

「闘ふ船員に直接褒賞金　航海補助、奨励金制度を制定」

「七千円を銀翼献納　燃料廠従業員一同の溢るゝ赤誠」

12月14日（木）

「建設戦士にまづ健康　溝清掃やマラリア蚊の買上げ実施　みんなで励行しよう衛生週間」

「魚の宝庫マハカム　燃料廠山田大佐の資源視察談」

「庶民銀行の利率　大巾引下げ断行」

「軍用機献金」

「御挨拶」日本出版配給統制株式会社　バリツクパパン出張所

12月15日（金）

「マハカム河を溯る（上）　取られかゝつた首　河水の何割かゞ魚」

「窃盗賭博が第一位　ジヨンゴス、バブには厳重な躾　警察統計」

12月16日（土）

「マハカム河を溯る（下）　両岸に悠々鰐の昼寝　河の王者も銃に顔負　鰐を使つて仇討　それほどに馴れる」

「警察教習所　廿三日に記念式や運動大会」

「御挨拶」日本出版配給統制株式会社　バリツクパパン出張所

12月17日（日）

「送油管」

「原住民俘虜を釈放　軍の英断に感激、職域協力誓ふ」

「覚えてゐて下さい　敗血症に粉バナナ　現地産果実、蔬菜がこんなに効く」

「バンジエルの海員養成所廿日に開く」

「バリツク市で製塩　自給へ現地軍最高指揮官の妙案」

映配直営　大和館

「島内だより」

12月19日（火）

「本年掉尾の綜合防空訓練　バリツクで近く展開」

「空に油断するな　警戒警報と同時に待避せよ」

「軍用機献金」

12月20日（水）

「決戦下に遊民なし　原住民浮浪者を一掃　適当の保護を加へ就職を斡旋」

「廿二日に赤痢予防注射」

「戦力へ大いに活用　マカツサル研究所の幾多の業績」

12月21日（木）

「爆破だ・それ快速架橋だ　電話線復旧に焼夷弾の消火に見事な手並を発揮　バリック本年掉尾の綜合防空訓練好成績に終了」

「保健衛生強化週間標語」

「原住民はあと一息　知事の観察談」

「海軍兵補四名　壮烈な戦死」

「大映作品」映画配給社

「軍用機献金」

「島内だより」

12月22日（金）

「タラカン空の猛者　落下傘で降下しながら撃墜機確認」

「皇恩の光を浴びて　奏でる結婚行進曲　バリック県庁で一月廿組も縁結び」

「高くついた和蘭時代　それでも見栄坊のインドネシア」

「無料登録の水曜は大繁昌　女より男が断然多いバリック」

12月23日（土）

「原住民看護婦、見習看護婦募集　バリックパパン海軍燃料廠」

12月24日（日）

「送油管」

「回教聖日に金一封　基督教徒にも手交・当局の温情」

「第二回は二十七日に実施　バリックの赤痢予防注射」

「軍用機献金」

12月27日（水）

「四ケ年計画で帆船大量生産　百万盾を補助、運航会を強化」

「冷水で湿布して下さい　赤痢予防注射強反応の手当で」

12月31日（日）

「本紙は元旦付を特に発行し、二日付を休刊といたします」

映画配給社

「軍用機献金」

昭和20年（1945年）

1月1日（月）

「我等の食糧は我等の手で　現地座談会(1)　増産自給へ総突貫！　船腹の節約に大意義　現地自給の元締橋本部隊」

1月3日（水）

「我等の食糧は我等の手で　現地座談会(2)　不安定な米作を止め　キヤツサバを主食へ」

「軍用機献金」

1月4日（木）

「我等の食糧は我等の手で　現地座談会(3)　キヤツサバの食べ方工夫の調理法を公開　団子や千力餅に勝闘揚げ　蒸カステラの作り方」

「原住民婦人会総動員で　数々のシンコン料理出品　八日に品評会と試食会開催」

1月5日（金）

「我等の食糧は我等の手で　現地座談会(4)　タピオカでかき餅　需要の半を自給する燃料廠農園」

1月6日（土）

「タラカンで三機撃墜破」

「我等の食糧は我等の手で　現地座談会(5)　多収穫が先づ狙ひ　労務者の保健にもなる農園経営　施設部」

1月7日（日）

「送油管」

「我等の食糧は我等の手で　現地座談会(6)　食へぬ野草殆ど無し　有機質の適宜補給で菜園に成功」

「州内四校で生徒を募集」

1月9日（火）

「我等の食糧は我等の手で　現地座談会(7)　食つて働く楽しみ　労務者のために拓いた山の農園」

「空襲から工場を護れ　機械工具等にも必ず防空施設」

「兵補を援護　バリック地方本部生る」

「昂る日本語熱　検定試験に嬉しい現象」

「軍用機献金」

1月10日（水）

「時局解説講座　戦局の現段階と現地邦人の覚悟　現地軍参謀」主催ボルネオ新聞社

「我等の食糧は我等の手で　現地座談会(8)　種子の自給が問題　小規模菜園のコツは肥料にあり」

「ご自慢料理の品評会　清月堂でニヨニヤ達の作品試食」

「軍用機献金」

1月11日（木）

「我等の食糧は我等の手で　現地座談会(9)　失敗覚悟で米作冒険　植付にも工夫し小農式がよい」

「農夫へお米に供出制度　ポンチアナクで食糧新対策」

1月12日（金）

「我等の食糧は我等の手で　現地座談会⑽　労務者には先づ食を　活用しよう現住民婦女子の労力」

「労務者に憩ひの家　医療、宿泊、娯楽施設等を完備」

「一般聴講券締切り　十四日の現地参謀講演会」

1月14日（日）

「我等の食糧は我等の手で　現地座談会⑿　油の乗つた増産運動　本年中頃までには大半を自給確信」

「軍用機献金」

1月16日（火）

「現地軍参謀の熱弁　満堂に多大の感銘　本社主催　時局講演会」

1月17日（水）

「率先鍬を執る土侯　逞しく起上つた西部クタイ便り」

「孤独の英魂に詩一篇　優しくも南溟に咲く乙女の心情」

「更に固めん空の護り　バリツク市で綜合防空訓練実施」

1月18日（木）

「軍用機献金」

「青年団団歌を募集」

「島内だより」

1月19日（金）

「軍用機献金」

1月20日（土）

「スパイ敵将校を逮捕　上陸潜入を計り難破漂流中を発見　西ボルネオ殊勲の原住民を表彰」

「早川民政部長官来る　知事庁を視察し烈々の訓示」

「現地軍の銀翼献金　ポンチアナク」

1月21日（日）

「送油管」

「日曜特輯」

1月22日（月）

「捕虜原住民兵の歓喜　タラカンで四百名釈放の恩典」

「軍用機献金」

Ⅲ. 索　　引

1. 中部版（日本語）

171208は、昭和17（1942）年12月8日に掲載されたことを示す。

○小説（掲載順）

「海軍」岩田豊雄作　中村直人画　1-156　171208-180608

「黒田如水」吉川英治　江崎孝坪（画）　1-132　180609-181109

「出撃」濱本浩　1-10　180921-1080923、180925-180926、180929-180930、181002-181003、181005

「天狗倒し」大佛次郎　田代光（画）　1-84　181110-190215

「清水次郎長」小島政二郎　和田義三（画）　1-262-　190216-191216-

「乞食大将」大佛次郎　江崎孝坪画　-7-25-　-200114-200203-

○レンサイマンガ（掲載順）

「フクチアン」横山隆一　180924-181003、181006-181009、181012-181017、181020-181023、181026-181027、181102-181105、181109-181110、181112-181118、181120、181123、181125-181207、181209-181210、181212-181216、181221-181226、190102-190106、190108-190123、190128-190129、190201-190210、190112-190305、190310-190311、190314-190319、190322、190324-190325、190328-190409、190411-190415

○内地（掲載順）

「内地だよりところどころ」　171208、171210

「内地だより」　171211、171220、171226、180203、180213、180301、180309、180311、180312、180317、180324、180326、180417、180421、180508、180511、180523、180605、180608、180610、180615、180620、180623、180625、180627、180630、180703、180707、180709、180713、180715、180718、180722、180724、180727、180729、180731、180803、180805、180807、180810、180812、180814、180817、

216　Ⅲ. 索　引

　　　　180820、180822、180825、180828、180831、180904、180907、180909、180911、
　　　　180914、180916、180918、180921、180923、180925、180928、180930、181003、
　　　　181006、181008、181013、181015、181017、181020、181022、181027、181104、
　　　　181111、181113、181117、181119、181124、181126、181128、181201、181203、
　　　　181205、181210、181214、181216、181218、181221、181223、181229、181231、
　　　　190106、190108、190112、190114、190116、190119、190120、190126、190128、
　　　　190130、190206、190211、190213、190218、190222、190224、190227、190301、
　　　　190304、190307、190310、190312、190315、190318、190322、190325、190404、
　　　　190406、190408、190411、190413、190415、190419、190421、190426、190428、
　　　　190504、190506、190509、190512、190514、190518、190520、190523、190528、
　　　　190601、190604、190615、190617、190620、190623、190726、190815、190827、
　　　　190831、190905、190907、190908、190917、190919、190920、190921、190924、
　　　　191001、191012、191013、191017、191019、191026、191027、191031
　「内地ところどころ」　171230、180101、180109、180112、180113、180121、180214、
　　　　180220、180221、180306
　「内地便りところどころ」　180123、180205
　「九州だより」　190324
　「東京便り」　190902、200114
　「東京だより」　190923
　「北日本便り」　191020

○百人一首（掲載順）

　「誦へ『愛国百人一首』」　171208、171209
　「愛国百人一首」　1-8　171212、171214、171216、171219、171220（終）

○共栄圏（掲載順）

　「共栄圏ところどころ」　180101
　「共栄圏だより」　180108、180124、180207、180216、180220、180224、180310、
　　　　180311、180312
　「建設進軍譜」　180604、180606、180609、180611、180613、180616、180619、180622、

180624、180626、180629、180701、180704、180708

「共栄圏建設譜」 180710、180714、180716、180720、180723、180725、180728、180730、180801、180804、180806、180808、180813、180815、180818、180821、180824、180827、180829、180901、180903、180905、180908、180910、180912、180915、180917、180919、180922、180924、180926、181002、181005、181007、181009、181014、181016、181019、181021、181030、181103、181105、181112、181114、181118、181121、181125、181127、181130、181202、181204、181207、181212、181215、181217、181219、181222、181226、181230、190107、190109、190111、190115、190118、190125、190127、190129、190203、190208、190210、190212、190217、190219、190225、190229、190302、190305、190309、190311、190314、190317、190321、190323、190326、190405、190407、190409、190412、190414、190418、190420、190422、190427、190429、190503、190505、190507、190513、190516、190521、190526、190531、190602、190610、190614、190616、190618、190622、190727、190813、190906、190909

○大相撲（掲載順）

「春場所」 180112-180126

「夏場所」 180504、180509、180511-180515、180518-180523、180525-180527

「春場所」 190105、190107、190109-190125

「夏場所」 190503、190505、190507、190509-190510、190512-190514、190516-190521、190523-190524、190526

「秋場所」 191105、191111-191112、191114-191119、191121-191123

○ラジオ放送（掲載順）

「けふの放送」 180202、180226、180227、180318-180320、180323-180327、180330-180403、180406-180410、180413-180417、180420-180424、180427-180501、180504-180508、180511-180515、180519-180522、180525-180529、180601-180605、180608-180612、180615-180619、180622-180626、180629-180703、180706-180710、180713-180717、180720-180724、180727-180731、180803-180807、180810-180814、180817-180821、180824-180828、180831-180904、180907-180911、180914-180918、180921-

180925、180928-181002、181005-181009、181012-181016、181019-181023、181026-181030、181102-181106、181109-181113、181116-181120、181123-181127、181130-181204、181207-181211、181214-181218、181221-181225、181228-190101、190104-190108、190111-190115、190118-190122、190125-190129、190201-190205、190208-190212、190215-190219、190222-190226、190229-190304、190307-190311、190314-190318、190321-190325、190328-190401、190404-190408、190411-190415、190418-190419、190421-190422、190425-190429、190502-190506、190509-190513、190516-190520、190523-190525、190527、190530-190603、190606、190608-190610、190613-190617、190620-190624、190725-190729、190815-190819、190829-190902、190905-190909

「けふのラジオ」 180203、180204、180205、180206、180209、180210、180211、180212、180213、180216、180217、180218、180219、180220、180223、180224、180225、180301、180302、180304、180305、180306、180309、180310、180311、180312、180313、180316、180317

「ラジオ番組」 180207、180214、180221、180228、180307、180314、180321、180328、180404、180411、180418、180425、180502、180509、180516、180518、180523、180530、180606、180613、180620、180627、180704、180711、180718、180725、180801、180808、180815、180822、180829、180905、180912、180919、180926、181003、181010、181017、181024、181031、181107、181114、181121、181128、181205、181212、181219、181226、190102、190109、190116、190123、190130、190206、190213、190220、190227、190305

「放送番組」 190312、190319、190326、190402、190409、190416、190420、190423、190430、190507、190514、190521、190526、190528、190604、190607、190611、190618、190723、190813、190827、190903

「放送」 190917、190919-190924、190926-191001、191003-191004、191008、191010、191012-191015、191017-191022、191024-191029、191031、191101-191105、191107-191112、191114-191120、191122-191126、191128-191203、191205-191210、191212-191216、200114、200116-200128、200130-200203

南ボルネオ関係

●シリーズ（50音順）

あ行

ウルスンガイ基地　上中下　190509-190511

ウルスンガイところどころ　1-8　180804-180808、180810-180812

ウルスンガイを見る　1-3　180120-180122

か行

学芸科学　野菜の現地栽培　上中下　181104-181106

彼女らに聴く新ボルネオ　1-3　180501、180505-180506

鍛へる警備隊　1-3　190226-190228

基地建設隊報告書　武田部隊の戦士と語る　2、4　190426、190428

決戦の祖国を語る　上中下　190531-190602

更生する学園　1-6　180301-180302、180304-180307

コタバル便り　上中下　190411-190413

ゴム　1-8　180825-180829、180831-180902

さ行

サルタンとダイヤと資源　1-4　180423-180425、180427

サンピット奥地探検記　1-23　181019-181024、181026-181031、181102-181105、181110、181112-181114、181117-181119

実践と警備を語る　1-6　180511-180515、180518

水郷バンジエル　1-6　180216-180221

創意工夫　1-6　190523-190528

創意工夫　物語続篇　1-6　190606-190611

た行

戦ふ炭焼き村　上下　180821、18024

炭鉱記　上下　190330-190331

地方民政を語る　県管理官代理座談会　1-4　180608-180611

中央ボルネオの秘境を探る　1-41　180801、180803-180808、180810-180815、180817-

　　　　　180822、180824-180829、180831-180905、180907-180911、180914-180918
中央ボルネオ諾威人踏査記　1-7　181005-181009、181012-181013
挺身する秘境マハカムを行く　1-5　190119-190123
東部ボルネオ・敵前建設の巨歩　1-9　190229-190305、190307-190309
囚われの敵国人　1-3　180317-180319

な行
日本語勉強の一年　上下　180302、180304

は行
働くインドネシア　1-9　180522-180523、180525-180526、180529-180530、180601
必勝ウルスンガイ報告書　1-6　200116-200121
"婦人会"ウルスンガイ支部歴訪記　上中下　190816-190818
ボルネオの尾根　奥地探検　第一報　上下　180612-180613
ボルネオ文化　対策座談会　1-5　180615-180616、180618-180620

ま行
南ボルネオ軍艦旗の護り　上中下　180714-180716
南ボルネオ原住民思想の新動向　1-11　180921-180926、180928-181002
南ボルネオ巡察一千粁　上下　180507-180508
南ボルネオ地下資源座談会　1-4　181123-181126
南ボルネオ鉄道開通座談会　1-5　191025-191029
南ボルネオ動物三態　上中下　180902-180903、180905
「南ボルネオの明日」を語る　1-5　180101、180103、180105-180107
南ボルネオの新世紀を語る　1-4　180903-180905、180907
民政第一線の体験と抱負　上中下　180818-180820

や行
山の第一線　1-5　190404-190408

ら行
ランダ河奥地探検記　1-8　191102-191110
陸戦隊便り　上中下　180330-180401

わ行

南ボルネオ関係索引

●人名（50音順）

あ行

青木大東亜相　180509

天羽情報局総裁　181119

アルシマヌワ　200131

磯長司政長官　180326

伊東画伯　180608、180610

井上庚二郎（民政部長官）　190101

井上司政長官　180801

井上長官　180429、180718、181027、181111、181208、181208、190102、190201、190211、190301、190323、190326、190328、190819

井上民政部長官　190102

鵜飼朝日新聞ボルネオ総局員　200114

大久保伍長（故）　190116

大島博士（外科）　181221

大瀬　190412

か行

加藤司政官　180826

カルティニ女史　190420

川田順　180101

河野技師　180210

川面　180928、190610、190921

日下昌三郎　190927

栗原大佐　181208

近藤画伯　180608

さ行

佐藤指揮官　190901、190905、191125

佐藤侍従武官　180407、180407、180408、180408

サマット　190924
正源寺　180909
正源寺寛吾　171209
正源寺市長　180204
鈴木　191010
鈴木乙治郎（海軍大尉）　181104、181105、181106、190101
鈴木海軍大尉　181225
鈴木指揮官　190209
鈴木大尉　180330
スターマー独大使　190225
スドノ　180304

た行

高浜虚子　171208
土田建報副団長　191014
鉄子　180522
東條首相　181119

な行

鍋島　180212
野中司政官　190928
ノルセイハン夫人　190818

は行

ハガ（総督）　180128、180318
ハナヒヤ　190924
ハミダン　181120、181222、181224、181225、190924
早川新長官　191125
早川長官　191209、200117、200130
早川 元（はじめ）（ボルネオ民政部長官）　191208
林女史　171222、171226
林芙美子　171216、171225、180101、180128、180129、180202、180205
ハリマオ　200118
バル、ラジヤ　180824

平田茂留　190211

フアイシヤル　180512、180515

福井司政官　180202

福田司令官　180223、180223

ま行

マイン君　181124

前田大将　171208

松尾司政官　190920、191014

マムンちゃん（エム・）　190829

○○司令官　181123

マンシヤ氏　190817

マンボツク　191108

三橋総監　191122

三橋民政府総監　191209

宮下　181204

桃太郎　190829

や行

八木司政官　190623、190819

八木司令官　190206

安井バンジエル市長　190928

矢野英雄　171210

山崎総監　190523、190528

山路一行（海軍大佐）　190101

山路議長　190819

山路大佐　180212、180410、180511、180529、180623、181031、181111、181208、190326、190521、190606、190620、190815、190901、190905、190924、191013、191104、200116

山本元帥　180605、180606

山脇大将　190926

山脇中将　190926

米田司政官　180929

米田前民政部支部長　180509

ヨネツプ　180520

ら行

ラシド、ムハマド　180302

陸川　180429、180429

リパイ君　180909

ルスバンデイ会長　190905、190905

ロスバンデイ博士　190204、190205

わ行

●地名（50音順）

註：「島内だより」が省略され、地名のみが書かれたものは「島内だより」に加え、地名は加えなかった。

あ行

「旭川」　190818

アダン湾　180131

アマジツト郡　180221

アムンタイ　180808

アモンタイ　180207

アモンタイ分県　190616

アヤオ山　180904

アルヂユナ　180430

アンジル・スラバツト　180813

アンハ　180811

インドネシア　180404、180522、180523、180525、180526、180529、180530、180601、180602、180604

インドネシヤ　171210

ウル・スンガイ　180210

ウルスンガイ　171223、180120、180121、180122、180714、180801、180804、180805、180806、180807、180808、180810、180811、180812、181008、181009、181123、190331、190509、190510、190511、190607、190816、190817、190818、190923、191108、200116、200117、200118、200119、200120、200121、200201

ウルスンガイ県　180406、180420、180814

ウルスンガイ地方　180720、190924、190930、191116

欧米　180923

和蘭　180127、180404、180813、190211、190331

か行

カオリン　181026

カプアス（河）　180803、190622

華満　190120

カユ・ガラム　180821

カユ・バンテン　180815

カンダンガン　180117、180226、180720、180803、180807、190926、191018、200201

北ボルネオ　→　ボルネオ

旧蘭印　→　蘭印

旧蘭領ボルネオ　→　ボルネオ

共栄圏　180811

クアラ・カプアス　191001

クチン　181214

クラシン　180803

クルワ　190818

京浜　181116

コタバル　180130、191202

コタ・バル対岸　190402

さ行

桜通　180212

サマリンダ　180512、190302、190303

サマリンダ地区　180330

サンダカン　181214

サンピット　181019

サンピット奥地　181019、181020、181021、181022、181023、181024、181026、181027、181028、181029、181030、181031、181102、181103、181104、181105、181110、181112、181113、181114、181117、181118、181119

ジヤワ　180623、180808、180908、190322、190520、191216

小スンダ　190927

ジヨロイ　180917

シンカワン　190227

スウガイ・バル　180812

スラパット　200202

税関通り　200124

世界　180715、180902、180908、190308、191101

赤道　180114、180817、180914

セレベス　190530

　南セレベス　191013

た行

大東亜　171208、180831、180907、181119、181202、191203、190412、190829、190905、
　　190920、191010

大東京　→　東京

太陽日本　→　日本

タカジヨン　180910

タサンブトン　180914

タナゴロ　180131

ダヌンパリ　180822、180824

タブガネン　180430

タラカン（島）　180522、190305、190307、190323、190603、190603、190617、190623、
　　191118、191123、191126、191212、191215

タラカンサツト　200117

中央ボルネオ　→　ボルネオ

中部ボルネオ　→　ボルネオ

直轄区域　181209、190404、190606、190818、191027、191216

直轄区域州　190328、190329、190330

ドイツ　191101

東亜圏　180427

東京　181029、181110
　　大東京　180505

トポス　180828

トンバンムルツ　180827

な行

内地　180114、180119、180120、180122、180126、180128、180129、180206、180220、
　　180227、180228、180301、180305、180310、180326、180414、180810、180821、
　　180825、180907、181007、181203、181205、190406、190426、190507、190530、
　　190610、190928、191123

ナガラ　180807、190525、191129

ナバン　190316

南海　190229、190408

南方　171210、180130、180207、180209、180218、180220、190303、180403、180702、
　　180907、180908、180909、181001、181007、190426、190520、191214

南溟　180211、180403、180505、180519、180528、190414、191209、191209

南洋　171231、180902

西ボルネオ　→　ボルネオ

日本　180119、180119、180129、180203、180216、180306、180307、180317、180428、180505、180506、180511、180514、180520、180522、180624、180714、180825、180826、180828、180909、180910、180930、181001、181021、181116、181124、181225、190310、190428、190519、190817、190922、190929、191130、191201

　科学日本　180918

　大日本　190924

　太陽日本　180423

ネシア　190601

は行

バカタン　190413

バ市　180202、180202、180206、180415、180721、180722、180918、181118、190226、190308、190309、190405、190407、190418、190528、190530、190618、190725、190726、190727、190728、190901、190909、190920、190924、190924、191008、191125、191202

パシル地方　190926

ババオ河　180811

バラバイ　180117、180120、180803、180806、190926

バリ　190921

バリック　180119、180124、180124、180331、180414、180417、180429、180519、190220、190303、190303、190924、191008、191008、191010、191013、191207

バリツク市　180123

バリツク州　180911

バリツクパパン　180509、190219、190229、190323、190602、191010、191017、191020、191216、200127、200203

バリト　191121

バリト奥地　180612、181013

バリト河　180703、180810、180827

バリト激流　180904、180914

バリト源流　180828、180903

バリト上流　180812

バンジエル　180131、180203、180204、180205、180210、180211、180216、180224、
　　180310、180310、180316、180325、180326、180429、180508、180512、180513、
　　180519、180521、180522、180525、180528、180601、180608、180703、180727、
　　180803、180804、180804、180807、180810、180901、180901、180903、181006、
　　181007、181020、181111、181125、181208、181208、181209、181217、190102、
　　190113、190202、190229、190425、190428、190503、190524、190527、190606、
　　190611、190624、190829、190902、190919、191001、191003、191010、191019、
　　191027、191101、191103、191114、200114、200116、200131
バンジエル県　180424、180428、180814、190817
バンジエル郊外　180915
バンジエル市　180212、180225、180228、180403、180424、180511、180624、180711、
　　180723、180911、181110、181209、181219、190316、190521、190928、191001、
　　191024、200128
　大バンジエル市　190118
　大バンジエル市区画　190111
バンジエル地方　191001
バンジエルマシン　180416、180527、180805、180824、190208、190415、190428、
　　190618、190921、190928、190928、191028、191029、200125
バンジエルマシン郡　190924
バンジエルマシン県　180429
バンジエルマシン市　180430、180928、181201、190425、190924、191201
バンジエルマシン地方　191003
バンジヤル　180725、180727
バンヂエル　171208、171209、171225、180106、180117、180124
バンヂエル市　180127
バンヂエルマシン市　180113、180121
東印度　190922、190924
比島　180804、190520
ビヒヨナギス山　180826
ビルマ　180126、180130
フドルトン山　180815
フドルトン山麓　180811
ブランガス村　190723
プルツト　181102

プレイハリ　191001、191003、200117

プロクチヤウ　190125

ボルネオ　171208、171216、180114、180117、180119、180126、180219、180307、180310、180415、180501、180504、180505、180506、180511、180511、180612、180613、180624、180626、180722、180821、180824、180831、181221、190125、190322、190523、190526、190530、190531、190601、190609、190611、190723、190816、190817、190817、190818、190903、190907、190924、191008、191025、191025、191029、191102、191116、191122、191123、191208、191208、200120

北ボルネオ　190926

旧蘭領ボルネオ　171210、181221

中央ボルネオ　180801、180803、180804、180805、180806、180807、180808、180810、180811、180812、180813、180814、180815、180817、180818、180819、180820、180821、180822、180824、180825、180826、180827、180828、180829、180831、180901、180902、180903、180904、180905、180907、180908、180909、180910、180911、180914、180915、180916、180917、180918、190820、181005、181006、181007、181008、181009、181012、181013

中部ボルネオ　180427、180727、180731、180803、190102、190907、190921、190926、191003、191010

東部ボルネオ　190229、190301、190302、190303、190304、190305、190307、190308、190309

西ボルネオ　180509、180911、181003、181022、181027、181114、190129、190226、190212、190227、190405、190521、190521、190601、190623、190926、191126、200120

東ボルネオ　190615、200130

南ボルネオ　171210、180101、180119、180127、180128、180130、180131、180211、180212、180217、180220、180310、180310、180320、180324、180327、180328、180330、180330、180331、180401、180410、180413、180415、180507、180519、180528、180623、180624、180704、180714、180715、180716、180801、180831、180903、180904、180905、180907、180907、180911、180921、180922、180923、180924、180925、180926、180928、180929、180930、181001、181002、180929、181021、181104、181109、181111、181113、181123、181124、181125、181126、181126、181203、181203、181208、181208、190106、190115、190201、190206、190229、190310、190315、190318、190322、190323、190324、190326、190402、190402、190404、190405、190409、190411、190429、190502、190507、190509、

　　　　190510、190519、190523、190524、190524、190525、190525、190526、190527、190528、190601、190602、190606、190609、190622、190622、190830、190902、190903、190920、190921、190922、190923、190924、190924、191010、190113、191014、191015、191024、191025、191026、191027、191028、191029、191111、191112、191203、191209、191209、200119、200121
　　南ボルネオ首都　190118
香港　190120
ポンチアナク　180427、180731、180829、181001、181012、181203、181204、181208、181226、181226、190111、190129、190212、190302、190323、190413、190520、190827、190901、190902、190907
ポンチアナク州　180714、190726
ポンブアン　181028

ま行

マカツサル　180301、180307、180319、180504、180523、180626、180803、181105、181210、190422、190519、190603
マハカム（河）　180623、180817、190119、190120、190121、190122、190123、190622
マリブ河　180817
マリン山　180901
マルガサリ　180630、180805、190819
マルカ地区　180330
マルタプーラ　180422、181015、190314、190503、190902、191021、191028、191128、191129、200116
マルタプーラ河　180521、191207
マルタプーラ分県　191201
マンジョール　181105
南セレベス　→　セレベス
南ボルネオ　→　ボルネオ
民政部直轄州　180922
ムクロ山　180826
ムンダワイ　181019

や行

大和通　180407、180415

大和橋　180210、180216、180225
　大和橋畔　180207
吉野通り　190901

ら行

ラウン河　180803
ラタ河　180822
ラミン　190120
蘭印　171212
　旧蘭印　180214、180307、180417、181202
ランタウ　180131、181102、181221
ランダ　191104、191108
ランダ河　191031、191102、191103、191104、191105、191107、191108、191109、191110

わ行

●事項（50音順）

あ行

（あ）

愛国行進曲　180520

愛誦歌　180415、190310

アカル・サンパイ　180831

秋　180820、180825

悪疫　180429

悪習　190329

朝　180212、180221、180226、180301、180314、180826、190121、190902、190903、
　　190921

アジア

　新アジア　180907

アジア的なるもの　180922

アジア民族　190819

アマジット郡長　180221

アミーバ赤痢　180709

アモンタイ占領　180207

アララン草　180918

荒鷲

　豆荒鷲　180801

蟻　181104

　蟻食ひの肉　181007

アロン運動場　181124

アロン球場　191008

アロン広場　180821、181208、190210、190304、190621、190819、190921、190922、
　　191103、191104、191118

（い）

硫黄泉　180121

医学

　医学日本　190428

　現地医学　180618

筏　180114、180519
　　海洋筏　190407、190408
錨　190609、190830、191010
意気　190229、190511
　　意気昂揚　180725、181110
意義　180326、191205
生地獄　190204
生花　180706
「憩いの家」　181211
石　190606
医師
　　原住民医師会議　180825
石原産業　191206
椅子　190120
移遷祭　190111
委託学生　→　学生
市場　180314
一般邦人診療所　→　邦人
伊東画伯スケッチ展　180610、180611
糸車　190523
稲田　180121
稲　180103
　　稲摘み奉仕　190830
犬
　　ダイヤ犬　181027
猪　180812、181027
違反者
　　公価違反者　190206
移民
　　労力移民　180808
慰問　200130
　　慰問映画　→　映画
　　慰問金　190819
　　慰問隊　190817

慰問文　190224、190428
　　音楽慰問隊　190919
　　建設戦士慰問　181110
　　白衣勇士慰問　180302、181110
　　兵補慰問　190917
医薬剤　190412
衣料　190523、190907、190920
　　衣料配給　190729
医療品　190525
医療扶助　180511
衣類　180928、181020、181021、190128
　　衣類義金　181010
　　衣類寄託　181006、181007、181008、181013
慰霊祭　200114
　　慰霊祭（護国九勇士）　181021
　　埋葬慰霊祭　190116
刺青　180911
慰労費　181130
インドネシア人　180128、180615
インドネシア婦人　190420

　　（う）

魚　181007
浮家　180804
牛祭　190123
歌
　　歌合戦　181113
　　日本の歌　180910
ウビ　200116
海　180513
海魚　190202
ウルスンガイ基地　190509、190510、190511
ウルスンガイ支局　200201
ウルスンガイ支部　190816、190817、190818

236　Ⅲ．索　引

　　ウルスンガイ地方感謝協力大会　190930
　　ウルスンガイ地方大会　180720
　運河　180813
　運転手免許証　190215
　運動会　171209、180420、181209、191103
　運動場　190101、190611
　　アロン運動場　181124
　　バンジエル新運動場　181111

　　（え）

　映画　180114、180615、180826、180923、181013、181125、190329、190516、190601、
　　　190607、190615、190621、190624、191101、191109、191201、191203
　　慰問映画　180907
　　映画化　190405
　　映画会　180822、181209
　　映画界　190213、190520
　　映画公開　190311、190903
　　映画上映　190330
　　映画だより　190530
　　記録映画　190530
　　劇映画　190229、190416
　　献納映画大会　191010
　　恤兵部提供映画　190319、190416
　　巡回映画　191109
　　邦人向映画　190414、190504、191003
　　ボルネオ紹介映画　190219
　営業禁止　180420
　英魂
　　九英魂　190116
　衛生
　　衛生看護知識　190204
　　衛生施設　191028
　　衛生当局　190624
　　衛生部長会議　180618

衛生報国　190428
　　現地衛生当局　180908
映配　180519、190213、190520
　　映配音楽団　200123
英米撃滅　190527
英霊　180518、180811、181002、190127
　　九英霊墓参　181110
駅伝競走　190530
襟　190609
塩干魚　180220、191015
演芸大会　181031、181118
　　軍官民合同奉祝演芸大会　180429
演習　191116
　　攻防演習（民政部訓練日）　181031
　　市街攻防演習　181217
　　実弾射撃演習　191105
　　射撃演習　190907
　　消火演習　190418
援助　180623
煙突　190609

（お）

王国　181024
黄金の穂波　181009
欧米思潮　180819
大阪劇場（大劇）　180114、180810、180813、180923、190209、190215、190229、190229、
　　190301、190301、190303、190304、190428、190504、190615、190621、190623、
　　190728、190903、190908、190929、191003、191123、191203、191205、191207、
　　200201
奥地　180106、180107、180116、180116、180213、180223、180314、180404、180518、
　　180612、180613、180623、180626、180801、180819、180828、181027、181105、
　　181119、181125、190119、190329、191107
　　奥地視察　180518
　　奥地巡回　181125、200123

奥地巡回医療班　180404
　　奥地探検　180612、180613、180623
贈物　180430
忍城水攻め　171208
夫　180205
　　夫の遺志　190818
踊り　180424、191108
オペラ　190926
オモチヤ　180908
オラン・ウータン　180903、181006
　　オランウータン伝説　181112
和蘭銀行　180907、180908、180909、190928、190929
和蘭軍　180116、180715
和蘭時代　180305
和蘭色　190102
和蘭当局　190211
和蘭兵　180204、180218
音楽　180424、180619、180923
　　音楽慰問隊　190919
　　音楽会　180917、190304、190308
　　音楽隊　190623
　　士気昂揚音楽大会　180912、180916、180919
温泉　180130
　　鶴・亀両温泉　190411
女　171226、180205、180521
　　女心　180817
音盤　180923、190615、190621

か行
（か）

蚊　180616
　　防蚊香水　190218
海員養成所　180722、191215
海運球団　190725

凱歌　180519、180612、180711、180804、180808、180918、181109、190818、190903、
　　191128
絵画展　190308
回教　190906、190929
　回教学校児童　181208
　回教協会　181126、181211
　回教々会講演　190418
　回教寺院　180430、180907
　回教指導者　190908
　回教正月・休暇　190831
　回教団体　181005
　回教徒　180228、180515、181006、190326、190919、190929
　　回教徒戦意昂揚大講演会　191029
　　回教徒対策　180618
　　回教徒兵補　190922
　回教小学生　180321
海軍　180228、191028
　「海軍」（映画）　190330
　海軍旗　180212、180320、180330
　海軍機献納　190602
　海軍記念日　180527、180528、190524、190527、190528
　海軍々政下　181009
　海軍軍政地域　180219、180804、190112
　海軍慈善病院　180518
　海軍省　181225
　海軍体操　181022
　海軍地域事務局　190520
　　南方海軍地域　180218
　海軍地区　190504、190815、191012
　海軍当局　181024、190206
　海軍特別警察隊　190622
　海軍二等兵補　190902、190905
　海軍病院　171222
　海軍部隊　190527、190921

海軍兵補　190527、190531、190607、190617、190622、190819、190829、190830、190901、190921、190922、190930、191104、191105、191108、191110、191118、191124、191125、191210、200126
　　海軍兵補実施要項　190527
　海軍○○隊　190210
　海軍民政府　180417
　　海軍民政府総監　181208
　海軍勇士　→　勇士
　皇国海軍　190901
買占め　190206
皆働運動　190401
開発　180210、180219、180324、180330、180410、180623、181208、190119、190510
　開発完遂　190526
　開発建設　180310、190528、190726、200119
　開発戦士　181126、181221、190330、190331、190511、190817
　開発増産　190509
　開発増産戦士　190331
　開発促進　190920
　鉱床開発　190926
　鉱物資源開発　180509
　資源開発　180829、181208、190404、191208
　南方開発　181007
　南ボルネオ開発　180623
　木材開発　190521
海洋筏　→　筏
蛙　180812、181113
家屋
　原住民家屋　180909
科学戦士　180121
価格提示制　180420
科学日本　→　日本
鉤　190606
火気厳重注意　191017
貨客運賃　181030

家郷　190922

華僑　180509、180829、181102、181118、181210、181221、181226、190120、190326、190503、190602、190726、190926

　華僑妻女　190316

　華僑食堂　181225

　華僑総会　181104、181118

　バ市在住華僑　190405

家具　180227

学園　180301、180302、180304、180305、180306、180307、180811

学芸会

　奉祝学芸会　190213

学芸科学　181104、181105、181106

学芸大会　180813、191028

学生

　委託学生　190322

学制改革　180228、180331、190318

　南ボルネオ学制改革　180327

学徒　190618、200130

　学徒挺身隊　181026

　バ市学徒動員　191008

学童　180120、180821、180921、181009

　学童生徒　180813

　原住民学童　180814、180828

　現地学童　180907

　ダイヤ学童　180805

　バンジエル上級学童　190611

学友会　180911

学用品　180228

駆足訓練　181019

画劇　180211

家憲　180423

菓子　180817

鍛冶　190525

家事実習　180307

樫村機（片翼）　181224

家政塾　190816

貨船　190920

河船運航会　181030

家族団欒　190930

家族手当　191001

歌壇
　　ボルネオ歌壇　180801、180803、180804、180805、180806、180807、180808、180810、
　　　180811、180812、180813、180814

家畜増産計画　190127

家畜模範飼育所　190202

学校　180428、180506、180826
　　学校関係指導者教育　190819
　　学校生徒　→　生徒
　　学校増設　190315
　　公学校　180428、190901、191001
　　　　島内公学校　181228
　　　　特別公学校　180511、180523
　　女学校　190204

「かつら」　181110

家庭教育　→　教育

家庭生活　180907

火田式農法　180915

仮名遣統一　180826

鉦　191110

画伯　180615

歌舞音曲停止　180605

下部機構　180624

家宝供出　191206

窯　180824

神　180425、180606、181117、181215
　　福の神　190316

紙
　　手漉き紙　190610

紙芝居　180804、181013、181028、181029
　　紙芝居宣撫　180714
カメラ　180902
ガメロン楽器　180723
カユ・ラジヤ　190608
硝子製品　180615
ガラス窓　180827
カリマンタン映画館　200128
カリマンタン劇場　200201
神鷲［ガルーダ］　191208、191208、191209
カルティニ女史追悼　190420
為替　180113、190507
　　為替管理令　190504
漢医師　180225
灌漑水路竣工　200202
乾季　180116、180506
歓喜　180415、180420、180831、181126、190122、190205、191028
刊行物　181229
官公吏
　　原住民官公吏　180907
看護
　　衛生看護知識　190204
　　看護婦　180530
感謝　180128、181221、190321、190326、190328
　　感謝協力決議　190922、190924
　　感謝協力大会　190930
　　感謝大会決議　190924
奸商　180417
鹹水　181010
還送物資　190112
艦隊司令長官　180218
カンダンガン球団　180720、180803
カンダンガン婦人会　191018
缶詰　181030

戡定二周年奉祝行事　190209

敢闘　180803、180923、181019、190222、190815、190924、200116、200116

　　敢闘精神　180704、190530、190725

　　敢闘秘話　190903

関東配電株式会社南ボルネオ電気部　190525

観兵式　191104

カンポン　180128、180828、190111、190528、190606

官吏　180325

　　官吏教員　180325

　　官吏再教育　191216

　　原住民官吏　180103、180305

　　指導邦人官吏　180624

監理官会議　180814、180930、181111、190606

　　分県監理官会議　180807、190611

監理官事務所　180420、180424、180428

管理官代理座談会　180608、180609、180610、180611

（き）

議員（直轄区域州会）　190329

議員（バンジエル市）　190315

　　原住民議員　181209、181219、190225

　　州会議員　181209、181209、190301、190326、190331

機械　190510

　　機械工業紡績　180206

機関車　191027

企業　190404

　　企業整備　191014

　　企業担当者　190523

義侠　180404

基教徒　191126

戯曲　190101、190209

義金　181020、181021

基金募集　190924

紀元節　181221、190101、190209、190212

希元素鉱脈　190409

希元素新鉱床　190926

紀元の佳節　180211

機甲部隊　190212

技師　190211

喜捨　190921、190929

寄宿舎　191028、191112

技術　180121

　　技術者　180120

　　日本技術　180116、191130

寄生虫　171231

基礎教育終了式　191202

寄託　181001、181003、181006、181007、181008、181010、181013、181021、181022、
　　181231、190819、190905、191119

　　寄託金品　181231

北ボルネオ最高指揮官　190926

基地建設隊報告書　190426、190428

貴重資料　180918

機動演習　191108

記念行事　190527、191205

記念碑　180813

木の皮　180318

木の実　181007

機帆船検査班　190726

希望　180203、180501、180506、181003、181114、181211、190509、190519、191025

　希望者　180414、181106、181225

「君が代少年」　200131

キモノ　180706

脚本　180527

救援隊

　　バ市救援隊　180721

休暇（年末年始）　181221

宮城　181224

求人希望者　180414

給水　180424、180601、180601、180624、180806
　　給水工事　180502
休戦ラツパ　180401
宮中御儀　181104
牛皮　190723
義勇奉公隊　190921
九勇士墓参　→　勇士
給与　180601、180810、190816
　　給与改善　180701、180806
　　給与暫定要綱　190325
　　給与要綱　181210
給料　181124
教育　180904、190202
　　家庭教育　180807
　　教育研究所　180617、180812、181021
　　教育研究所生　181024
　　勤労教育　200130
　　皇民化教育　180327
　　作業教育　190611、190618
　　実務教育　180921
　　初等教育　180228
　　日本式教育　191003
　　日本的教育　180203
教員　180203
　　官吏教員　180325
　　官吏再教育　191216
　　教員養成所　190303、191003
　　　　教員養成所卒業生特別教育　190819
　　教員錬成道場
　　　　西ボルネオ教員錬成道場　181003
　　視学教員講習　180722
競泳　190513
共栄圏　191216
　　共栄圏学徒　180811

共栄圏交易　180326
教科書　180307、190928
教材　180306
教師
　　原住民教師　180316
行事　180428
　　戡定二周年奉祝行事　190209
　　記念行事　190527、191205
　　奉祝行事　190414、190524
供出運動　191018
供出者　191101
共進会　191025、191101、191102
　　共進会産業館（旧）　191203
　　共進会場　191105
　　共進会便り　191105、191107、191108、191110、191111、191112
行政
　　行政運営　190611
　　行政機構強化（南ボルネオ）　190601
　　最前線行政　181111
　　　　最前線行政官　181111
　　新行政　180331
　　占領地行政　181111
　　第一線行政　190324
　　　　島内第一線行政官全体会議　181109
　　南ボルネオ行政　190106
　　　　南ボルネオ行政機構　190601
競漕　180430
共同販売所　180623、180708
郷土防衛　191010、191025、191115
協力　171209、171210、180116、180119、180120、180122、180204、180212、180301、
　　180306、180508、180509、180810、180904、180926、181005、181005、181104、
　　181127、181202、181208、181225、190120、190204、190205、190209、190216、
　　190225、190301、190310、190321、190328、190329、190329、190329、190402、
　　190429、190521、190524、190527、190622、190729、190818、190819、190901、

190930、191014、191025、191208
　　協力決議　190922、190924
　　協力精神　190610
　　協力挺身　190401、190819
　　協力要望　191109
教練　181021
　　教練開始式　181024
漁獲　190606
旭日　180904
挙国団結　190602
虚飾廃止　190917
巨木　190406
　　巨木の群　190405
虚礼廃止　190908
義理　181207
基督教　190906
　　偽瞞基督教排撃大会　190903
　　基督教首脳部　190401
　　ダイヤ基督教会　190115
キリスト教会　180430
キリスト協会長　190924
規律　190620
近海航路　180627、180722
銀行
　　和蘭銀行　180907、180908、180909、180928、180929
　　ジヤワ銀行券　180417
　　庶民銀行　190117
　　台湾銀行　180907、180908、180909、190928、190929
　　敵性銀行　180417、180902、180907、180908、180909
　　バンジエルマシン爪哇銀行　180928、180929
　　バンジヤルマシン爪哇銀行　180907、180908、180909
　　蘭印商業銀行　180907、180908、180909、180928、180929
銀幕　180214、190622、191019
銀翼　181106

銀翼献金寄託　191119

勤労　181221、190324、190622、190816

　　勤労教育　200130

　　勤労作業奉仕　190310

　　勤労者　180928

　　勤労奉公隊　190127、190202、190401

　　勤労奉公票　190310

　　勤労報国精神　190503

　　勤労奉仕　181111、190129、190326、190405、190531、190815、190924、191001、191025、191118

　　　　勤労奉仕団体　190321

　　　　聖汗勤労奉仕　190413

（く）

空襲　191124

　　空襲警報　180902、180915、180917、180926、191003、191015

空砲射撃演習　190210

空路　180408

日下昌三郎氏個展　190927

屑鉄類　180416

駆虫剤　190206

靴　180902、190723

頸飾　191201

首狩　180907、181013、190123

首棚　180116

首塚　180811

熊　180814、180905

愚民搾取　180219

クリー　180813

苦力　180807、190330

クリスマス贈物　181223

クレヨン　190610

　　ボルネオ・クレヨン　180928

黒潮団　190725

鍬入式　190723

軍艦旗　180226、180507、180528、180717、190212
　　南ボルネオ軍艦旗　180714、180715、180716

軍官民　180101、180518、181211、190425、190513
　　軍官民合同奉祝演芸大会　180429
　　軍官民親睦錬成野球戦　190815
　　軍官民錬成野球大会　190723、190725、190729

軍教　180327、181021

軍使　180119

軍事教練　180129

軍事費　180210

軍事郵便　180923

軍人援護献納短歌　180801、180803、180822

軍人援護献納俳句　180804

軍人精神　190905

軍政　180128、181126、190323、190326
　　海軍軍政地域　180219、180804、190112
　　軍政下　190129
　　　　海軍々政下　181009
　　軍政機構　180218、180410
　　軍政協力　191208
　　軍政当局　190317
　　南方軍政　180908
　　南ボルネオ軍政躍進　181208

軍属　190527

郡長　180306、180826
　　郡長会議　180226、180228、180327
　　バンジエルマシン郡長　190924

軍直営　180518

軍当局　180417、180819、181221、190527

軍費　180210

軍票　180304、180429

軍命令　180817

軍用機　180918、181208

軍用機献金　180921、181007、181118、181121、181130、181226、190213、190308、190406、190928

軍用機献金興行　190209

軍用機献納　181102、181106、190310

　軍用機献納金　181102

　軍用機献納式　191207、191208、191209

　軍用機献納資金　181111、181112、181113、181114、181116、181117、181118、181119、181120、181121、181123、181124、181125、181126、181127、181128、181130、181201、181203、181204、181215、181218、181221、181222、181231、190104、190108、190208、190210、190303、190322、190409、190413、190423、190510、190511、190512、190513、190514、200127、200202

軍用機南ボルネオ号献納　190425

軍用機南ボルネオ号資金　200120

訓練　191012

　駆足訓練　181019

　訓練心得　180831

（け）

警護隊　190428

経済　180928

　経済建設　190112

警察　180107

　海軍特別警察隊　190622

　警察幹部養成所　190322

　警察機構　180401

警察官

　原住民警察官　180806

警察庁

　警察庁（署）長　190618

　特別警察庁　181219

警備　180511、180512、180513、180514、180515、180518、180714

　警備演習　180605

　警備隊　180226、180227、180228

　　警備隊指揮官　171210

警部　181028

警報　191015

　　空襲警報　180902、180915、180917、180926、191003、191015

　　警報発令　191003、191003、191017

啓蒙慰安の旅　180626

経理統制　191117

劇映画　→　映画

激戦

　　タラカン激戦の跡　190305

撃敵　190929、191028

　　撃敵決意　190922

血液型　190608

月給前借　180916

穴居生活　191107

結婚

　　結婚式　191109

　　自由結婚　191109

決戦　180918、181208、190101、190211、190213、190303、190531、190601、190602、
　　191029、191205、191208

　　決戦施政　190220

　　決戦色　190927

　　決戦食糧陣　191008

　　決戦食料理　191102

　　決戦即応　190415

　　決戦態勢　190106、191013

　　大東亜決戦　180410

　　南海決戦場　190229

　　放送決戦化　200114

　　「ボルネオの決戦」　191208

　　民政部決戦執務　180711

下痢患者　190624

県　180317、180331、190606

　　県監理官　180608、180609、180610、180611

　　　　県監理官要員　180919

検疫所　191114

献金　181001、181106、181118、181208、190303、190308、190314、190425、191028

　　原住民献金運動　181002

　　献金熱　181008

　　献金箱　181225

　　国防献金　181022、190905、191029、191129、191206

健康　180901

原材　190528

原始境　180829、181030

　　原始境探検　180801

原始生活　180804

原住民　180216、180407、180410、180430、180511、180608、180610、180611、180612、180615、180616、180622、180714、180716、180814、180818、180828、180829、180831、180903、180904、180905、181003、181110、181112、181114、181130、181203、181204、181208、181211、181221、181226、180102、190120、190128、190202、190209、190210、190212、190220、190225、190229、190309、190310、190321、190409、190511、190606、190609、190622、190729、190903、190903、190922、191013、191018、191025、191028、191031、191103、191124、191130、191206、191208、191216、200121、200123、200124

　　原住民医師会議　180825

　　原住民演芸大会　181118

　　原住民開発戦士　181221

　　原住民家屋　180909

　　原住民学童　180814、180828

　　原住民官公吏　180907

　　原住民官吏　180103、180305

　　原住民議員　181209、181219、190225

　　原住民教師　180316

　　原住民協力　181208、190818、191025

　　原住民郡長　180826

　　原住民警察官　180806

　　原住民啓蒙講習会　181009

　　原住民献金運動　181002

　　原住民現業員　191029

原住民高等船員　180803

原住民雇用　180310

原住民作業員　190907

原住民産業戦士　191003

原住民自衛　181021

原住民志士　180207

原住民指導　180819、181001、181002

　　原住民指導者養成　180812

原住民使用人　180306

原住民上流婦人　180706

原住民職員　180511、180701、180820、181210、181223、190305、190325、191003

　　原住民職員給与　171211

原住民生活物資　200125

原住民政治参与懇談会　190119

原住民青少年体操大会　190304

原住民生徒　190115、190120

原住民青年　180808、180820、180831、180929、181007、181019、190127、190527、
　　190531、200126

原住民制服　180404

原住民戦士　180829

原住民専門　190531

原住民戦友　190330

原住民総動員　190920、191014

原住民対策　180413

原住民体操競演大会　190425

原住民地方職員　180910

原住民中流婦人　181003

原住民日本語座談会　190201

原住民農夫のお辞儀　180223

原住民婦女子　191013

原住民兵捕虜　180217

原住民勇士　180722

原住民料理　181008

原住民錬成道場　180518、180623、180627

原住民労務者　191024
　　バ市原住民　191125
懸賞　190101
　　懸賞募集　180415、180527、181028、181029
原始林　180821
建設　171226、180101、180130、180316、180330、180403、180407、180612、180717、181111、181119、190102、190106、190209、190328、190601、190623、190928、191028、191122、191128
　　開発建設　180310、190528、190726、200119
　　建設開発　190815
　　建設協力　190216、190402、190524
　　建設自活戦　190528
　　建設資材　181210
　　建設戦　180801、180804、180901、181013、181127、190323、190325、190411、190511、190524、190527、190611、190618、190725、190815、190818、191024
　　　建設戦士　190212、190329、190528、190723、200116
　　　　建設戦士慰問　181110
　　　建設戦挺身　190813
　　　農業建設戦　180515
　　　南ボルネオ建設戦　180911
　　建設団　190421
　　建設美談　181211
　　建設報国団　190418、190507
　　　バンジエルマシン日本人建設報国団　190415
　　建設邦人部隊　191018
　　建設四原則　190622
　　工業建設　190112
　　工場建設　180411、181029
　　新ボルネオ建設　181110、190330、190331
　　敵前建設　190229、190301、190302、190303、190304、190305、190307、190308、190309
　　南方建設　180209
　　南ボルネオ建設　190229、190326
現地　180429、180502、180605、180627、180715、180721、180801、180805、180812、

256　Ⅲ．索　引

　　　　　　180921、181103、181207、181214、181221、190209、190212、190227、190527、
　　　　　　190921、200130
　　現地医学　180618
　　現地衛生当局　→　衛生
　　現地学童　→　学童
　　現地間　180605
　　現地急速増強断行　191012
　　現地給与　180810
　　現地軍当局　190527
　　現地警備演習　180605
　　現地建設戦　190725
　　現地栽培　181104、181105、181106
　　現地自活　190524、190525、190526、190527、190606
　　　　現地自活建設戦　190611
　　現地自給　180928、181208、190412、190607
　　　　現地自給・自活戦　190523
　　現地資源開発　180829
　　現地司法制度　181111
　　現地住民　181202、181208、190329、190401、190903、191025
　　現地消費　180512
　　現地人　171223
　　現地生活報告　180307
　　現地製作　190520
　　現地生産　181012
　　現地製鉄工業　190609
　　現地青年　180727
　　現地戦力　180704
　　現地造船戦士　181109
　　現地造船報国　190927
　　現地徴兵　190928
　　　　現地徴兵身体検査　190121、191121
　　現地貯金報国熱　190426
　　現地都市名　180826
　　現地入営勇士　190929

現地入隊　191001
　　　現地入隊者　191001
　　現地婦人　171226
　　現地部隊入隊　190902
　　現地文教　190928
　　　現地文教施策　181103
　　現地防空功労者　191207
　　現地報告　190323
　　現地奉祝　190429
　　現地邦人　→　邦人
　　　現地邦人徴兵身体検査　→　邦人
　　現地郵便貯金　180901
　　現地遙拝式　→　遙拝式
　　西ボルネオ現地軍献金　200120
建築許可制　180130
県庁　190601
献納　180918、181210、181210、190819、191109、191201
　　海軍機献納　190602
　　軍人援護献納短歌　180801、180803、180822
　　軍人援護献納俳句　180804
　　献納映画大会　→　映画
　　献納金　191018、191207
　　献納式　190330、191205、191207、191209
建報第四軍　190725
建報団　190613、191124、200119、200121
　　建報団員　190606、190608、191216
　　　建報団員錬成　191209、191210
　　建報団団則　191116、200119
　　建報団役員　191116
　　建報団錬成　191202、200203
　　バ市建報団　190726

（こ）

鯉　181031

小磯声明　190926

鯉幟　180505

恋人　191027

興亜　180129

幸運者　181201、181203、191203

講演　190418、190607、190624
　　講演会　17122、180810、180812、181222、190503、190514

皇化　180101、180121、180410、190309

校歌　190606

号外発行　191210

公価違反者　190206

航海補助　191214

皇化教育　180228、181208

公学校　→　学校

工業　190112、190227、190510、190611
　　工業建設　190112
　　工業実務学校　180812
　　工業実務校　180808
　　工業奨励館　180206
　　工業村　200118
　　工業地帯　190206
　　工業の島　180824
　　工業ボルネオ　181012

鉱業開発　180429

興行決算報告　190406

航空工場　181225

航空郵便　180710

皇軍　180128、180203、180207、180528、181026、181117、181119、181223、181224、
　　190129、190202、190204、190205、190205、190211、190328、190901、190922
　　皇軍進駐　181002、190211
　　　　皇軍進駐記念日　190201
　　皇軍保護　190528

航行禁止　180703

皇国　180212

皇国海軍　190901

鉱山　180522、180522

鉱産物

　　重要鉱産物　190211

校舎新築　191118

甲種合格　190527

工場（邦人）　190429

　　航空工場　181225

　　工場完成　190208

　　工場見学（京浜）　181116

　　工場建設　180411、181029

　　新工場　190510

　　豆工場　191028

向上運動　190420

鉱床開発　190926

行進　190917

　　愛国行進曲　180520

　　示威行進　190212

　　市中行進　190204、190527

　　　慶祝市中行進　180212

洪水渦　181130

更生　180129、180216、180301、180302、180304、180305、180306、180307、180328、
　　190123、190129、190205、1901216

厚生週間　180928、181003、181005、181006、181006、181007、181008、181009、
　　181010、181012、181013、181013、181014、181016、181021、181231、190128

　　厚生週間運動　181008

　　厚生週間義金　181012、181216

　　厚生週間決算報告　181020

皇大神宮　190212

公定価　180525、180616

　　公定価格　180417、180512

合同体操演錬　181106

皇道統治　180219

興南報国団　180929、181015、181109、190122、190314、190405、191001、191010

260 Ⅲ. 索 引

　　興南報国団支隊　190125
　　興南報国団優良団員　191216
抗日陰謀　181221
　　抗日陰謀検挙功労　190622
購買力　180812
紅白　200116、200116
合板船　190303
鉱物資源開発　180509
公文書　181229
広報　180508
攻防演習（民政部訓練日）　181031
鉱脈　180101
　　鉱脈発見　181221
皇民化　180325
　　皇民化教育　180327
校名日本語　180327
小売価格　180922
小売商品　180525
小売値　180423
小型船　181210
呼吸　180907
国際電気　180326
国際電気通信株式会社　190115、190120、190530、190531、190601
コークス　181012、190609、200117
国勢調査（南ボルネオ）　190429
国葬　180603、180605、180606
穀倉　180328、190818
酷熱　180429
国防献金　181022、190905、191029、191129、191206
国民
　「国民奉祝の時間」　190209
　　指導国民　180117
呼号　180917
護国　190127

護国九勇士　→　勇士
心　180128、180128、180318、180926、180930、181119、181130、190119
　　親心　171211、180217、180228、180404、180410、180826、181210、191031
　　心構へ　180124、180521
　　真心　180210、180302、190201
「胡椒に港」　190412
国旗　180306
　　国旗掲揚　190305
　　国旗掲揚式　180301
　　国旗掲揚台　180203
　　国旗乱用禁止　180603
国境　191107
言葉　180818
子供　190920
こども楽隊　180124
米　180101、180103、180120、180416、180511、181022、190323、191025、191112、
　　200116
　　米買上計画書　190615
　　米搗　190121
　　米の倉　180808
　　白米　181031
　　予備米　181113
ゴム　180101、180103、180825、180826、180827、180828、180829、180831、180901、
　　180902、190217
　　ゴム液　180827、180831
　　ゴム園　180404、180520
　　ゴム・シート　180828
　　ゴム袋　180827
　　ゴム林　180825
娯楽　180620
　　娯楽税　190530
コレラ　180827、190309
　　コレラ予防注射　190409
金剛石　191031

さ行

(さ)

災害扶助令　191003

債権者債務者利害関係人　180907、180908、180909

採鉱　181123

最高指揮官
　　北ボルネオ最高指揮官　190926

祭日　190921

在住邦人　→　邦人
　　在住邦人宿舎　→　邦人
　　在住民間邦人　→　邦人

最前線行政　181111
　　最前線行政官　181111

栽培
　　栽培加工　190206
　　野菜現地栽培　181104、181105、181106

裁判　180107
　　民政裁判　190113
　　　　民政裁判令（暫定）　181109、191111

採油率　190307

在留邦人　→　邦人

サイレン　180917、180923、191028

防人　190905、190922

作業
　　勤労作業奉仕　190310
　　原住民作業員　190907
　　作業衣特配　180829
　　作業寄与　190404
　　作業教育　190611、190618
　　作業参観　190606

砂金　180119、181112

作文入選決定　190402

撮影進捗　190219

五月信子一座　171225、171227

サツテ　180819、180821

里芋　181203

砂糖　180416、180511、180603、190907

　砂糖椰子　180128

サマリンダ掃蕩　180512

皿　190607

　ボルネオ製皿　181026

猿

　天狗猿　180902、181020

　野猿　180806

サルタン　180423、180424、180425、180427、180504、190308

　サルタン王城遺跡　191102

サロン　181014、190523、191101

三エム運動　180122

三エム少年団　180224

三エムの標語　171223

サンガサンガ神社建立　190212

参議院　180908

産業　180903、181208

　原住民産業戦士　191003

　産業開発　190623

　産業協力　180128

珊瑚礁　190305

三千団員　→　バンジエル青年団

サンピツト奥地探検記　→　探検記

山砲　180512

産米　180801

産油増産対策　181007

参与　180908

（し）

市　180414、180601

　市の性格　181201

詩　180812

塩 180416、180508、180511、180714、190907
　食塩 180714
塩鱈 180220
市会 181208、181209、181209、181219、190225、190301、190315、190315
　市会議員 190301
　市会答申 190407
　市会令（暫定） 181209
　バ市市会 190310
　バンジエル市会 190316、190317、191001
市街攻防演習 181217
市外料金（電話） 190331
視学教員講習 180722
視学夫人 190816
自活
　現地自活 190524、190525、190526、190527、190606
　　現地自活建設戦 190611
市議 190316、190920
　ポンチアナク市議 190111
指揮官 190202
士気昂揚 190620、190917、190929、191008
　士気昂揚運動会 191103、191104
　士気昂揚音楽大会 180912、180916、180919
　士気昂揚講演 190405
　士気昂揚講演・映画の会 190122
自給 190323
　現地自給 180928、181208、190412、190523、190607
　コークス自給 190609
　自給確保 190127
　自給確立 190623
　自給自足 180120、180515、180714、180801、181014、181113、190723
　自給戦 190524
　食糧自給 190326
　セメント自給 190611
事業

事業原住民職員暫定給与統制令　190816
　　事業査察制　190815
　　事業場　190429
　　重点事業　190920
　　重要事業　191012
　　不急事業　190920、191012
時局認識　180829
資源　180223、180423、180424、180425、180427、180918、190302、190723
　　鉱物資源開発　180509
　　「資源街道」　190220
　　資源開発　180829、181208、190404、191208
　　資源廠　180410
　　人的資源　180410
　　天然資源　180106
　　南方資源　171208
　　木材資源　180915
試験
　　試験所　180121
　　吹鳴試験　190209
仕事　180414
資材　181124
　　資材対策　190920
　　労力資材　191125
視察　180223、180223、180509、180518、181123、190102、190225、190521、190523、190623、200130
　　南方視察談　190225
磁石　180901
侍従武官　180403
自主態勢　180911
市制　180310、180316
死生一体　190924
司政官　180401
自然　180120
自治体　181201

市中行進　180212、190204、190527
市庁　190202
　　バ市庁　190407
市長（大バンジエル市）　190118
支庁設置規定　181201
地鎮祭　181229、190111
疾患　191024
実験台　190525
実戦　180227、180511、180512、180513、180514、180515、180518、190425
実弾射撃演習　191105
湿地帯　181026、190220、190325、190527、190607、190817、191026
実務校
　　工業実務学校　180812
　　工業実務校　180808
　　実務教育　→　教育
　　農業実務校　190303
執務成績　200130
自転車　190524
　　自転車部分品　190607
指導国民　180117
自動車　181028、190524
　　親子自動車　190920
　　自動車運転者試験　180121
　　自動車検査　190502、190512
　　自動車検定合格証交付　180829
　　自動車事故防止　190206
　　自動車修理工場　180526
　　自動車操縦試験　180703
　　自動車燈管実施要項　180217
　　自動車両検査　190112
シトロネリヤ草　190218
市内早廻り　190528
支那語　190909
シナリオ　181028

芝居　180620

地盤　191026

師範学校　180203、180319

子福者　190817

死亡　180511

司法制度　181111

市民　171209、180204、180316、190319、190524、190725

　　市民運動場建設　190324

　　市民生活　190317

　　　　市民生活会館　191028

　　市民大会　190210、190528

　　市民大会（マカツサル）　181210

　　市民病院　180616

　　バンジエル市民　200128

使命完遂　190326

使命達成　190326、190404

諮問機関　181208

社屋　180328

市役所　181013

射撃

　　空砲射撃演習　190210

　　射撃演習　190907

　　水中射撃　190513

写真　180306

　　写真機　181028

　　写真展　180211

車体検査　180703

ジヤワ移民村更生　191216

ジヤワ銀行券　180417

ジヤワ劇団　190303

ジヤワ当局　180623

ジヤングル　190316

　　ジヤングル狂燥曲　180806

州　180317、180331

州会　181208、181209、181219、190225、190301、190326、190401、190903
　州会議員　181209、181209、190301、190326、190331
　州会議長　190326
　州会答申　190622
　州会令（暫定）　181209
　直轄区域州会　190328、190329、190330
　直轄区域臨時州会　190818
　臨時州会　190723、190819
　　直轄区域臨時州会　190818
週刊ニツポンゴ新聞　191001
州議　190920
蹴球　180430
　蹴球ウルスンガイ地方大会　190924
　蹴球ウルスンガイ予選　190923
　蹴球競技　180206
　蹴球大会　180720、180724、191018、191118
　　中部ボルネオ蹴球大会　180731、190907、190921、190926、190929、191003、191010
　　バンジヤル地方蹴球大会　180725、180727
　蹴球大争覇戦　180702
　蹴球バンジエル地方大会　191001
　中部ボルネオ蹴球　180803
　中部ボルネオ大会　180727
　ボルネオ蹴球界　191008
宗教　180618、180907
　宗教家　190401
　宗教施策（南ボルネオ）　190115
　宗教的迷信　181013
　宗教迷信　181024
銃剣　180226
銃後　181116
　銃後一致協力　190901
重工業　180704
銃殺　181024、181221
就職　180327、180911

住宅　180411、180502
州知事　180401、190413、190617
　　州知事会議　190220、190229、190301、190323
　　　　南ボルネオ州知事会議　190324
重点主義　180310、180911
　　強力重点主義　190920
自由販売許可　180603
住民　180121、180202、180508、190317
収容所　181221
重要物資　180117
　　重要物資販売許可制　180306、180416
授業料　180228
熟達者　190909
樹脂　180101
種族調査　181005
種畜場　190202
恤兵部提供映画　190319、190416
種痘　180831
樹皮　181128
巡回
　　奥地巡回　181125、200123
　　　　奥地巡回医療班　180404
　　巡回講演会　190514
　　巡回診察　181221
　　　　巡回診療班　181228
　　巡回宣伝　180826
巡査　180217
　　バ市巡査　180415
殉職巡補　190617
焼夷弾　180904
常会　181209
　　常会組織　190530
消火演習　190418
小学生　180407

正月
　　プアサ明け正月　190908
乗客　190601
賞金　180327、190314
少国民功労賞　180820
少国民文化賞　180820
上戸党　180128
商社　180708、180810、180929
　　商社邦人　→　邦人
詔書奉読　191209
小人種　191031
上水道　→　水道
小スンダ義勇挺身隊　190927
小説　180527、190101
常設館　190329
上層階級　180819
消灯　180917
焦土指令　180404
使用人　180803
消費　180512
商品見本　180605
正札　180417、180420
消防団（バ市）　190418
賞与　180928、181002、190831
上陸予定地　180119
奨励金制度　191214
奨励助成金　200121
女学生　180307、191102
女学校　→　学校
職域挺身　191013
職員
　　原住民職員　180511、180701、180820、181210、181223、190305、190325、191003
　　　　原住民職員給与　171211
　　原住民地方職員　180910

職員講習会　190901

　　税関職員（ポンチアナク）　181204

　　バ市庁職員　190920

　　民政部原住民職員　181124

　　民政部職員　180404、180928

食塩　180714

職業紹介所　180310

職紹取扱成績　180911

食堂

　　華僑食堂　181225

　　公衆食堂　200124

食肉類　190127

食糧　180515、181208、190323、191028

　　食糧供出　190723

　　食糧自活　200130

　　食糧自給　190326

　　食糧陣　191008

　　食糧増産　171223、180122、190202、190319、190323、190405、190531、190601、
　　　200116、200117

　　食糧物資増産　190317

　　食糧米　191008

　　食糧輸送　190608

　　南方食糧繊維増産打合会議　190119

食料理　191102

女子　180514、180518、190602、190609

　　軟禁女子　180514

女性　190310、190402、190816

　　女性生活刷新　191121

　　女性戦記　190817

初等教育　→　教育

庶民銀行　191212、200117

白鷺　190413

不知火の伝説　190402

市吏員　191001

市令（暫定）　181201
司令長官　190622
　　艦隊司令長官　180218
白蟻　180227
新アジア　→　アジア
神宮　181211
　　神宮大会　181106
人口　180310、190111
　　人口（バンジエル市）　180911
　　人口調査（南ボルネオ）　190609
人材活用　181210
深山・幽谷　191104
人事相談所　190728
診所
　　第一分診所　190531
身上申告書　181215
進水
　　第一船進水　181109
人生　180618
新世紀　180903、180904、180905、180907
人跡未踏　180801
身体検査　180506
新探鉱　→　探鉱
仁丹保持者　190211
新秩序建設　171210
進駐
　　皇軍進駐　181002、190211
　　　皇軍進駐記念日　190201
真鍮　190505
「心中の賊」　181208
人的資源　180410
親日　180107、180520、190211
神秘　180801
神兵　190204

新ボルネオ　→　ボルネオ
新ボルネオ建設　→　ボルネオ
診療助手養成所　190519

(す)
水泳場　190510、190513、190514、190516、190520
水泳大会　190516
水害地救援　181201
水火の試練　190527
水牛　190413
　水牛放牧　180812
水郷　190119
水質実験台　180808
推進機関　200119
水田　180213、180330、190413
　新水田起耕式　190527
　日本式水田　181022
水道　180803、181010
　上水道　180116
　　上水道通水式　180808
　水道開通式　180806
　水道工事　180424
　水道通水式　180810
　バンジエル市水道　180624
　バンジエル水道　180521、180601、180804
水稲栽培　190607
水稲増産　181114
睡眠　180225
吹鳴試験　190209
図画展　190304
菅笠
　ボルネオ菅笠　181127
炭焼き村　180821、18024
相撲実況放送中継　191112

274　Ⅲ. 索　引

(せ)

成果　180623、180803、190128、190318、190324、190330、190622
　　研究成果　180908
生活　180128、180501、181030
　　原住民生活物資　200125
　　現地生活報告　180307
　　生活刷新　190317
　　生活新設計（新生活設計）　171223、180122
　　生活必需品　180616、180623
　　ダイヤ生活　190123
聖汗勤労奉仕　190413
税関職員（ポンチアナク）　181204
聖汗奉仕　190212
製作　190520
生産　181012
　　生産現場　190618
　　生産陣　180704
　　生産戦士　181225
製紙　190610
　　製紙手漉工場　190921
政治
　　政治参与　181126、181201、181202、181208、181209、190119、190225
　　政治力　180801
　　翼賛政治体制整備　180908
精神　180611、181208
　　敢闘精神　180704、190530、190725
　　協力精神　190610
　　勤労報国精神　190503
　　軍人精神　190905
　　「精神」　190817
　　日本精神　180615、180918、1801203、190318
税制改革　180105
聖戦　171208、180211、180605
征戦完遂　191104

征戦完遂協力　190310、190316
征戦闡明　190205
清掃　190520
製炭　190528
製鉄　180410、190510
　　製鉄工業　190609
　　製鉄村　180704
生徒
　　学校生徒　190204
　　生徒募集　190115、190120
青年団　191028、200130
　　青年団原住民指導者講習会　190213
　　バ市青年団　190226
　　　　バ市青年団発足　181203
　　バンジエル青年団　190229
　　南ボルネオ青年団　181203、181228、191010
制服制定　190609
西部版　180731
生命　180509、190924、191025
　　生命財産　180821
製薬　190525
製油　180123
赤誠　181106、181112、181208、181225、190211、191209
石炭　180410、180817、181125、190304、190526、200118
　　石炭層　180612、180819
赤道　180114、180914
　　赤道直下　180817
　　赤道標　181114
石油　190623
　　石油ランプ　180917
赤痢　180921
　　アミーバ赤痢　180709
斥候　180226
切歯　180911

276　Ⅲ. 索　引

節水　181010

節電　190727

蟬の声　180806

セメント　190510、190611

戦意昂揚講演会　191029

戦意昂揚興行　190304

繊維製品　180512、180512、180829

繊維日本　180214

船員

　　原住民高等船員　180803

戦果　171208、180528、181121、191028、191028、191029

鮮魚　190411

戦局即応　190920

戦士　181105、190426、190428、191003、191010

　　開発戦士　181126、181221、190330、190331、190511、190817

　　科学戦士　180121

　　原住民戦士　180829

　　建設造船戦士　181109

　　産業戦士　191003

　　生産戦士　181225

　　ダイヤモンド戦士　191028

　　防衛戦士　190830、190903、190903、190905、190907、190909、190920、190921、190923、190924、190926、190926、190928、190929、191003、191008、191010、191010、191010、191103、191109、191119

戦時　180212

　　戦時市民生活　190317

　　戦時需要資材　181124

　　戦時食展　191025

　　戦時版型　191029

　　戦時向き　190526

戦場　180507、180826、190304

戦勝祈願祭　191126

戦捷祈祷・式典　180206

センジング病院　180518

戦跡記念碑　180124

前線　171208、190526、190923

　　前線建設　181208

戦争完遂　190924、191208

戦争協力　190527

前奏曲　190429

戦争遂行　190601

船長　181210

銑鉄　180821

宣伝戦　180626

宣伝隊　180612、180914、181013

　　民政部宣伝隊　180626、180714

宣撫　180515

　　宣撫隊宣撫行　180731

戦友

　　原住民戦友　190330

　　戦友愛　190127

戦略物資　180326

占領地　180304

　　占領地行政　181111

戦力　180704、191012

　　戦力化　181123、181126、190509、190609

　　戦力増強　190101、190323、190521、191014、191025、191125

　　　　戦力増進協議会　200119

　　戦力増強創意工夫展　200127

　　戦力の船　190903

　　戦力培養源　181208

　　第一線戦力　181111

善隣　180618

（そ）

創意工夫（創意と工夫）　190510、190521、190523、190524、190525、190526、190527、
　　190528、190606、190607、190608、190609、190610、190611

総監　190929

278　Ⅲ．索　引

　　民政府総監　181126、190921
送金　181205
総蹶起　190402、190920、190930
壮行会　190827、190829、190901、190921、190928、190929、191001、191123、191124
増産　180103、180213、180810、181221、190202、190208、190510、190511、190607、
　　190622、190818、190929、200117
　　開発増産　190509
　　　　開発増産戦士　190331
　　家畜増産計画　190127
　　漁獲増産　190606
　　黒ダイヤ増産　190330
　　産油増産対策　181007
　　食糧繊維増産　190119
　　食糧増産　171223、180122、190202、190319、190323、190405、190531、190601、
　　　　200116、200117
　　食糧物資増産　190317
　　水稲増産　181114
　　石炭増産　200118
　　増産協力　180116
　　増産計画　181208
　　増産策　190317
　　増産対策　181007
　　ダイヤモンド増産　180120、190907、190920
　　皮革増産　190723
　　米穀増産　181113
掃除　190601
葬式　181012
操縦技倆検定　190112、190502
総進軍　190202
造船　180410、190303
　　造船所　180529
　　造船戦士　181109
　　造船部隊　180711
　　造船報国　190927

壮丁検査　190426
送電　190602
総督（旧蘭領ボルネオ）　181221
疎開　190531、191013
速修大工学校　180411
祖国　171227、190102、190531、190601、190602、200114
蔬菜園　180805
蔬菜補給　190303
祖先　190512
卒業式　190402
空　180505、190213、190305
「ソロモン」　181225

た行
（た）

鯛　180512
ダイアク族　180116
体位改善　180814
体育　180616、180904
　　体育会　190101
体位向上　180122
体温　180908
台銀　→　台湾銀行
大工学校　180602
大劇　→　大阪劇場
太鼓　191110
太公望　180220
体重　180206
大詔　191208
　　大詔奉戴式　191209
　　大詔奉戴日　181208
退職　180511
大戦　181124、181207、181208、190819、191025
体操　180304

III. 索引

　　海軍体操　181022

　　原住民青少年体操大会　190304

　　原住民体操競技大会　190425

　　体操演練　181106

　　ラジオ体操　180901、191001、190907

大東亜決戦　180410

大東亜建設　180518、181005、181104、181203、190309

大東亜写真交換展　190208

大東亜人　171208

大東亜新聞会　190218

大東亜新聞協議会　190520

大東亜新聞大会　181031、181110、181119、181120、181222、181224、181225

大東亜戦　180218、190521

大東亜戦争　171208、181110、181209、190924、191201、191205、191207、191209、
　　191209

　　大東亜戦争記念日　181021

　　大東亜戦争写真展　180211、180527、180528

　　大東亜戦争写真展覧会　180525、181226

　　大東亜戦争勃発　181208

大東亜大憲章　181120

大東亜ツ児表彰式　190829

大東亜寮　180831

大都市計画立案　180123

対日依存　180926

対日協力　190225

対日親和性　180925

対日絶対依存　180921、180924

大日本文化写真展　181205

代表　181003、181110、181119、181120、181222、181224、181225、190402、190924、
　　191003

大本営海軍報道部長　171210

タイヤ　190524、190524

　　古タイヤ回収　190129

ダイヤ　180410、180423、180424、180425、180427、180803、180812、180814、180815、

　　　　180910、181031、181104、181105、181112、181128、181218、190316、190322、
　　　　190601、190924、190929、191018
　　ダイヤ学童　180805
　　ダイヤ基督教会　190115
　　ダイヤ犬　181027
　　ダイヤ語　190909
　　ダイヤ実話　191110
　　ダイヤ生活　190123
　　ダイヤ青年　190530
　　ダイヤ地域　181109
　　ダイヤ日本語辞典　180623
　　ダイヤ娘　190122
ダイヤ
　　黒ダイヤ　190509
　　　　黒ダイヤ増産　190330
　　ダイヤ買上　191206
　　ダイヤ供出　200119
ダイヤク　180129
　　ダイヤク族　180121、180203
ダイヤ族　180107、180204、180613、180813、180818、180822、180825、180829、
　　　　180901、180905、180905、180905、180907、180908、180909、180915、181008、
　　　　181009、181013、181024、181117、181207、181207、190119、190602、190608、
　　　　190610、191107、191108
　　ダイヤ族指導者講習会　180924
　　ダイヤ族青年　181211
　　ダイヤ族部落　180811、180914
ダイヤモンド　180120、180223、180408、181124、190402、190907、190920、191025、
　　　　191101、191103
　　ダイヤモンド供出　191201
　　ダイヤモンド採取場　180525
　　ダイヤモンド戦士　191028
代用袋　190608
体力向上　171223
台湾銀行　180907、180908、180909、190928、190929

台銀　180212
　　台銀人事異動　180430
　　台湾銀行バンジエルマシン出張所　190928、190929
「宝の扉」　191130
宝の山　190206
「宝橋」　191129、191130、200116
武田部隊　190426、190428
打鍾　180923
「戦ふ日本」写真展　191201、191203、191210
「戦ふ放送局」　→　放送局
「戦ふ南ボルネオ」（映画）　190405、191203
煙草　190907、190920、190929
田働き　190309
タピオカ　191216、200130
玉手箱　190831
玉葱　181203
便り　180828
タラカンサツト大農園　200117
タラカン州知事庁葬　190617
弾丸　180511
タンク　180306
探検
　奥地探検　180612、180613、180623
　原始境探検　180801
　探検記
　　サンピット奥地探検記　181019、181020、181021、181022、181023、181024、181026、181027、181028、181029、181030、181031、181102、181103、181104、181105、181110、181112、181113、181114、181117、181118、181119
「タンゴイ」　181127
探鉱
　新探鉱　190323
炭鉱　190302
　炭鉱記　190330、190331
　プラウ炭鉱　190308

端午の節句　180505

探査行　191110

探査船　181019

探査地　181114

男子
　　南進男子　190527
　　熱血男子　200118

断食月　180826

淡水　181010
　　淡水魚地帯　180807
　　淡水産　180220

タンニン　180324、181029

タンバン移住地　180328

弾薬　180819

（ち）

血
　　血の友愛　190608
　　鶏の血　181009

治安　180507、180717、181024、190323
　　治安維持会　180204、190204
　　治安攪乱　181024
　　治安対策　190618

地下細胞組織　181221

地下資源　180427、181123、181124、181125、181126、190323、190603
　　地下資源発見　180612

地久節　180306、190304、190305

築堤　191027

竹馬の友　180703

知事　190323
　　州知事　180401、190413、190617
　　　州知事会議　190220、190229、190301、190323、190324
　　　タラカン州知事庁葬　190617

地図　190305

治水工事　190817
秩序
　　新秩序建設　171210
地方民政　180608、180609、180610、180611
地名由来記　180508
茶会　180202
茶碗　190607
　　ボルネオ製茶碗　181026
注意　180127、180131、180803、190206、190624、191017、191017
　　注意事項　190121、190425、191003
中学校　180120、190308
　　特別中学校　181021
　　バ普中入学式　190408
　　バラバイ中学　181026
　　バンジエル中学校歌　190519
　　バンジエル普中　190125、190204、190304
　　バンジエル普中父兄会　190606
　　東印度中学　180301
　　東印度中学訪問記　180131
忠魂碑　180124、190520
抽籤法改正　190831
中等学校　190321、191207
　　島内中等学校　180825
　　バンジエル中等学校生徒　191019
　　バンジエル中等学校聯合日本語大会　200131
中等校　181021
　　バ市内中等校　190728
中部ボルネオ蹴球　→　蹴球
　　中部ボルネオ蹴球大会　→　蹴球大会
長官　190202
弔旗　180606
　　弔旗掲揚　180603
長距離継走　190528
肇国の佳日　190211

調査　180417、180502、181005、190608
　　国勢調査　190429
　　種族調査　181005
　　人口調査　190609
腸チフス　180601
徴兵　190928
　　徴兵検査　190527
　　徴兵身体検査　181001、181214、181215、190121、191121
諜報　181221、181221
貯金　180820、190426
貯蓄　180810、190120、190329、190329、190616、190622
　　貯蓄組合　200121
　　貯蓄功労表彰　190616
　　貯蓄奨励　180810
　　貯蓄増強　191125
　　貯蓄奉公　190606
　　貯蓄報国熱　191027
直轄区域　181209、190404、191027、191216
　　直轄区域州会　190328、190329、190330
　　直轄区域臨時州会　190818
直轄地域　180331
「チワー」　181012
陳列品　190927

（つ）

通常会　181209
通信士　180817
通信取締令　180502
通信網　180403
通水式　180804、180808
綱　190608
釣鉤村　190606

(て)

手　190606

庭球大会
　　官民邦人対抗庭球大会　190211
　　錬成庭球大会　191031

庭球錬成会（バンジエル）　181020

帝国大戦完遂　181208

挺身　171210、180212、180612、180819、181111、181203、181208、190102、190119、190120、190121、190122、190129、190222、190309、190319、190326、190401、190415、190428、190428、190813、190819、190924、191008、191010、191130、191207
　　学徒挺身隊　181026
　　小スンダ義勇挺身隊　190920
　　職域挺身　191013
　　熱汗挺身　190924
　　労働挺身隊　190920

敵空襲　191012

敵警備　180714

敵撃滅　180907、190307、190414

敵国人　180317、180318、180319

敵スパイ将校逮捕　200123

適正価格　180420

敵性銀行　180417、180902
　　敵性銀行清算人台湾銀行バンジヤルマシン出張所　180907、180908、180909

敵性色　180327、181208

敵前建設　190229、190301、190302、190303、190304、190305、190307、190308、190309

敵前文教建設　190318

敵前防空訓練　190428

敵米英壊滅　181208

敵米英撃滅　180606、181205、190408、191008、191209、200121

敵米撃滅　190906

敵砲艦撃沈　180512

手漉
　　製紙手漉工場　190921

手漉き紙　190610
鉄　180410、190505
　　鉄兜　190531
　　鉄山　181125
　　鉄島　181125
敵機　180903、191215
　　敵機撃墜　200127
　　敵機遁走　191008、191010
　　敵機微塵　180513
　　敵機来襲　180817、191012
鉄道　180106、191025
　　鉄道敷設　191026
　　南ボルネオ鉄道開通座談会　191025、191026、191027、191028、191029
鉄砲　180819
鉄路　191028
デリス根　190206
田園
　　黄金の田園　190830
電気
　　国際電気　180326
　　国際電気通信株式会社　190115、190120、190530、190531、190601
　　電気通信従事者養成　190115、190120
電球愛護　190727
デング　180831
天狗猿　→　猿
電信　190507
　　電信為替　190502
伝染病　180709
伝単　191008
天長節　180428、180429、180430、190414
天長の佳節　180420
電灯　190726
天然資源　180106
電波　180403

電報　180301、180326、180414、180427
　　公衆電報　180126、180228、180331、180522
　　電報料金　191123
電力節約　191214
電話加入料　190331
電話料金　190530、190531、190601

（と）

トアン　180825、180905、180909
トアン・ブツサール　190222
銅　190505
　　銅貨　180715
　　　　銅貨回収　180810
動員　190830
　　労力動員　190920
燈管下　180822
燈管規則　180820
陶器　190607
道義日本　181202
当局　180306、180714、180801、190329、191003、191015、191214
　　衛生当局　190624
　　和蘭当局　190211
　　海軍当局　190206
　　　　海軍当局談　181024
　　軍政当局　190317
　　軍当局　180320
　　　　軍当局談　181221
　　現地衛生当局　180908
　　現地軍当局談　190527
　　ジヤワ当局　180623
　　バンジエル市当局　190319
　　　　バンジエル市当局談　180817
　　民政当局談　180320
　　民政部政務当局談　181202

民政部当局　180903、190120、190412
　　　　民政部当局談　181214
　同居条件　191109
　洞窟　191107
　　　洞窟『岩妻』　180810
　同士愛　190813
　統制　190620
　　　経理統制　191117
　燈台　180715
　投弾　191010
　統治　180501、180624
　島内公学校　→　学校
　島内相互搬出入　180512
　島内第一線行政官全体会議　→　行政
　島内だより　180827、180829、180902、180904、180905、180907、180914、180915、
　　　180916、180917、180921、180922、180923、180924、180925、180926、180928、
　　　180929、180930、181006、181007、181010、181012、181015、181016、181021、
　　　181023、181026、181027、181028、181029、181030、181031、181102、181107、
　　　181109、181113、181114、181116、181118、181120、181121、181123、181124、
　　　181125、181126、181127、181130、181201、181202、181203、181204、181207、
　　　181208、181209、181210、181214、181216、181217、181218、181219、181221、
　　　181222、181224、181226、181228、181229、181231、190101、190104、190107、
　　　190108、190109、190111、190112、190114、190116、190118、190119、190122、
　　　190123、190126、190127、190128、190203、190208、190209、190212、190215、
　　　190216、190217、190218、190219、190220、190222、190223、190224、190302、
　　　190303、190304、190305、190310、190311、190316、190318、190322、190324、
　　　190325、190329、190331、190401、190411、190412、190413、190414、190416、
　　　190419、190422、190425、190428、190503、190506、190511、190512、190518、
　　　190526、190527、190528、190604、190611、190613、190614、190615、190617、
　　　190618、190621、190622、190623、190723、190729、190815、190816、190827、
　　　190909、190919、190922、190927、191004、191013、191022、191025
　島内中等学校　→　中等学校
　盗難　180131
　踏破行　191107

動物三態　180902、180903、180905

東部版　180429

島民　180212、180420、180430、181208、190326、190329、190906

同盟　190603

道路　190301、190503

蜥蜴　190723

「ドクトル」の踊り　180908

特別委員会　190329

特別警察庁　→　警察庁

特別公学校　→　学校

特別中学校　→　中学校

特別中公学校　190402

毒蛇　→　蛇

独立　190920、190922、190924

　独立公約　190917、190922、191028

　　独立公約感謝大会決議　190924

　東印度独立　190924

　ビルマ独立　180130

髑髏　191105

土侯　181027、190308、190309、190323

床屋　180219

都市　180103、180123、180511、180826、181202

図書検閲　180728

土地條令　180320、180321

特攻隊　191208、200121

　特攻隊魂　200117

トーテム・ポール　180905

隣組　190524、190530

土嚢陣地　180330

土木日本　191128

富籤　180812、180819、181002、181030、181117、181119、181201、181202、181203、181204、181205、181205、190107、190301、190302、190308、190314、190316、190317、190517、190602、190602、190603、190623、190903、190909、190926、191105、191201、191202、191203、191203

富籤抽籤方法　190223
　　　豆富籤　191102、191103
友　180305、180703、180821、180825、180828、190310
ドラム缶　180124
ドリアン　200120
鶏の血　181009
努力　180801、180813、181126、190323、190326、190412、191029
奴隷制　190520
泥水飲料化　180521

な行

（な）

内閣　181024

内職　190308

内地（日本内地）　180114、180119、180120、180122、180126、180129、180220、180227、180228、180301、180305、180310、180326、180414、180810、180814、180821、180825、180907、181203、181205、190426、190507、190530、190610、190928、191123

　内地材　190406
　内地人　180206
　内地送金　180810、181007

苗　181106

ナガラ鉄工同業組合　191129

茄子　181105

　茄子苗　181225

撫子の花　190609

生首の俎　180116

生水　180808

軟禁者　190528

軟禁女子　180514

軟式野球大会　180124

南進男子　190527

南発　180401

南発金庫　180210

南発券　180210

南方開発　181007

南方共栄圏　190521

南方軍政　180908

南方建設　180209

南方事業給与統制令　191117

南方資源　171208

南方視察談　190225

南方食糧繊維増産打合会議　190119

南方渡航手続簡易化　191214

南方文化建設　171210

南方留学生　180706、181106、181116、190519
　　南方留学生体育大会　181019

南溟　→　地名「南溟」

南洋ボケ　171231

（に）

二階級特進　190617

肉弾戦　180605

錦蛇　→　蛇

西ボルネオ教員錬成道場　→　教員錬成道場

西ボルネオ現地軍献金　200120

西ボルネオ巡視　181027

西ボルネオ報国会　190212

日映　190405、190520、190622

日語学校　190528

日語熱　→　日本語熱

日用雑貨　180117

日用食料品共同販売所　190527

日用品　180508

日蘭科学建設戦　180808

日蘭科学戦　180521

日露役　180310

ニツケル貨　180715

日産火災海上保険　190512

日章旗　180131、180212、180212、180613、180805、180911、181029

日本映画の会　180414

日本家庭　180706

日本歌謡　180622

日本玩具店　180815

日本技術　180116

日本軍　190204

　　日本軍征服　180810

日本芸術　180923

日本語　180122、180302、180304、180616、180619、190128、190128、190130、190201、
　　190204、190402、190421、190528

　原住民日本語座談会　190201

　ダイヤ日本語辞典　180623

　日本語学校　180117、180625、180807、181013、181026、181125、190421、190521

　　バ市日本語学校修了式　190421

　　バンジエル日本語学校　181125

　日本語競演会　190311

　日本語教科書　181009

　日本語教師　181225

　日本語検定試験　180327、190108、190404、190604

　日本語習得　180811

　日本語修得　190318

　日本語先生　180207

　日本語専門教師　180304

　日本語大会

　　四校連合「日本語大会」　190201

　日本語手当　180907

　日本語熱（日語熱）　180304、190315

　日本語発表会　190229

　日本語普及　180228、190126

　　日本語普及強調週間　190130、190201

　日本語勉強　190307

ニツポンゴ

週刊ニツポンゴ新聞　191001
ニツポン語新聞創刊　180429
日本作法　190528
日本式　181229、190519
　　日本式お辞儀　180120
　　日本式教育　→　教育
　　日本式水田　→　水田
　　日本式体錬　180316
　　日本式猛錬成　181203
　　日本式料理店　181208
日本人　180121、180205、180908、190225
　　日本人会　180212
　　　　日本人会員　180831
　　　　日本人会事業　189410
　　　　日本人会防衛団　180824
　　　　バ市日本人会防衛団　180918
　　　　バンジエルマシン市日本人会　180928、181102
　　日本人兄弟仁義　180209
　　日本人クラブ　190402、191017
　　日本人倶楽部　181211
　　日本人墓地　180811、181229、190111
　　　　日本人墓地建設　181021
　　日本人錬成団　180808
　　バンジエルマシン日本人建設報国団　→　建設報国団
日本精神　180615、180918、181203、190318
日本青年　200117
日本船　180213
日本タバコ　180430
日本的教育　→　教育
日本の歌　→　歌
「日本の勲章」　181124
日本婦道　200119
日本文化　180922、181205
　　日本文化映画　180314

　　　　日本文化映画の会　180211、180213、180214、180216
二毛作　191112
入営
　　現地入営勇士　190929
入隊
　　現地入隊　191001
　　　現地入隊者　191001
任用　190325

（ぬ）
布　190929
　　布類　180508

（ね）
熱汗挺身　190924
熱帯　180908
　　熱帯医学　180225
　　熱帯病研究所　171231
　　熱帯痩せ　180206
粘土
　　白粘土　190527

（の）
農園
　　タラカンサツト大農園　200117
農業建設戦　180515
農業講習所　181016
農業実務校　190303
農試　190202
農事講習所　180820
農場　190303
農水鉱　180121
農地改良　191201
農夫

原住民農夫のお辞儀　180223
農法
　火田式農法　180915
農民　180116
　農民魂　180820
農林産物　180101
野村　180429
　野村三社員告別式　200124
野村殖産　190606、190725
　野村殖産軍錬成野球　190411
諾威人　181005、181006、181007、181008、181009、181012、181013

は行

(は)

拝賀式（本社）　181104
配給　180416、180623、180708、180820、180829、191020、200125
　衣料配給　190729
　邦人向臨時配給　191015
排水路　191201
俳壇
　ボルネオ俳壇　180801、180803、180804、180805、180806、180807、180810、180811、180912、180914、180921、180922、180926、180928、181002、181003、181010、181020、181021、181026、181027、181031
俳優　181124
バカオ　180427
葉書　180126
白衣勇士慰問　180302、181110
白菜　181203
爆弾　191008
瀑布　190509、191104
白米　→　米
橋　191027
バ市会　190530、190725
バ市学徒動員　191008

バ市北区役所　190924

バ市救援隊　180721

バ市旧臨時病院　190519

バ市原住民　→　原住民

バ市建報団　→　建報団

バ市市会　→　市会

バ市々議委嘱状伝達式　190309

バ市市政施行　191202

バ市巡査　→　巡査

バ市消防団　190418

バ市上流婦人　181110

バ市青年団　190226

バ市庁職員　190920

バ市日本語学校修了式　→　日本語学校

バ市日本人会防衛団　→　日本人会

バ市婦人会　→　婦人会

パシル地方民　190926

バス　180422、190520、191109

旗行列　180420、180805

畑（ダイヤ族）　180915

　「畑のギャング」　180918

蜂

　　熊蜂　181105

白金　190929

発券業務　180401

八紘の瀧　180903

パツサル　191018

　　パツサル・マラム　181110、181205、181205、181208、181209、181211、181212、
　　　181214、181216、181225、190927、191021、191031、191101

抜歯　181008

発電所　190602

花嫁教育　190816

跳橋　180605

母　190420、190818、191125、191215

バ普中入学式　→　中学校
バラバイ中学　→　中学校
針　190606
バリック支社　180429
バリック制空陣　191013
バリック敵襲　191207
バリック特急「勝利号」　190206
バリックパパン敵機来襲　191012
バリックパパン婦人会　→　婦人会
バリックパパン来襲　191017
バリック来襲　191008、191010
バリト河上流探査講演会　180810
バリト源流　180903
バリト上流探査講演会　180812
バリト便り　191121
万里渡丸　180718、180721
反逆行為　181024
犯罪　180822
半紙　190610
バンジエル海軍○○隊精鋭　181217
バンジエル軍官民懇親野球　200116
バンジエル軍当局　180528、180817
バンジエル港　191114
バンジエル公学校改称式　180428
バンジエル市会　→　市会
バンジエル市政　190315
バンジエル市施療日割　191024
バンジエル市長　190928
バンジエル市当局　190319
バンジエル市民　200128
バンジエル上級学童　190611
バンジエル消防　180901
バンジエル新運動場　181111
バンジエル進攻　180131

バンジエル水道　→　水道
バンジエル青年団　190229
　三千団員　190229
バンジエル全科病院　180404
バンジエル占領　180204、190202、190205、190209、190211
バンジエル総合病院　181221
バンジエル地方大会　190929
バンジエル中学校歌　→　中学校
バンジエル中等学校生徒　→　中等学校
バンジエル中等学校聯合日本語大会　→　中等学校
バンジエル中等生　191103
バンジエル特別警察庁　190113
バンジエル内地人会　180128
バンジエル日本語学校　→　日本語学校
バンジエル飛行場　180513
バンジエル普中　→　中学校
バンジエル防衛団結成　181114
バンジエル放送　190201
　バンジエル放送局所属楽団　190919
　バンジエル放送決戦化　200114
バンジエルマシン共栄組合　200125
バンジエルマシン郡長　190924
バンジエルマシン県監理官事務所　180429
バンジエルマシン市議　190924
バンジエルマシン市庁　191201
バンジエルマシン市日本人会　180928、181102
バンジエルマシン爪哇銀行　190928、190929
バンジエルマシン日本人建設報国団　→　建設報国団
バンジエルマシン飛行場　180407
バンジエルマシン○○隊長　180805
バンジエルマシン錬成団　→　錬成団
バンジエル臨時市会　190524
バンジエル錬成団　→　錬成団
バンジヤル地方蹴球大会　→　蹴球大会

バンジヤルマシン爪哇銀行　180907、180908、180909

蠻習　180911

反省　191105

帆船"マキ"号　190903

バンヂエルマシン市長　171209

バンヂエルマシン病院　171222

反日陰謀団　181024

販売許可制　180117

蠻風　180907

(ひ)

皮革　180512、190723

東印度総局養成所　190115、190120

東印度中学　→　中学

東印度独立　190924

秘境　180801、180803、180804、180805、180806、180807、180808、180810、180811、180812、180812、180813、180814、180815、180817、180818、180819、180820、180821、180822、180824、180825、180826、180827、180828、180829、180831、180901、180902、180903、180904、180905、180907、180908、180909、180910、180911、180914、180915、180916、180917、180918、181028、181029、190119、190120、190121、190122、190123、191102

　秘境横断　190622

飛行機　180306

飛行場　190426

　バンジエルマシン飛行場　180407

美術日本　180611

非常災変　180821

非常時　180808、190608

非常措置令　191012

　南ボルネオ非常措置　191014

美人　180615

棺　181012

「必勝放送音楽大会」　200201

　人里　180822、180917

B25来襲　191020
B24　191212
日の丸　171209、180213、180301
病院（バンジエル）　190425、190428
　　海軍慈善病院　180518
　　海軍病院　171222
　　市病院療養所　180119
　　市民病院　180616
　　センジング病院　180518
　　バ市病院建物　190519
　　バンジエル全科病院　180404
　　バンジエル総合病院　181221
　　バンヂエルマシン病院　171222
病気　181024
標語　190402
　　三エムの標語　171223
病魔　180119、180908
肥料　180627、180810、180918
ビルマ独立　180130

（ふ）
プアサ　190819
　　プアサ明け　180916、180921、190908、190921、190929
不急事業　→　事業
布教　190520
不謹慎行為続出　191105
福祉　180202
　　福祉増進　190609
服装　180117、180214
福の神　→　神
服務　180305
福利　180410
袋　190608
父兄会　190125

富士　181224

武士道　180317

婦女子　180319、191013

婦人　180506、180807、180907、190420、190531、190624

　原住民上流婦人　180706

　原住民中流婦人　181003

　現地婦人　171226

　バ市上流婦人　181110

　婦人会　190402、190816、190817、190818

　　カンダンガン婦人会　191018

　　バ市婦人会　190924

　　バリックパパン婦人会　191216

　　南ボルネオ婦人会　190215、190216、190514

　　　南ボルネオ婦人会日語学校　190528

　婦人蹶起　181210

　婦人部　180625

不正商人　180117

武装蜂起計画　181221

復興建設　180511

復興富籤　→　富籤

復古主義　180921、180924

物産陳列所　180527、180615、180815

　ボルネオ物産陳列所　180415

物資

　還送物資　190112

　物資配給組合　191001、191010、191110

　ボルネオ物資配給組合　180326、190106、190924

物的戦力　181216

不逞の徒　180805

婦道　180514

　婦道涵養　190216

船火事　190321

船大工　180213

舟　180221、180813

船　180127

「不夜城」　181209、181210

武勇礼讃　190123

プラウ　180127、180807、180810、181010、181021、181118
　　プラウ競漕　180206、190528
　　　　中等学校プラウ競漕　191207

プラウ炭鉱　190308

プラフ　180213、180217、180623、190903

ブランデー　180128

フランベシア撲滅　191024

俘虜収容所　180317

古着　181006

風呂　180225

文化　180903、181208
　　少国民文化賞　180820
　　大日本文化写真展　181205
　　南方文化建設　171210
　　日本文化　180922
　　　　日本文化映画　180314
　　　　　　日本文化映画の会　180211、180213、180214、180216
　　文化建設　171208、180615、180921
　　文化工作　180619
　　文化日本　181012
　　文化奉公隊　181125
　　ボルネオ文化　180615、180616、180618、180619、180620

文教　180127
　　現地文教　190928
　　　　現地文教施策　181103
　　敵前文教建設　190318
　　文教工作　180319
　　文教主任官会議　190208、190210

分県　180331、181013、190606
　　分県監理官会議　180807、190611

ブンダ　180806

噴油地帯　180612

(ヘ)

米英　181221
　米英撃滅　181119、181210、181210、181210、181231、190101、190301、190304、190329、190528
　米英撃滅必勝　181209
　　米英撃滅必勝大会　181110、181124、181208
　米英色一掃　180214
　「米英来援」　180128
兵器　180819
米穀　180623、190623
　米穀買上制　190405
　米穀集荷　190818
　米穀自由販売　190206
　米穀増産（南ボルネオ）　181113
米作　180515
兵舎　180218
兵隊さん　180225、180716、181006、181104、190428、190922
兵補　190530、190614、190621、190827、190901、190921、191003、191116、191116、191123、191130、191215、200130
　一等兵補　191130、191202
　回教徒兵補　190922
　海軍二等兵補　190902、190905
　海軍兵補　190527、190531、190607、190617、190622、190819、190829、190830、190901、190921、190922、190930、191104、191105、191108、191110、191118、191124、191125、191210、200126
　　海軍兵補実施要項　190527
　二等兵補命課　191214
　兵補慰問　190917
　兵補援護　190723、190818、190926
　　兵補援護資金　190819、191114
　兵補記念碑建設　191202
　兵補採用試験　191130

兵補志願者　190614
　　　兵補入隊　190827
　　　　兵補入隊式　191212、191214
　　　兵補優良者　191202
　　　ポンチアナク兵補　190901
蛇　180805
　　毒蛇　180715
　　錦蛇　180818、180819、180821
　　水蛇　180813
辺境　190413、191102
便所　171231
「ペンの戦士」壮行会　181105

　　（ほ）

帽　190830
防衛　180824、180929、181109、181130、191015、191116
　　バンジエル防衛団結成　181114
　　防衛陣　190428、191013
　　防衛戦士援護　190923、190924、191109
　　　防衛戦士援護会　190830、190903、190905、190909
　　　防衛戦士援護献金　190928
　　　防衛戦士援護献納　191103
　　　防衛戦士援護資金　190920、191010
　　　　防衛戦士援護資金献納　190907、190921、190926、190929、191003、191008、191010
　　　　防衛戦士援護資金献納映画会決算報告　191119
邦貨携帯帰国　180818
防蚊香水　190218
防寒　190305
防空演習　190924
防空訓練　180831、180903、180904、180905、190425
　　敵前防空訓練　190428
防空警報発令　190425
防空功労者　191207

306　Ⅲ. 索　引

　　防空壕　191012、191124

　　防空サイレン　190209

　　奉公　190428

　　　勤労奉公隊　190127、190202、190401

　　　勤労奉公票　190310

　　　貯蓄奉公　190606

　　宝庫開発　191216

　　報告　180307、181020、181222、181224、181225、190323、190406、191018、191119

　　　報告書　190426、190428、200116、200117、200118、200119、200120、200121

　　報国

　　　衛生報国　190428

　　　勤労報国精神　190503

　　　建設報国団　190418、190507

　　　　バンジエルマシン日本人建設報国団　190415

　　　興南報国団　180929、181015、181109、190122、190314、190405、191001、191010

　　　　興南報国団支隊　190125

　　　　興南報国団優良団員　191216

　　　　貯蓄報国熱　191027

　　　西ボルネオ報国会　190212

　　　報国団員　181130

　　　報国団錬成　191105、191202

　　防護団　180821

　　「宝庫の扉」　190509

　　豊作　180915

　　奉仕　190324、190520、190611、191028

　　　稲摘み奉仕　190830

　　　勤労作業奉仕　190310

　　　勤労奉仕　181111、190129、190326、190405、190531、190815、190924、191001、191025、191118

　　　　勤労奉仕団体　190321

　　　　聖汗勤労奉仕　190413

　　　奉仕会案　190725

　　帽子　180618

　　奉祝（南ボルネオ）　181104

軍官民合同奉祝演芸大会　180429

　　現地奉祝　190429

　　「国民奉祝の時間」　190209

　　奉祝学芸会　→　学芸会

　　奉祝行事　190414、190524

　　奉祝市民大会　190210

防暑服　180318、190523

邦人　180129、180131、180404、180429、180506、180512、180601、180829、180903、
　　　180905、181114、181130、181221、181225、181225、190120、190201、190204、
　　　190212、190314、190314、190321、190411、190413、190413、190414、190418、
　　　190429、190606、190623、190813、190815、190907、191031、191105、191109、
　　　191206、191208

　　一般邦人診療所　190220

　　建設邦人部隊　191018

　　現地邦人　191013

　　現地邦人徴兵身体検査　191123

　　在住邦人　180307、180416、181203、190326

　　在住邦人宿舎　180306

　　在住民間邦人　180808

　　在留邦人　180117、180130、180918、181002、181211

　　商社邦人　180828

　　邦人活躍史　190412

　　邦人敢闘秘話　190903

　　邦人官民　190129

　　邦人官吏　180624

　　邦人企業団体　191208

　　邦人商社事業　180710

　　「邦人書画趣味の会」展　191017

　　邦人書画展　190927

　　邦人職員　190106

　　邦人女子職員　190609

　　邦人先覚者　180811

　　邦人中等学校長　181103

　　邦人墓地清掃　190415

邦人未踏破　181029
邦人向映画　→　映画
邦人向演奏　200123
邦人向臨時配給　→　配給
邦人名審判　191010
法人格　181201
放送　180202、180212、190201
　実況放送　191010、191112
　指導放送　180622
　相撲実況放送中継　191112
　特別放送　180122、180131、180202、180417
　バンジエル放送　190201
　　バンジエル放送局所属楽団　190919
　　バンジエル放送決戦化　200114
　放送員　180224
　放送音楽大会　200201
　放送局　190215
　　「戦ふ放送局」　181012
　　放送局開局　181001
　　放送局開設　180829
繃帯代用品　181128
奉戴日紀念　190908
砲弾片　180511
防諜　181221
　ポンチアナク防諜週間　180829
包丁捌き　180307
豊年祭　190122
謀略諜報戦　181221
「放浪記南方版」　180128
補給基地　190307
牧師　190610
木鐸　180917
保健　180506
　保健地ボルネオ　180831

ポスター　190402

墓地　190116

誉の入隊　190829

捕虜　180528

　　原住民兵捕虜　180217

ボルネオ

　　新ボルネオ　180612

　　新ボルネオ建設　181110、190330、190331

　　新ボルネオ女性戦記　190817

　　ボルネオ印象　180615

　　ボルネオ歌壇　180801、180803、180804、180805、180806、180807、180808、180810、
　　　180811、180812、180813、180814

　　ボルネオ熊　180803

　　ボルネオ・クレヨン　→　クレヨン

　　ボルネオ産業参考館　180114

　　ボルネオ蹴球界　191008

　　ボルネオ主婦　191025

　　ボルネオ紹介映画　190219

　　ボルネオ新聞　171208、180101

　　　ボルネオ新聞社　180328、180414、180525、180527、180610、180702、180720、
　　　180730、180810、180901、180912、180928、181102、181205、190101、190429、
　　　190510、190907、190921、190930、191001、191018、191029、191201、191207

　　　ボルネオ新聞創刊記念事業　180211

　　ボルネオ菅笠　181127

　　ボルネオ製皿　→　皿

　　ボルネオ製茶碗　→　茶碗

　　ボルネオ代表　181110、181120、181222、181224、181225

　　「ボルネオの決戦」　191208

　　ボルネオ俳壇　180801、180803、180804、180805、180806、180807、180810、180811、
　　　180912、180914、180921、180922、180926、180928、181002、181003、181010、
　　　181020、181021、181026、181027、181031

　　ボルネオ物産陳列所　180415

　　ボルネオ物資配給組合　180326、190106、190924

　　ボルネオ文化　180615、180616、180618、180619、180620

310　Ⅲ. 索　引

　　ボルネオ民政部　180414、180525、180610、180702、180810、180912、180928、
　　　181010、181010、181028、181102、181205、181205、181205、190510、190517、
　　　190603、190903、190907、191203、191207
　　ボルネオ楽園化　190526
本紙　191029
　　本紙市内販売店開設　180901
　　本紙創刊一周年記念式　181209
　　本紙創刊二周年記念式　191209
　　本紙定価改正　190921、190930
　　臨時本紙　200121
本社　180213、180314、180328、180429、180430、181001、181104、181222、190119、
　　　190331、190606、190622、190920、191028、191104
　　本社ウルスンガイ支局　200201
　　本社寄託義金　181003
　　本社軍再勝（錬成野球）　190411
　　本社主催　180214、180706、180725、180731、181124、190725、190921、190923、
　　　190924、191001、191018、191203
　　　本社主催座談会　180101、180103、180105、180106、180107、180903
　　本社長　181031
　　本社販売店会議　190906
ポンチアナク市議　190111
ポンチアナク防諜週間　180829

ま行

（ま）

埋葬慰霊祭　→　慰霊祭
マカッサル海員養成所　180307、180626、180803、190422
マカッサル中央放送局　190603
マカッサル特別中学　190519
松　180427
馬日辞典　180302
魔の洞窟　180627
馬来語　180623、190909
　　馬来語参考書　180623

マライ語厳禁　190204

マライ語版　180730

マラリヤ　180627、180722、180831、180921

マルガサリ公学校生　190819

マルガサリ民芸　180630

丸木橋　180902

マルタプーラ大橋　191128、191129

マレー語版　180114

マンガン　180410

マングローヴ　180324

饅頭傘　180217

マンデー　180225

マンデイ　180804

（み）

味覚　180220

右側通行　190518

水　180307、180815

水蛇　→　蛇

皇楯会（みたて）　190928

密林　180121、180226、180612、181027、181110、190301、190316、191104

　　密林戦闘　181026

　　密林地帯　180803

　　「密林に挑む」　190219

南ボルネオ開発　180623

南ボルネオ学制改革　180327

南ボルネオ観　190602

南ボルネオ行政　190106

　　南ボルネオ行政機構　190601

南ボルネオ軍艦旗　180714、180715、180716

南ボルネオ軍政躍進　181208

南ボルネオ警察教習所　190525

南ボルネオ原住民　180415、181126

　　南ボルネオ原住民思想　180921、180922、180923、180924、180925、180926、180928、

　　　　　180929、180930、181001、181002
南ボルネオ建設　190229、190326
　　南ボルネオ建設戦　180911
南ボルネオ号　180918、181102、181112、181116、181210、181225、190114、190211、
　　　190303
　　「南ボルネオ号」献納式　190330、190428、190429、191205
南ボルネオ州知事会議　190324
南ボルネオ女性　→　女性
南ボルネオ青年団　181203、181228、191010
南ボルネオ直轄区域　190606
南ボルネオ鉄道開通座談会　191025、191026、191027、191028、191029
南ボルネオ非常措置　191014
南ボルネオ婦人会　→　婦人会
南ボルネオ防衛　181109
　　南ボルネオ防衛戦士援護会々則　190903
南ボルネオ民政　180413
身分決定　190325
身分保障　190305
脈拍　180908
土産　191109
妙薬　180831
民間給与支給額　180304
民間原住民職員　190816
民間人　180429
民間邦人　180623
民芸
　　マルガサリ民芸　180630
民衆　181024
民情　180407、190102
民生　180326
民政　180123、180310、180317、180420、180818、180819、180820、180919
　　南ボルネオ民政　180413
　　　民政協力　190729
　　　民政裁判　190113

民政裁判令（暫定）　181109、191111
　　民政浸透　190524
　　民政長官　→　民政部長官
　　民政当局　→　民政部当局
民政府　180218、190623、191003、191214
　　海軍民政府　180417
　　　海軍民政府総監　181208
民政部　180117、180217、180306、180508、180623、181201、181221、190119、190202、
　　190421、190527、191124
　　ボルネオ民政部　180414、180525、180610、180702、180810、180912、180928、
　　　181010、181010、181028、181102、181205、181205、181205、190510、190517、
　　　190603、190903、190907、191203、191207
　　民政部衛生試験所　190218
　　民政部寄託　181021
　　民政部訓練日　181031
　　民政部警務課　190622
　　民政部決戦執務　180711
　　民政部原住民職員　181124
　　民政部職員　180404、180928
　　民政部政務当局　181202
　　民政部宣伝隊　180626、180714
　　民政府総監　181126、190921
　　民政部長官　180429、190101、191208
　　　民政長官　171209
　　民政部朝礼　181223
　　民政部直轄地　190530、190531、190601
　　民政部当局　180903、181214、190120、190412
　　　民政当局　180320
　　民政部野球試合　190321
　　民政部令公布　180821
　　民政部錬成会　180129
　　民政部錬成野球　190613
民生問題　190920
民族　180210、180425、180925、180929

アジア民族　190819
　民族研究　180325
　民族興起　190924
　民度向上　181202
民謡情緒　180804

(む)
娘
　ダイヤ娘　190122
無線　180122
　無線技術者　180817
　無線放送　180131
無免許運転　181028
ムルン族　181012

(め)
名画　191101
明治節　191104
　明治節祭　181104
　明治節奉祝　181031
盟主日本　180228、181114、181224
迷信
　宗教的迷信　181013
　宗教迷信　181024
メス　190525
メスチー寺院　180228
面踊り　180804
棉花　180131、181014
綿布　190523

(も)
猛獣　180808、191105
盲腸炎手術　180627
猛毒　180813

盲爆　191124

木材　180101、180519、180529、181125

　　木材開発　190521

　　木材資源　180915

　　木材伐採　190301、190404

木造船　180711、180718、190725

木造第一船　180627

木炭　180821、190528

木皮　190608

模型飛行大会　180801

餅搗き　181231

文盲政策　180127

文盲退治　180921

や行

（や）

野営錬成　181015

野猿　→　猿

野外演習　191116

野球　190507

　　軍官民親睦錬成野球戦　190815

　　軍官民錬成野球　190729

　　軍官民錬成野球大会　190723、190725

　　軟式野球大会　180124

　　野村殖産軍錬成野球　180411

　　バンジエル軍官民懇親野球　200116

　　民政部野球試合　180321

　　民政部錬成野球　190613

　　錬成野球　190606

野球戦　190819

野犬狩り　180714

野菜　180805、181203

　　野菜現地栽培　181104、181105、181106

椰子　180714、190217、190521

椰子の芽　180820

椰子油　180127、180206、190122

靖国神社例大祭　180501、181024

鑢　190606

夜戦切込訓練　200203

薬局　190924、191001

屋根　180827

山火事　180714

山神　190404

「ヤマト」増産　190208

大和魂　181130、190903

山の第一線　190404、190405、190406、190407、190408

山蛭　191105

闇取引　180417

（ゆ）

遊園地　181114

幽谷　191104

勇士　171212、180310、180330、180507、180714、190127

　海軍勇士　181116、181204

　九勇士墓参　181024

　原住民勇士　180722

　現地入営勇士　190929

　護国九勇士　181021

有事防衛　190620

優勝旗　180428

郵送　180605

郵貯取扱ひ（バンジエル局）　181007

郵貯払戻し　180901

郵便　180107、180113、180119、180804、190120

　航空郵便　180710

　郵便為替　180310、181205

　　郵便為替送金　180227

　　郵便為替内地送金　181007

郵便業務取扱要領　180119

　　郵便貯金　180901

　　　郵便貯金復活　181002

　　郵便物　180126、190526、200131

雄弁大会　181210

釉薬　190607

輸血　190608、190813

輸送　180901

　　輸送増強　190920

　　輸送方法　180827

油田　190302

　　油田（国内）　181007

夢　191109

（よ）

ヨイコドモ　180828、190224

夜市　180422、181205、191028、191028、191114

要員　190928

養魚　180616

幼稚園跡　180415

遙拝　181211、190209、190211

　　遙拝式　180101、180430、180501、180527、180528、180603、181024、181104、181231、190102、191104

　　　現地遙拝式　191104

預金者　190928、190929

預金払戻し　180902

翼賛政治体制　180908

翼賛奉仕の精神　181208

予算　190202、191001

呼出符号　190215

予備米　→　米

予防注射　180306、180601、180827、190309、190409

ら行

（ら）

癩患者収容村　180131

ラジオ　180122、180127、190603、191025
　　ラジオ演説大会　190201
　　ラジオ供出　191115
　　ラジオ受信機　191015
　　ラジオ体操　180901
　　　　ラジオ体操指導者講習会　181001
　　　　ラジオ体操放送時間　190907
　　ラジオ塔　190906

落花生菓子　191015

ラツパ　180806

ラテツクス　180826

蘭印　→　地名「蘭印」
　　旧蘭印貨　180417
　　旧蘭印色　181212
　　蘭印商業銀行　180907、180908、180909、190928、190929

蘭人　180209
　　蘭人市長　180207
　　蘭人抑留者家族　181223

ランダ河奥地紀行　191031

（り）

陸軍記念日　180310

陸軍兵役法施行令　181001

陸戦隊　171212、180330、180331、180401

罹災原住民　181201

立哨　180117

留学　180504、180727、190519
　　留学希望申込み　181114

留学生　180511、180624、180702、180831、180909、180911、181021、181021
　　南方留学生　180706、181106、181116、190519
　　　　南方留学生体育大会　181019

留学生訓育　181021

龍神剣　190319

留日学生　180907、181016、181207

良港　180106

領主の家　180424

良民　181024

領民　181209

料理

　　原住民料理　181008

輪転機（マルノリ式）　190622

（る）

（れ）

礼儀　180609

霊柩車　190426

冷蔵庫　190202

礼拝堂　180116

歴史的祭典　190924

列車　190601、191025、191029、191111

レバラン祭　190917、190919

恋愛　191109

煉瓦　181012、190527

錬成（商社）　180929

　　民政部錬成会　180129

　　民政部錬成野球　190613

　　野営錬成　181015

　　錬成会　180918、190610

　　錬成会（教員）　180911

　　錬成指針（南ボルネオ青年団）　181228

　　錬成実施要領　190620

　　錬成水泳場　190514、190516

　　錬成団　190620

　　　　バンジエルマシン錬成団　190618

バンジエル錬成団　190624
「錬成団」団則　190620
錬成庭球大会　191031
錬成道場　180325、180601、180825
　原住民錬成道場　180518、180623、180627
　西ボルネオ教員錬成道場　181003
錬成日曜　190903
錬成日　191119、191216、200121
錬成野球　190411、190606
　軍官民親睦錬成野球戦　190815
　軍官民錬成野球大会　190723、190725、190729

(ろ)

蝋燭　190526
労働挺身隊　190920
労働力　171231
浪費　190329
労務管理　191028
労務協会　180711
労務者　191024
労力　191124
　労力維持増強　191028
　労力移入　180623
　労力移民　180808
　労力応援　190921
　労力資材　191125
　労力動員　190920
六年制　180228
ローソク　181030、190526
ロタン　180901
　ロタン細工　180805
　ロタン製品展　180630
ローマ字綴　181229
論文　180527、190101

わ行

(わ)

和紙大量生産　190921

矮人　191108

棉　180101

鰐　180715、180803、181022、181023、181118、190723、191103
　人食ひ鰐　191110
　鰐狩　181021、191110

2．東部版（日本語）

180429は、昭和18（1943）年4月29日に掲載されたことを示す。

○小説（掲載順）

「海軍」岩田豊雄　中村直人画　122-171　180429-180625

「亀田一等水兵」間宮茂輔　ゑ・佐藤敬　1-10　180527-180606

「黒田如水」吉川英治　江崎孝坪（画）　1-132　180626-181126

「出撃」濱本浩　1-10　180629-180709

「海軍聞書長」大下宇陀児　宮本三郎（画）　1-10　180710-180721

「土浦　霞ケ浦」岩田豊雄　1-38　180807-180919

「天狗倒し」大佛次郎　田代光（画）　1-84　181127-190304

「清水次郎長」小島政二郎　和田義三画　1-276-　190305-200122-

○レンサイマンガ（掲載順）

「フクチャン」横山隆一　181006-181010、181012-181017、181019-181024、181026-181030、181102-181107、181109-181113、181117、181121、181123、181125、181127、181201-181202、181204-181205、181207、181209-181212、181218、181221-181222、181228、190104、190107、190109、190111-190112、190114-190116、190118-190121、190125-190129、190201-190205、190208-190211、190213、190215-190220、190222-190227、190229、190301-190305、190307-190312、190314-190319、190321-190326、190328-190329、190331-190401、190418-190422、190428-190430

「フクチャン何を見た」隆一　190711-190715、190720、190723、190725

○内地（掲載順）

「戦ふ祖国たより」　180504、180507、180509、180512、180514-180516、180519-180522、180525-180526、180529-180530、180602、180608-180613

「戦ふ祖国だより」　180615-180616、180618-180620、180623-180627、180629-180704、180706-180711、180713-180718、180720-180725、180727-180801、180803-180808、180812-180815、180818-180822、180901-180905、180907-180911、180914-180919、

180921-180926、180928-181001、181003、181005、181104、181109、190109、190111-190116、190118-190121、190123、190125-190130、190201-190202、190220、190428-190430、190502-190507、190509、190511-190514、190517-190520、190606-190610、190620-190623、190709、190711、190713-190714、190716、190718-190719、190726、190728-190730、190801-190803、190805、190808-190810、190820、190823-190825、190827、190829-190902、190905-190908、190912-190914、190916-190917、190919-190923、191008、191010-191012、191014、191017-191020、191022、191024-191026、191028-191029、191101-191105、191107-191109、191115、191117-191119、191123-191124、191128、191202-191203、191206、191213-191215、191217、191220-191221、191223-191224、191227、191230-191231、200103、200105、200107、200110-200111、200114、200116-200121

「戦ふ祖国便り」 180810-180811、180817、180824-180825、180831、181002、181006-181010、181012-181017、181019-181024、181026-181030、181102、181110-181113、181117、181121、181123-181125、181127-181128、181201-181202、181204-181205、181207、181210-181212、181214-181218、181221-181222、181228、181231、190104、190106、190108、190203-190206、190208-190213、190215-190219、19022-190227、190229-190305、190307-190312、190314-190319、190321-190326、190328-190402、190404-190408、190418-190419、190421-190422、190516、190618、190804、190811

「戦ふ九州だより」 191110、191112

「東京便り」 191129、200104

「大阪便り」 191201

○共栄圏（掲載順）

「共栄圏だより」 180501、180504

「共栄圏便り」 180708

「共栄圏建設譜」 180711

「共栄圏の指導者」 1-4 180930-181003

○大相撲（掲載順）

「夏場所」 180509、180511-180514、180518-180522、180525-180528

「春場所」 190109、190111-190116、190118-190123、190125
「夏場所」 190503-190504、190507、190509-190514、190516-190520
「秋場所」 191103、191107、191111-191112、191114-191119、191121-191122、191124、191128

南ボルネオ関係

●シリーズ（50音順）

あ行

ウルスンガイところどころ　1-8　180812-180815、180817-180820

ウル・マハカム　上中下　190304-190305、190307

起上る増産郷パシルを訪ねて　1-7-　190219-190220、190224-190227、190229

奥地探検第二通信　1-5　180801、180803-180806

か行

学都サマリンダ　1-4、190829-190901

敢闘するロアクール病舎　1-2-　190318-190319

頑張る原住民　1-8　180609-180613、180615-180617

決戦現地の防諜注意　1-5　181103-181106、181109

建設一路へ　更生するマハカム　2-3　181121、181123

建設道路をゆく　1-3　180826-180828

現地食糧は自力で　1-4　180704、180706-180708

ゴム　1-8　181006-181010、181012-181014

さ行

三大河風土記　1-3　181102-181104

増産サマリンダ鍬の進軍　上下　191011-191012

増産マハカムの村々　上下　191029、191031

た行

ダイヤ族物語　1-3、5　190718-190720、190722

挺身する秘境マハカムを行く　1-5　190105-190109

東北ボルネオところどころ　1-4、6-9　181215-181218、181221-181224

な行

南進者の衛生心得　1-8、10-11　180514-180516、180518-180522、180525-180526

は行

バリック大空中戦　荒鷲に聴く　1-4　191114-191117

バリト風土記　1、3-5、7　190820、190823-190825、190827

宝庫パシルを行く　1-6　191125-191226、191128-191201

ボルネオ横断記　1-3　190712-190714

ボルネオ作戦を通訳戦士にきく　1-3　180519-180521

ま行

マハカム河奥地探検記【3】バト・プテ登攀記　1-7　180821-180822、180824-180828

マハカム河奥地探検第一通信　1-5　180727-180731

マハカム河を溯る　上下　191215-191216

マハカムの特産　蜜蝋の話　上下　190302-190303

密林に挑むわが土木魂　1-3　180515-180516、180518

南ボルネオ　動物三態　上中下　180918-180919、180921

南ボルネオ軍艦旗の護り　上中下　180722-180724

南ボルネオの樹木の話　上下　180502、180505

明朗マハカム点描　1-4　181210-181212、181214

や行

ら行

わ行

我等の食糧は我等の手で　現地座談会　1-10、12　200101、200103-200107、200109-200112、200114

南ボルネオ関係索引

●人名（50音順）

あ行

青木さん　180509

青木大東亜相　180509

井上司政長官　180504

内山中尉　191117

梅崎氏（東拓代表）　180612

大留秀夫　191104

オキク　180822

か行

勝山翁　181217

兼鉄助　190509

岸良幸海軍大佐　181124

小磯首相　190909、190910

後藤知事　190404

後藤眞三男　180429

さ行

嶋田繁太郎　180430

［伊東］深水画伯　180608

杉山州知事　191208

スターマー独大使　190225

た行

寺尾博士　190120

東條首相　180617

富田画伯　181010

な行

中村中尉　180528

は行

ハガ総督　181223

ハミダン君　181103、190217、190229、190302、190304、190318

ハミダン代表　181215

早川民政部長官　200120

原田飛行兵曹長　180718

原田飛曹長　180821

藤山一郎　190809

細川オ市郎（海軍軍医大佐、医学博士）　180514、180515、180516、180518、180519、180520、180521、180522、180525、180526

ま行

松田司政官　190420

ムイス君　180620

森田貫一　180429

や行

山路大佐　180629、180725、190808

山田大佐　191214

山本元帥　180606

ら行

ラヒム君　180606

わ行

●地名（50音順）

あ行

アジア大陸南部　190718

アムンタイ　180817

アンパ　180819

インドネシア　180615、180617、190304、191222

ウルスンガイ　180812、180813、180814、180815、180817、180818、180819、180820、
　　181015、181016、190130、190718

ウル・マハカム　190304、190305、190307

大阪　180530

和蘭　180723、191126

か行

カプアス　181104

カランダサン　81127

カンポンバル　180812、180929、181022、181127

共栄圏　180703、181107、181111、181118、181221、181223、190513

京都　180530

クタイ

　西部クタイ　200117

　西部クタイ分県　190906

クチン　181109、181222

グヌン・アンパット　191104

クランダサン　181209、190210、190212

ケハム　190712

さ行

サイパン　190727

サマリンダ　180514、180702、181020、181102、181104、181106、181209、181214、
　　190107、190203、190212、190217、190302、190305、190401、190408、190420、
　　190618、190622、190623、190720、190722、190722、190723、190725、190801、
　　190808、190824、190827、190829、190830、190831、190901、190901、190909、
　　190920、191010、191011、191012、191126、191126

サマリンダ地方　191029

サンクリラン　181214、190404

サンスボン沖　180518

サンダカン　181222

サンボン　180804

ジヤワ　180629、181127、190120

スプラン　190730

スンガイ・バル　180820

スンガイ・ピナン　191206

スンガイ・ルワヤ　180727、180728、180729、180730、180731

スンボジヤ　191110

スンボヂヤ　180804、190607

西部ボルネオ　→　ボルネオ

セレベス　180829、180918

た行

大東亜　180519、180521、181006、190208、190429、191019

大東亜圏　180921

台湾　181109

タナゴロ　190220、190229

ダマイ　180615

タラカン　190608、190618、190618、190621、190623、190709、190709、190712、190713、190715、190716、190722、190723、190729、190730、190806、190810、190912、190912、190919、191011、191020、191118、191119、191122、191201、191208、191209、191213、191222、200106、200122

タラカン州　190712

タラカン島　181215、181216、181217、190109

タラカンの島々　181221

タラカン方面　190318

タワオ　181222、181223

千葉県　180601

中部ボルネオ　→　ボルネオ

直轄地域　190301、190301

テンガロン　190921、191126

東京　180515、180530、181103、191020

東部ボルネオ　→　ボルネオ

東北ボルネオ　→　ボルネオ

ドラワン島　181224

な行

内地　180430、180514、180629、180702、180711、180810、180829、180928、181006、
　　181019、181020、181127、181209、190219、190502

ナガラ　180815

名古屋　180530

ナスミ　180801

南海　180429、180504、180801、190322、190504

南方　180515、180519、180519、180528、180601、180704、180718、181019、181024、
　　181224、190120、190126、190219、190223、190325、190514、190520、190910

　南方各地　180928

　南方占領地　180618

　南方地域　181001

南溟　180527、190101、190430、200117

西［関西］　181125

西ボルネオ　→　ボルネオ

日本　180509、180511、180512、180514、180827、180916、180917、181006、181104、
　　181107、181215、181216、181221、190210、190211、190212、190217、190225、
　　190229、190302、190302、190304、190318、190323、190430、190712、190712、
　　190801、190827、191029

は行

巴［バリックパパン］　190809

パシル　190219、190220、190224、190225、190226、190227、190229、190229、190805、
　　190805、191125、191126、191128、191129、101130、191201、191203

　パシル地区　191025

　パシル分県　190108

バト・プテ　18021、180822、180824、180825、180826、180827、180828

バハオ　190305

バラバイ　180814

バリック　180501、180611、180711、180720、180722、180722、180730、180815、180826、180922、180930、181010、181104、181106、181203、181212、181217、181224、181231、190101、190106、190125、190129、190302、190304、190318、190331、190402、190422、190429、190429、190505、190607、190610、190621、190709、190711、190713、190720、190722、190722、190906、190907、190909、190917、190919、190920、190923、191011、191012、191019、191021、191028、191029、191102、191109、191110、191114、191115、191116、191117、191213、191219、191221、191222、191222、191224

　バリック市　191217、200117

　バリック州　190404、190811、191011、191019、191026、191105

　バリック地区　190723

　バリック地方　200109

バリックパパン　180702、180921、181209、190105、190114、190125、190208、190212、190422、190606、190712、190910、191011、191126、191214、191216、191223

　バリックパパン分県　180918

バリト　180810、181103、190820、190823、190824、190825、190827

バリ島　180629

ハワイ・マレー沖　180515

バンジエル　180620、180715、180720、180720、180721、180723、180805、180910、180916、180922、180925、180928、181008、181009、181010、181015、181023、181027、181118、181203、190204、190210、190210、190301、190301、190304、190310、190310、190312、190401、190404、190514、190518、190519、190709、190714、190718、190719、190720、190722、190722、190803、190803、190912、191209、191217

　バンジエル市　181013、181222、190310、190317、190319、190401、190407

　バンジエル州　181222、190328

バンジエルマシン　190712

東ボルネオ　→　ボルネオ

比島　180801

ブギス　190210

ブランガス地区　190715

ブロクチヤウ　190823

ブロンガン　181218

ブンドツク　190820

米英　180527、180528、181014、181203、181223、181223、190215、190905、190912
ボルネオ　180511、180518、180521、180527、180606、180608、180629、180629、180702、180702、180711、180718、180829、180829、180922、180923、181015、181019、181020、181103、181104、181111、181124、181127、181217、190101、190107、190109、190210、190217、190518、190606、190610、190711、190712、190713、190714、190718、190910
　西部ボルネオ　190226、190404、190405
　中部ボルネオ　180721、181124
　東部ボルネオ　190318
　東北ボルネオ　181215、181216、181217、181218、181221、181222、181223
　西ボルネオ　181112、181223、190210、190303、190309、190406、190421、190730、190802、200120
　東ボルネオ　180429、180702、190504
　南ボルネオ　180429、180502、180505、180513、180514、180527、180629、180629、180717、180722、180723、180724、180901、180907、180918、180919、180921、180924、180925、180926、181007、181102、181111、181112、181124、181127、181202、181205、181208、181212、190104、190106、190120、190210、190211、190224、190309、190322、190323、190330、190331、190408、190606、190714、190905、190913、191025、191208
　　南ボルネオ直轄地　190331
　　南ボルネオ直轄地域　190621
ポンチアナク　180722、181207、190711、190719、190825、190901、190906、191010、191011、191021、191025、200111、200120
　ポンチアナク州　190720
ポンチアナ州　180829
ポンチヤナク　180720、181001、190308、190318、190519
ポンチヤナツク　180430
本島　180620

ま行

マカツサル　180513、180529、180601、180613、180709、180711、180722、180727、180801、180902、181006、181009、190331、190713、190909
マカツサル海峡　191114、191116
マハカム　181102、181121、181123、181210、181211、181212、181214、190105、

336 Ⅲ．索 引

　　　　190106、190107、190108、190109、190127、190206、190302、190303、190308、
　　　　191029、191031、191214
　　マハカム奥地　181128、190319
　　マハカム河　180615、180727、180728、1880729、180730、180731、18021、180822、
　　　　180824、180825、180826、180827、180828、180829、190712、191215、191216
　　マハカム地区　190326
　　マハカム中流　190906
　マルガサリ　180813
　南　180529、180702、190225、190321、190520
　南ボルネオ　→　ボルネオ
　緬　190513

ら行

ラミン　190106
ラワ上流　180716
蘭
　　旧蘭　180831
蘭印　190823
　　旧蘭印　180512、180925、181019、190420、190716
蘭領ボルネイ（旧）　181223
ロロ　190225
ロンギラム　180718

わ行

●事項（50音順）

あ行

（あ）

藍　190618

愛機　191115

挨拶　191214、191216

青物　191110

アカル・サンパイ　180618、180731

秋　181006、181208、190520

悪条件　180514

憧れ　180509、180627、180722

　　憧れの的　180511

朝　190107

麻　181223

　　麻袋　190303、190420

味と香り　181109

仇討　181217、191029、191216

圧政　191126

アメーバ赤痢　191212

アララン草　180928

荒鷲　191114、191115、191116、191117

安居　180624

　　安居楽業　180611

（い）

慰安親睦　190326

硫黄自給　181228

医学博士　180514、180515、180516、180518、180519、180520、180521、180522、180525、180526

筏　180504

　　籠児海洋筏　181211

鋳型　190729

偉観　190106

意気　181208、181209、190106、191205
　意気軒昂　181104、191011
　意気昂し　190305
意義　180727、191209、200101
偉業　180429
遺業　180528
育英　191021
育成　190104
偉勲　191116
遺勲　180821
憩の家　180722、200112
威光嶺　190713
遺産　180731
意思
　自発的意思　190126
遺志　190712
医師会議　180723
石橋商会　180629
医者養成　190520
移住　190718
市場　180930、181127
一騎当千　181106
一般人　190722
移転
　原住民移転制限　191019
井戸　191212
　井戸水　190116
移動
　移動防止　180727
　集団移動　190302
稲作転換　181112
稲穂　180804、190127
移入　181110
犬

飼犬　190811
　　野犬狩　190811
遺物　180718
鋳物　190729
慰問　180911、190827、191209
　　慰問演奏会　190810
　　慰問芸演大会　190909
　　慰問行　190809
　　慰問隊公演　180917
　　慰問袋　190126
　　白衣勇士慰問　190502
入婿　190720
医療　200112
衣料　181007
　　衣料自給　181212
　　衣料増産　190204
衣類　190308
慰霊　181106
入墨　190307
刺青　190305、190720
岩妻　180818
飲食店　180717
印紙類　181228
陰謀団検挙　190623
飲料　190116

（う）

植付　200111
魚　190219、191215
　　魚の宝庫　191214
牛　180708、190303
　　牛祭　190109
後盾　180619
歌　180729、190229、190909

歌声　181015

腕環　190810

海　180509、180518、180521、180627、180801、190101、190129

　海の幸　180707、181017

　荒ぶ海　181211

　碧の海　181224

海鷲　190107

梅干

　代用梅干　181109

運航会強化　191227

運賃（プラウ）　181109

運動会　181029

運動大会　191216

（え）

映画　180515、190125、190121、190126、190209、190223、190608、190831

　映画上映　181215

　映画筋書　190715

　映画のお知らせ　190201、190215、190224、190729、190810

　映画の会　180511

　銀翼献納映画大会　191210

　軍用機献納映画会　191208

　今週の映画　190305、190330、190404、190421、190428、190510

　恤兵映画　190301

　巡回映画　191025

　天長節奉祝映画　190428

　「日本映画の夕」　180429

　奉祝映画　191101

映画配給社　190908、191025、191203、191208、191221、191231

英気　180706

営業時間変更　190316

栄光　191026

英魂　200117

衛生心得　180514、180515、180516、180518、180519、180520、180521、180522、

　　　　　180525、180526
衛生週間　191214
衛生部長会議　180618
衛生防疫思想　180717
英断　190720、191217
映配　191014
　　映配直営　191210、191217
英霊　190125
疫病流行　180824
餌　191125
閲兵　190210、190912
絵巻
　　紀元節絵巻　190212
　　記念日絵巻　181208
　　必勝絵巻　190210
　　奉祝絵巻　190212
援護会　190905、190913
演習
　　実弾射撃演習　190404、190406
　　対空演習　181203
　　対抗演習　181209
演習林　180829、180918
炎暑　180917
援助　180629
炎天下　180805
縁結び　191222

（お）

王　180509
　　○○王　180509
横断
　　ボルネオ横断　190610
　　ボルネオ横断記　190712、190713、190714
応募　180921、190722

黄麻　190420

置場所　190222

奥地　180723、181223、190720、190827、191025

　奥地開発　190105

　奥地建設　190225

　奥地巡回　191014

　奥地探検　180727、180728、1880729、180730、180731、180801、180803、180804、
　　180805、180806

　　奥地探検記　180821、180822、180824、180825、180826、180827、180828

　　奥地探検隊　180514、180716、180718

　　奥地探検報告講演会　180807

　　奥地探検補記　180829

　最奥地　180615

送荷　181008

贈りもの　180515

贈り物　190722

お洒落　180804

夫　180619、180806

男　191125、191222

オートバイ禁止　190502

乙女

　乙女の心情　200117

　乙女の殿堂　190829

踊　180825、181224、190108、190227、190909

　歓迎踊　180803

鬼に金棒　191117

斧　180826、180828

　斧音　181123

オペラ　190608

お盆　180529

思出　180821、190109

オモチャ特配　180922

思ひ出の地　180718

親心　180606、180722、180731、180810、180922、181216、181221、190229

オラン・ウータン　180918

和蘭時代　191222

和蘭本　190801

お礼　180724

御礼　180620

恩返し　180902

音楽　180917

　　音楽指導　190809

　　音楽指導班　190909

音楽隊

　　民政府音楽隊サマリンダ地方巡回　190827

恩恵　180928

恩赦　180501、190429

温情　180602、181204、191224

恩典　180501、180622、200122

女　181009、190305、191128、191222

　　女村長　190219、191125

か行

（か）

海員　190328

　　海員憩ひの家　190618

　　海員養成

　　　　原住民海員養成　190322

　　海員養成所　180509、191217

凱歌　180504、180512、180514、180725、181111、190304、190422、190729、191026、191210

改革　190323

階級　190728

怪魚　190504

回教聖日　191224

海軍　180527、180528、180528、180608、180611、180624、180925、181027、181028

　　海軍記念日　180514、180527、180608

　　海軍軍医大佐　180514、180515、180516、180518、180519、180520、180521、180522、

180525、180526
　　海軍軍楽隊　180728
　　海軍軍政下　180618
　　海軍軍政全域　190429
　　海軍軍政地域　190224
　　海軍軍政地区　181204
　　海軍々政地区　180511
　　海軍建築部　180624
　　海軍講堂　180429
　　海軍最高指揮官（南ボルネオ）　180429、191208
　　海軍司政官　180429
　　海軍省　191207
　　海軍全地域　190517
　　海軍大佐　181124
　　海軍大臣　180430
　　海軍探検隊　180615
　　海軍地域　190520
　　海軍地区　180718、180829、180922、181001、190429、190512
　　　海軍地区全域　180610、190518
　　海軍二等兵補　190905
　　海軍燃料廠　191223
　　　海軍燃料廠長　180429
　　海軍部隊　190101、190210、190212
　　　海軍部隊最高指揮官　180527
　　　南ボルネオ海軍部隊最高指揮官　181208
　　海軍兵隊さん　190126
　　海軍兵補　191221
　　海軍民政地域当局　180609
　　海軍民政府　190910、191012
会見　180511、180528
回顧　180509、180511
開校式　191126
開墾　190607、190709、191205、191209
　　開墾工事完成　190715

海相　190727

外人記者団　180528

開戦記念日　181209

開拓　190404

　　新開拓地　191206

　　マハカム開拓　190206

害虫　191012

街頭　181215

皆働案実施　190331

街頭行進　181203、181209、181209、190901

開発　180515、180629、180925、181123、181218、190203、190225、190226、191128

　　開発戦士　181124

「海浜喫茶店」　180722

解剖　190504

概略図　180516

顔触　181209、190301

香り

　　味と香り　181109

科学戦線　180528

科学日本　180512

科学の殿堂建設　180529

科学兵器　181111

カーキ色　190728

かき餅　200105

架橋

　　快速架橋　191221

華僑　180611、180923、180926、181104、181106、181214、190301、190401、190716

　　華僑総会　181110

　　華僑登用　190720

　　原住民華僑　190518

　　現地華僑献金　181003

　　バンジエル華僑報国団　190404

学芸会

　　記念学芸会　190916

学資貸与　190715
学制
　　学制改革（南ボルネオ）　190323
　　新学制　190711
学窓　190518
学徒
　　青年学徒　190518
学都　180702、190829、190830、190831、190901
学童　180512、180729、190420、190810、190831
　　学童（バリツク）　190711
　　原住民学童　180514、180819、191019
　　内地学童　180829
学費貸与　190711
加工　190512
火災　180720
果実
　　現地産果実　191217
鹿島立ち　181103
果樹　190711
河水　191215
カステラ
　　蒸カステラ　200104
家政女学校　190623
佳節　190428、190429
河川沿岸　190912
河川流域　190718
仇　191206
　　仇討ち　→　仇討ち（あだう）
刀　180804
家畜　190406
勝閧　180827
勝星　191115
鰹　191125
学校　190801

学校名　190917

合唱練習　181231

家庭　190215

蚊取線香　190714

仮名　181021

鐘

　時鐘　191128

　ボルネオの鐘　181124

貨幣所持者　180925

家宝　190107

髪剪式　190720

甕

　陶製の甕　190107

甕壺　180731

蚊帳　190308

歌謡　180911

画用紙　190220

画慾　181010

皮（鰐）　180915

河　180826

　河の王者　191216

佳話　191021

川魚　190307

歓喜　180525、190108、190229、191029、191029、200122

玩具　180916

歓迎　180714、180728、180801

　歓迎宴　191130

　歓迎踊　180803

官憲　181105

看護　190923

看護婦　180613

　原住民看護婦　191223

　見習看護婦募集　191223

観察談　191221

漢字勉強　181021

感謝　180624、180730、180827、180902、181023、181204、190711、190909、191107
　　感謝式　191010
　　感謝状　190727
　　感謝大会　191011

慣習法　180530

甘藷　181127

完勝　181203、190429、191209
　　完勝気魄発揮　181208

簡素化　190510

元旦　181224、181231、191231

閑地　190429

敢闘　180518、180527、180606、180619、180921、181125、181223、190318、190319、
　　190623、190712、190802、190910、191021、191021、191026、191205
　　敢闘譜　180922、191031

間道　181217

関東配電　190923

管内各地区　180522

甲板　191210

カンポン（ダイヤ）　190712

官民　181104

丸薬　180731

官吏　180516
　　邦人官吏　180629

監理官会議　181015
　　タラカン州県監理官会議　190712

（き）

議員（バンジエル）　190519
　　議員委嘱式　190328
　　議員定数　181222

機械工具　200109

帰還報告　181215

義侠　190609

企業地視察談　190808
企業当路　190709
戯曲　190715
紀元節　190210
　　紀元節絵巻　190212
稀元素鉱床　190730
機構拡充　181013
帰国　180902
　　帰国者　180810
記事　190505
技師
　　無電技師　180723
記者団
　　外人記者団　180528
奇習　180829
奇襲攻撃　180509
機銃掃射　191021
寄宿舎　180530
技術　180514、190621
　　技術指導　180702
　　日本技術　181017
技術者　180718
　　技術者養成　181218
　　技術者養成所　180601
　　ブギス族技術者　190210
帰巣性　180501
寄託　180902、181106、181110、181124、190719
鬼畜　180818
切手　181019
規定　190329
キニーネ　180618
　　キニーネ代用　180630
記念　181127
　　記念行事　180528

記念式　191208、191216

　　記念日　191209

　　　記念日絵巻　181208

機帆船　190129

　　機帆船検査班　190720

木船　190330

希望　180804、180828、190430、191025

希望者殺到　180703

着物　180919

脚本　180601

キヤツサバ　200103、200104

ギヤング　180928

休刊　191231

義勇軍　190912

救出　180509

給水　180715

給与　180609、181210

　　給与改善　180609

　　給与引上　180629

　　現地事業給与統制令　191028

旧蘭時代　180831

給料　181014

教育　190420

　　教育方針　180530

　　原住民教育　180831

　　原住民初等教育　180709

　　高等教育　190623

　　実業教育振興　190224

　　戦時下教育　190224

　　南方教育　181024

　　日本教育　180525

教育研究所　180620、180811

教員　180918

　　教員常会　191111

バリツク教員常会　190610、190711
　　教員養成所　180702、190229
　　　州立教員養成所　190401
　　　バリツク教員養成所　190402
　　教員錬成　190404
　　　教員錬成会　181102、190308
共栄圏留学生　→　留学生
饗宴　191201
教会　180824
競技　181104
行事　180514、181203、181203、191205、191209
　　慶祝行事　190212
教習所
　　バリツク教習所　191019
供出　180926
　　供出制度　200111
行政
　　特殊行政　181113
郷土防衛　180922、181112、191010、191101
橋梁　191128
協力　180429、180501、180507、180509、180518、180520、180521、180528、180720、180818、180922、180926、191009、181104、181105、181106、181110、181112、181121、181214、181214、190225、190304、190319、190712、190808、190820、191129、191217
　　協力委員会　191109
　　協力態勢　190319
　　協力要望　191208
教練　190729
　　教練遊戯　190229
漁業　181017
　　試験漁業　180707
巨弾　191022、191024
極刑の処断　181027
巨木　190714

352　Ⅲ. 索　引

機雷処置　190125

基督教信仰　180620、180824

基督教総会　181110

基督教徒　191224

切付　181007

切歯式　190720

金一封　191224

銀行
　　庶民銀行　191214
　　庶民銀行令　190224
　　敵性銀行清算　180910

金融
　　金融支配　190716
　　小口金融機構　190224

銀翼　181014、181214、190502、191010
　　銀翼献納　191213

勤労　190808、191029
　　勤労劇団　190326
　　勤労の街　181121
　　勤労報国隊　190310
　　　勤労報国隊結成式　190204
　　勤労奉仕　190722
　　勤労錬成　191206

（く）

空海　190101

空襲　180720、191122、191201、200109
　　空襲下　180818、180829、180908

空戦
　　追撃空戦　191114

空中戦　191116
　　空中戦見物　191021
　　　バリック大空中戦　191114、191115、191116、191117

草　191212

薬　190804
　　代用薬　180618
駆潜艇　191116
管
　　木の管　190722
果物鉢　180529
靴下　181130
首　180805、191215
首狩　180731、190109
首塚　180819
工夫　180828、181021、190104、200104、200111
　　工夫の創意　190714
熊　180921
組合　181130
愚民政策　180512
雲博士　190713、190723
クランダサン運動場　181209、190212
紅蓮の焔　190919
鍬　180612、180711、190127、200117
　　鍬入式　180717
　　鍬の進軍　191011、191012
　　鍬の戦士　181124
　　鍬の尖兵　180702
軍　180720、191217
軍艦旗　180721、180722、180723、180724、190101、190212、190905
軍官民　180514、190101
　　軍官民協議会　180522
　　軍官民聯合相撲大会　190212
軍国一家　180619
軍使　180520
訓示　200120
軍事教練　181023
軍政　190825
　　軍政参与　181208

354　Ⅲ．索　引

　　軍政職員　190302
　　南方占領地軍政　180618
軍刀　180512
軍当局　181006
軍用機　190504、190505
　　軍用機献金　180827、181110、190609、190618、190622、190709、190711、190712、
　　　190713、190715、190716、190718、190719、190720、190722、190725、190726、
　　　190727、190802、190803、190805、190808、190810、190825、190829、190901、
　　　190906、190910、190914、190920、191008、191014、191017、191018、191019、
　　　191021、191022、191024、191026、191029、191031、191102、191103、191107、
　　　191110、191111、191116、191117、191119、191124、191126、191128、191129、
　　　191130、191202、191207、191209、191212、191214、191219、191221、191224、
　　　191231、200103、200109、200110、200114、200118、200119、2001122
　　軍用機献納　181104、181105、181106、191209
　　　軍用機献納運動　181124、190321
　　　軍用機献納映画会　191208
　　　軍用機献納資金　181106、181107、181109、181110、181111、181112、181113、
　　　　181118、181124、181125、181126、181127、181128、181130、181202、181204、
　　　　181207、181209、181210、181211、181214、181216、181224、181231、190105、
　　　　190107、190109、190112、190113、190115、190125、190202、190206、190209、
　　　　190216、190218、190224、190226、190227、190301、190302、190303、190304、
　　　　190307、190310、190312、190315、190317、190324、190325、190326、190330、
　　　　190331、190401、190407、190422
軍翼献金　191111
軍律　180507
　　軍律会議　180507
訓練　180509、190919、191011
　　訓練生　190127
　　訓練日　190505
　　サマリンダ訓練所　190107
　　日本式訓練　180814

　　（け）
警戒警報　191219

警戒心強化　181104

計画　190517

　　四ケ年計画　191227

警官

　　原住民警官　180609、190923

経済的将来性　180509

警察係　190623

警察官　191128

　　原住民警察官養成　191019

警察幹部

　　原住民警察幹部　191018

警察教習所　190401、191216

　　バリック警察教習所開所式　191021

警察庁

　　特別警察庁　181217

警察統計　191215

慶祝行事　190212

景勝地　181023

芸能隊　180911

警報　190502、190920、190922、191021

啓民指導部　190711

警務会議　190722

敬礼　181006、190610

劇　190326

劇団　190512

撃沈破　191116、200106

撃墜機確認　191222

撃墜敵機　191102

撃墜破　190114、191011

撃滅　191205

激流　180826、190712

結婚　190720

　　結婚行進曲　191222

血書　190520、190723

決議案　190317

結成式　191212

決戦　190307、190312、190811

　　決戦一色　191209

　　決戦下　190212、191220

　　決戦勤務　190802

　　決戦現地　181103、181104、181105、181106、181109

　　決戦指導　190510

　　決戦即応執務　190303

　　決戦の海　190129

　　決戦奉公　180915

血族　190722

解熱　180731

　　解熱剤　180618

県　181015

権威　190120

見学　190401

研究眼目　180918

検挙　181027

現況　190805

献金　180624、180624、180710、180908、180909、180911、180925、181013、181028、
　　　190502、190505、190727、190727、190921、191010、191017、191021、191024、
　　　191107

　　援護会献金　190913

　　銀翼献金　181008、181105、190722、191021、191026、191126、200120

　　　銀翼献金献納　191208

　　　銀翼献金部隊　181209

　　軍翼献金　191111、191206

　　現金献金　180611

　　献金突撃　191209

　　献金部隊　180721

　　現地華僑献金　181003

　　現地献金　180730、180915、181014

　　現地赤誠献金　191022

現地防衛献金　180824

　　国防献金　190331、190505、190618、190720、190808、190901、190906、190920

　　五百円献金　180629

　　生活費献金　191205

　　赤誠献金　180528、180608、180619、180626、180808、181027、181105、191029、
　　　191202

　　赤誠現地献金　181015

　　翼の献金　190719

　　百円献金　180616、180622

　　兵隊さん献金　180827

　　兵補献金　190902

　　真心献金　180902

健康　191214

　　健康市　180611

検査場　190520

原始生活　190718

原住民　180509、180509、180511、180512、180512、180515、180515、180515、180516、
　　　180527、180528、180606、180609、180610、180611、180612、180612、180613、
　　　180615、180616、180617、180617、180617、180620、180622、190624、180702、
　　　180717、180801、180818、180828、180829、180901、180902、180910、180917、
　　　180919、180922、180922、180922、180923、180926、180928、181006、181006、
　　　181015、181022、181027、181104、181106、181110、181118、181127、181127、
　　　181127、181202、181208、181212、181214、190106、190208、190210、190225、
　　　190301、190319、190322、190331、190408、190505、190510、190711、190722、
　　　190801、190801、190809、190827、190901、190907、190909、190909、190910、
　　　190920、190922、190923、191011、101026、191029、191029、191102、191109、
　　　191206、191206、191208、191221

　　一般原住民　190810

　　原住民医者　190520

　　原住民移転制限　191019

　　原住民海員養成　190322

　　原住民華僑　190518

　　原住民学童　180514、180819、191019

　　原住民簡易宿泊所　190719

原住民看護婦　191223

原住民官吏　180622

原住民技術者養成　181218

原住民教員敢闘　191021

原住民教員錬成会　180810

原住民教育　180831

原住民勤労　190512

原住民訓練　181017

原住民警官　180609、190923

　　原住民警官養成機関新設　180718

原住民警察官　191019

原住民警察幹部　191018

原住民劇団　190512

原住民工具　190916

原住民皇化教育　190322

原住民高等船員　180709

原住民子供　190609

原住民子弟　180519

原住民指導者養成　191109

原住民蹴球大会　181012、181224、190105

原住民受刑者　190429

原住民使用人　181105

原住民職員　180629、181210、190302、190910

　　原住民職員講習会　190803

原住民女子　190623

原住民女性　191011

原住民初等教育　180709

原住民政治参与　181203

　　原住民政治参与関係法令　181209

原住民青年　191129

原住民青年団　190505

原住民先生　180910

原住民扇動　181027

原住民代表　181103

原住民男女　190805

　　原住民中等校生徒　181023

　　原住民熱血漢　181210

　　原住民反乱　181222

　　原住民表彰　191102、200120

　　原住民婦女子　200112

　　原住民婦人　190811

　　原住民婦人会　190210、191212

　　　　原住民婦人会総動員　200104

　　原住民俘虜　191217

　　原住民浮浪者　191220

　　原住民奮起　181204

　　原住民兵　200122

　　原住民保健剤　180916

　　原住民労働　190723

　　原住民労働者　180610

　　原住民労務者　181014、181125

　　原住民若人　180511、180627、180801、181112、190404

　　功労原住民　191208

　　純情原住民　191031

　　内地留学原住民　180629

　　模範原住民従業員表彰　180908

　　礼儀正しい原住民　181216

懸賞募集　180601

原始林の海　180827

建設　180429、180509、180611、180617、180711、180711、180818、181007、181128、181214、190101、190229、190304、190326、190408、190518、190712、190802、190802、190805、190808

　建設一路　181121、181123

　建設協力　190225

　建設状況　180509

　建設戦　180521、181102、190824

　建設戦士　181215、190126、190212、190729、191214

　建設挺身　190212、190305

360　Ⅲ. 索　引

　　　建設道路　180826、180827、180828

　　　建設の浮城　181211

　　　建設の海　181210

　　　建設部隊　181104

　　　建設報告　190125

　　　南方建設　180528

建設譜　181103、190910

現地　180430、180501、180514、180514、180510、180528、180606、180608、180609、
　　　180717、180721、180901、180921、181010、181014、181017、181029、181208、
　　　181209、181222、190210、190212、190223、190307、190312、190428、190430、
　　　190505、190709、190727、190729、190730、190802、190922、191012、191104、
　　　191117、191206

　　　鋳物現地　190729

　　　決戦現地　181103、181104、181105、181106、181109、190307

　　　現地海軍　180528

　　　現地開発　190404

　　　現地華僑献金　181003

　　　現地学童　180814

　　　現地官民　181209

　　　現地官吏　190303

　　　現地工夫　190714

　　　現地軍　190125、191021、200120

　　　現地軍官民　180514

　　　現地軍最高指揮官　191217

　　　現地軍参謀　200110、200116

　　　現地警察係　190623

　　　現地建設部隊勇士　181104

　　　現地裁判制度　181107

　　　現地座談会　200101、200103、200104、200105、200106、200107、200109、200110、
　　　　200111、200112、200114

　　　現地産　190318、190325、190330、190804

　　　　現地産果実　191217

　　　現地産業開発　181026

　　　現地三団体新構想　181110

現地参謀講演会　200112

現地自給　181007、200101

現地事業　191028

現地酒　191103

現地将兵　180527

現地食糧　180704、180706、180707、180708、190618

現地新聞代表　181107

現地生活　180610、181223

　現地生活物資配給　191018

現地生産　181020

現地赤誠献金　191022

現地総進軍　190206

現地造船　180522

現地長官（南ボルネオ）　190211

現地徴兵検査　190514、190520

現地徴兵身体検査　190422

現地貯蓄　180609

現地適応　180917

現地当局　180717、181121

現地内地間　190502

現地日本人　181106

現地入営壮丁　191021

現地農工業　181218

現地農産物　190608

現地版日本語唱歌　190310

現地版日本語読本　180519

現地部隊　190212、190905

現地防衛献金　180824

現地邦人　180626、181123、181218、190808、190912、200110

　現地邦人表彰　190211

現地本部　180730

現地米　180612

現地向き　181109

現地労働者　180727

362　Ⅲ．索　引

　　現地労務者　181110
　　現地労務配置　190429
建築　191212
県庁　191222
検定試験　200109
剣道　180514
献納　190727、191104、191202
　　銀翼献納　191213
　　献納式　190504、190505
現場　180725
　　現場取締　191021
原皮鞣剤統制　190606
剣舞　180825
原料　181013

（こ）

雇員　180610
壕　180908
興亜　180910
　　興亜の光　180519
工具　180624
　　原住民工具　190916
　　工具養成所　180601
幸運　181202、181221、190303、191203
　　幸運者　190907
公演　190513
講演　190318
　　講演行脚　190318
皇恩　180528、191010、191222
公価　180925
皇化　180629、180727、180928、190229
　　原住民皇化教育　190322
　　皇化教育　180826
　　皇化政策　190420

航海
　　航海補助　191213
　　処女航海　180629
合格者　180721、180910
向学心　180512、190322
合格率　190606
公学校　180513、180831、180918
　　公学校教員　190108
　　公学校増設　190806
　　特別公学校　180525、180928
　　普通上級公学校　190401、190917
交換台　180929
工業技術報国会　180718
工業実務校　180811
工業ボルネオ躍進　181020
航空機　191021
航空郵便　180711
　　航空郵便取扱要領　180717
皇軍　180520、180730、181112、181217、190109、190114
　　皇軍勇士　180902
攻撃　191116
　　奇襲攻撃　180509
鉱工業　190226
耕作
　　施肥耕作　180731
鉱山　180609、180610
工事　180715、190715、190920、191128、191129
校舎　180703
講習会　180622
　　親善講習会　180512
甲種合格　190520
鉱床
　　稀元素鉱床　190730
工場　180717、180924、200109

行進　181209、190212
　　街頭行進　181203、181209、181209、190901
　　強歩行進　180527
　　市中行進　190210、190212、190404
洪水　190307、190827
厚生　180730、190621
更生　180704、180831、181104、181110、181113、181121、181123、190723
　　更生一路　190109
校長
　　校長会議　180709
　　邦人校長　181102
交通
　　交通規則　180904
　　都市交通　180429
皇土　180527
高等官　180609
高等教育　190623
購読料金改正　190913
校内　190810
興南報国団　181112
抗日陰謀　180723、181223
工、農両校　180702
購買会　191018
降伏　180511、190823
鉱物
　　重要鉱物　181111
工夫養成所生　181021
硬木　181211
皇民　180709
　　皇民化教育　181102、190322
興民文化会　181127
校名板　180709
紅葉　181006
公立　180826

号令　190229

功労原住民　191208

呼吸　180917

国王僣称　181027

コークス　181020

　優秀コークス増産　181205

国葬　180606

穀倉　180521

告別式　190509

国防献金　190331、190505、190618、190720、190722、190808、190901、190906、190920

国民

　指導国民　180513

国民性　180617

故国　181109

　故国日本　180827

心　181104、181104、181106、181110、190225、191208

　赤い心　190923

　親心　180606、180722、180731、180810、180922、181216、181221、190229

　真心　180624、180902、181008、181014、181105、181214

護身　190303

古戦場　190823

御馳走　190307

小使ひ　190810

小遣ひ　181014

国境の山　190713

言葉　190104

子供　180922、191019

　原住民子供　190609

　興亜の子供養成　180910

　子供づれ　181009

　ヨイコドモ　181010

コーヒー　191201

コプラ　181013

　コプラ増産　190112

III. 索 引

ゴム　181006、181007、181008、181009、181010、181010、181012、181012、181013、181014、181223

　ゴム液　181008

　ゴム園　181007、181112

　ゴム袋　181008

　ゴム林　181006

米　180502、180926、190618、190805、190805、190824、191011、200111

　現地米　180612

　米自給　190906

　米自由販売　190210

米搗　190107

娯楽施設　200112

ゴルフ練習場　180507

古老　190823

混血

　蘭支混血　180723

コンソリ　191114

さ行

（さ）

犀

　犀の牙　180829

菜園　190512、191118、200107

　小規模菜園　200110

最高学府　180620

最高指揮官　181124、190912、191209

　現地軍最高指揮官　191217

財産　190302

妻子　191206

採取園拡張計画　180629

採巣　190303

栽培　191118

　責任栽培　191011

裁判

簡易裁判　181113

　　裁判制度　181107

採用試験　190722、190810

在留地　181001

材料　190318、190325

砂金　190805

作業　190514、191017

　　作業服　190921

搾取　180512、190716

作戦　180617

作巣樹　190302

作付面積　190309

酒　190115、190825

　　祝酒　191028

　　現地酒　191103

座礁　190520

座談会　190126、190318、200101、200103、200104、200105、200106、200107、200109、200110、200111、200112、200114

刷新

　　画期的刷新　180831

雑草　180821

雑用　190909

砂糖　180502、190618

サマリンダ家政女学校　190623

サマリンダ訓練所　190107

サマリンダ女学校　190801

サマリンダ青年団　190305

サマリンダ便り　190622

サマリンダ農実訓練生　190725

サマリンダ防護団　190824

猿

　　三猿主義　181105

　　天狗猿　180919

　　野猿　180727

サルタン　180513

サロン　191011

山窩　181123

サンガサンガ神社　190126

三ヶ年計画　181111

山間　190729

産業　180429
　　産業協会　180610、180616、190621
　　産業道路　191203
　　　　南ボルネオ産業道路　191025
　　産業部長会議　190514

山地　190718

暫定措置令　181001

参謀　180804、200110、200116
　　参謀講演会　200112

サンボン女　180804

山林
　　南方山林主任者会　190223

（し）

死　190719

詩　200117
　　詩情　190105
　　詩情追放　181103
　　即興詩「日本の皆様」　180803

塩　180722
　　製塩　180928、190618、191217

自活　181111、190723

士官　191024

志願　190714、190723、190730
　　志願者殺到　180519

士気昂揚　180514、181203、191028

敷物
　　卓上敷物　180529

自給　180521、190226、190318、190804、191217、200105、200114
　　現地自給　181007、200101
　　米自給　190906
　　自給自足　180722
　　自給体制確立　180528
　　種子自給　200110
　　増産自給　200101
事業
　　現地事業給与統制令改訂　191028
　　重要事業等非常措置令　191012
　　難事業　180516
　　不急不要事業転用　191012
市行政統括（バンジエル市）　181013
時局解説講座　200110
時局講演会　200116
試験
　　修得認定試験（日本語）　180721
　　第二次試験　190722
資源　181020、190308、191025
　　資源開発　180618
　　資源視察談　191214
　　重要資源発見　181223
　　新資源　180924
仕事　190225
視察　180509、181124、190225、200120
　　各種企業地視察談　190808
　　資源視察談　191214
時鐘　191128
試食
　　作品試食　200110
　　試食会　200104
施設部　200106
自治社会　190722
市庁設置規定　181203

実業教育振興　190224

失業者　190407

躾　180709、181006、181212、190104、191215

実弾射撃　190718

嫉妬

　　女の嫉妬　191128

湿布　191227

執務　180722

　　決戦即応執務　190303

実務学校新設　181218

実務校　180519

実用品　180915

指導　180721、181121、181128、181216、190827

　　決戦指導　190510

　　指導育成　181127

　　指導国民　180513

指導員　190107、190504

指導者　180509、181128

　　原住民指導者養成　191109

　　指導者養成　180704

自動車　180904

　　自動車運転注意　190329

　　自動車技倆検査　190329

　　自動車事故　190222

　　自動車車両検査　180921

　　自動車燈火取締り　190502

シート裁断　181009

市内　180717

師範学校　181023

四方拝　181231

島　181221

　　緑の島　181215

姉妹　190923

市民

市民生活　180429
　　市民報国会（バンジエル）　190720
　　東京市民　180515
事務所
　　事務所移転　190712
　　事務所設置　190908
注連縄　180805
釈放　180602、191217、200122
射撃
　　実弾射撃　190718
　　　実弾射撃演習　190404、190406
「社告」　180429
写真　181006
　　写真交驩展　180921
　　写真展　190208、190210
　　写真点描　180608
ジヤワ人　190225
銃　191216
蒐液　181007
州会　190301、190331
　　州会議員（直轄地域）　190301、190301、190401
収穫　180618、180910、181015、181127、200106
修学運動　190715
集荷所　190608
蹴球大会　180922
　　原住民蹴球大会　181012、181224、190105
宗教狂信　181027
従軍記　190125
柔剣道　180519
銃剣道　180527
柔剣道相撲　180514
就航　190330
銃殺　180507、181223
　　幹部銃殺　180723、181027

州市会　190227

就職斡旋　191220

州知事　180620、180910

 州知事庁　180722、190212、190607、191205

 バリック州知事　191011

酋長　180730、180803、180804、190722

醜敵撃滅　191202

醜敵惨敗　191029

醜敵米英　190905

重点主義　190224、190226

柔道　180606

州内　180729、200107

収買　181016

銃砲声　181208

収容所　181223

修了証書　180910

樹液　180919

樹海　180828

 樹海・幽邃境　190713

祝賀一色　180527

宿泊　200112

 原住民簡易宿泊所　190719

受刑者　180501、190429

手交　191224

種子自給　200110

主食　200103

酒席　181104

種族　190719

出荷　190608

出張土産話　180629

出動　190204

恤兵　180911

 恤兵映画　190301

 恤兵金　180908

樹皮　180919、181214、190921
首謀者　181223
ジユモー　190921
樹木　180502、180505
呪文　1800801
　呪文踊り　180805
需要　200105
竣工式　191203
巡視　191117
旬日　190321
巡補採用　190716
焼夷弾　191221
賞金　180910
消火　190922、191221
唱歌　181216
　現地版日本語唱歌　190310
　「唱歌集」　180729
哨戒　180518
正月　180922
小学校授業料全廃　180512
城塞　190106
浄財　190224
商社　191018、191118
　受命商社　180711
　商社邦人　180610
　商社預金　180616
　邦人商社　191011
　優良三商社　191208
常住座臥　181106
少女　190307
小説　180601
　小説戯曲　190715
醸造　180501、181013
　速成醸造　190115

廠長　181021、191011
　　廠長賞　190212
象徴　180829
勝鬨揚げ　200104
使用人　180622
消費　180610
　　消費規正　190618
　　消費税　191103
将兵　180527
消防隊
　　バンジエル消防隊　180922
醤油　180501、180706、181013
賞与　180610、190901、190910
上陸　190109
　　奇襲上陸　190125
　　上陸潜入　200120
　　バリックパパン上陸　190125
　　無血上陸　180519
勝利の日　180528
奨励方要請　180622
奨励金制度　191213
奨励奏効　180722
女学校
　　サマリンダ女学校　190801
食　200112
職域協力　191217
職員
　　軍政職員　190302
　　原住民職員　180302、180629、181210、190803、190910
　　タラカン職員錬成　190810
食塩　180720
食事　180519
職制　190510
食膳　180514、181109

食堂　180717

食肉　190517

職人

　ネシア職人　180501

職場　180602、180908、181104、190318、190801

　職場死守　180922

　職場持場　181203

食品直配　181127

職分　191208

食糧　181007、190120、190723、200101、200103、200104、200105、200106、200107、200109、200110、200111、200112、200114

　現地食糧　180704、180706、180707、180708、190618

　食糧基地　190805、191110

　食糧自給　180702、181112、190725、191011、191118

　食糧蒐配　190618

　食糧節約　180826

　食糧増産　181111、190404、190912、191109、191111、191206

　　食糧増産運動　190429

　食糧対策　200111

　食糧配給（サマリンダ）　190720

　生鮮食糧協議会　190618

女子　180530、190623

　女子三銃士　180528

書状

　業務用書状　180711

女性

　原住民女性　191011

　女性蹶起　191116

　挺身女性　181106

書籍　190827

　書籍販売　190318

織機　180519

処分　180717

　断乎処分　180507

庶民銀行　191214
庶民金融（旧蘭印）　190716
助役
　　邦人助役　181013
ジヨンゴス　191215
虱つぶし190713
自力　180704、180706、180707、180708
私立校　180826
汁器　190107
市令
　　暫定市令　181203
司令官　180804、190210
　　廠司令官　180511
司令部講堂　190810
白旗行進　180511
白鉢巻　190709
人員殺到　190714
新鋭機　191117
進学　180509
新学期　190401
新機軸　181008
進軍　180928
　　総進軍　180528、181111、190206
信仰　190719
人口調査　190518
　　人口調査結果（バンジエル）　180928
シンコン
　　シンコン料理出品　200104
　　シンコン若葉　191213
神社　191104
　　神社建設　190126
人種展　181215
信書　190401
進水　180805

申請書　181110

人跡まれ　190316

身体検査実施　181001

新秩序　181107

神風隊　191208

心服　180512

人物　181010

新聞
　　現地新聞　181107
　　新聞協議会海軍地域事務局創設　190520
　　新聞代表放送局見学　181118

信頼　180512、190318

診療所
　　実費診療所　190712
　　バリック診療所　191213

診療助手養成所　190718

（す）

水泳場
　　錬成水泳場　190518

水禍　181204

水牛　180820

水銀　180512

水軍
　　敵水軍　180509

水郷　190105

水産業　190512、190623

水産日本　181017

水上　180615

水田　190220、190805、190805
　　水田開発　180725、190206、190421
　　水田づくり　181218
　　内地式大水田　180804

水道

上水道工事　180715

水曜　191222

スコール　181211

薄　180727

巣立　190725

スパイ敵将校　200120

相撲　180514、180527、181104

　軍官民聯合相撲大会　190212

（せ）

製塩　180928、190618、191217

成果　181113、190319、190323

生活　181123

　現地生活　180610

　生活安定　180606

　生活費献金　191205

　生活必需品　190226

　生活物資

　　現地生活物資配給　191018

聖汗　191011

税関　180606

制空権

　バリック制空権盤石　191012

清月堂　200110

製作　190308

生産　181109

　生産計画　191011

　生産戦士　190923

　大量生産　190115、190804、190909

青史　190109

政治参与　180617、181127

　原住民政治参与　181203、190301

　原住民政治参与関係法令　181209

精神　190104

征戦完遂　180527、190317、191104

生鮮食糧協議会　190618

清掃
　　溝清掃　191214

製造　190318
　　大量製造　180924

生徒募集　180521、200107

青年　181223、190518、190609

青年団
　　原住民青年団　190505
　　サマリンダ青年団　190305
　　青年団（タラカン）　190709、190912
　　青年団団歌　200118
　　テンガロン青年団　190921
　　バリック州青年団　190404

生必品　180502

制服　190728

声明　190910

赤心　180721

赤誠　181106、181110、181124、190202、190226、190321、190504、190505、191017、
　　191022、191029、191126、191202、191207、191208、191210、191213
　　赤誠の翼　190321、190727、191209

責任
　　男子の責任　190520

赤布　190905

石油　190910

赤痢
　　アメーバ赤痢　191212
　　赤痢予防注射　191220、191224、191227

世襲　180825

石鹸　190318
　　化粧石鹸　181130

絶対独裁権　180825

設置数　180918

窃盗　191215

節約　200101

施肥耕作不要　180731

セメント
　　簡易セメント製造開始　181205
　　セメント工場　190130

繊維　190120
　　樹の繊維　190308
　　繊維製品　190722
　　繊維製品自給体制確立　180519
　　繊維皮革製品購入禁止　180610
　　代用繊維　190921

船員　191213
　　原住民高等船員　180709
　　日本船員魂　180627、180801
　　ネシア人船員　180520

戦果　191017、191021、191022、191104
　　戦果奉告　191104

先覚　181106

戦局　200110

戦士　190322
　　建設戦士　181215、191214
　　生産戦士　190923
　　南進戦士　180612
　　防衛戦士　190905
　　密林開拓戦士　191213

戦死　191205、191221

戦時下　181104、190224

戦時損害保険　190722

戦時版型　191031

戦勝　180527

船上　190520

先生　180622、180910、190520

宣誓　180509

宣誓式　180516
戦跡　180509
戦線　181014
前線　191101
　　前線勇士　180619
戦争保険創設　181001
先祖伝来　190302
舟艇　180511
戦闘　191117
　　戦闘機群侵攻　191012
　　戦闘帽　190905
全島　190319
　　全島的一貫性　190224
戦病帰還　180619
宣撫　190512
　　宣撫劇　190513
船腹　200101
尖兵　190901
殲滅　180509
専門家　180908
戦友　180619、180718
占領地防諜　181106
占領地名　180522
戦力　191012、191220
　　戦力増強　181020、190226
　　　戦力増強展　190912
　　戦力増産　191019
戦力培養基地　181015

（そ）
掃海艇　191210
総監
　　総監談話　190910
　　民政府総監　191117

創刊一周年　190429
操業開始　190130
送金
　　送金制限撤廃　181204
　　内地向け送金緩和　190219
壮行会　180727、181107
壮行茶話会　190901
草根木皮　190319
捜査美談　190609
増産　180501、180804、180818、180928、181205、190401、190404、190512、190517、
　　　190805、190910、190912、190923、191011、191012、191029、191031
　　牛の増産　180708、190303
　　家畜増産　190406
　　コプラ大増産　190112
　　米増産　190906
　　食糧増産　181111、190404、190912、191109、191111、191206
　　戦力増産　191019
　　増産運動　200114
　　増産自給　200101
　　ダイヤモンド増産　191019
　　タラカン増産推進班　190713
　　米穀増産　190304
増産郷　190219、190220、190224、190225、190226、190227、190229
総指揮　190713
装身具　190810
総進軍譜　190722
増設　190401
造船　180522、180720、180925、190226
　　造船技術　180512
　　造船計画　190621
　　造船工養成　181202
　　造船所　180612
壮丁　190514、190520
　　現地入営壮丁　191021

総動員挺身　191205

掃討戦　190713

総督

　　旧蘭領ボルネイ総督　181223

　　蘭印総督　190823

遭難（蘭人）　190712

総務　190621

疎開　191018

速力　190222、190329

祖国　180430、180706、180902、180911、181014

蔬菜　180514、190608、190805、191217

　　蔬菜畑　180704

　　蔬菜品評会　190825

祖先　190718

卒業式　190308、190331

率先垂範　180609

空　180518、181208、190101、190321、191219、191222

　　空の護り　200117

　　　空の護り鉄壁　181212

損害保険

　　戦時損害保険　190722

　　損害保険業務　181106

　　致命的損害　190114

村長　180723、180727、180730、190730

　　女村長　190219、191125

　　ダイヤ村長　190127

村民　180724

村名　190204

た行

（た）

体当り　191115、191117

大映作品　191221

大河

三大河　181102、181103、181104

隊旗　190204

台銀　→　台湾銀行

待遇　180519

大工学校　180616

太鼓　180801

大戦完遂　191026

大戦勃発　181222

隊長　180511

大東亜建設　180430

大東亜新聞協議会　181121

大東亜新聞大会　181103、181111、181215

大東亜新聞代表　181125

大東亜新聞連絡事務局　190220

大東亜相　180528、180703

大東亜戦　180527

大東亜宣言　190910

大東亜戦争

　　大東亜戦争開始二周年　181208

　　大東亜戦争開戦三周年記念　191208

　　大東亜戦争三周年　191205

　　大東亜戦争二周年記念日　181203

　　大東亜戦争の意義　180727

大東亜体育連盟　180730

大東亜武道大会　180519

大東振興株式会社　190105

代表　180612、181103、181107、181118、181125、181215、190120、190902

逮捕　200120

ダイヤ　180729、180819、180824、180828、181128、181209、181214、190204、190304、
　　　190328、190712、190824、190825、190910

　　更生ダイヤ　181102

　　ダイヤ五人男　190316

ダイヤ踊り　180728

ダイヤ街道　180801、180803、180804、180805、180806

ダイヤ生活　190109

ダイヤ族　180730、180921、181113、181218、190105、190225、190301

　　ダイヤ族指導者講習会　181008

　　ダイヤ族物語　190718、190719、190720、190722

　　ダイヤ族労務者　190712

　　バハオ・ダイヤ族　190305

ダイヤ村長　190127

ダイヤ部落　180718

ダイヤ娘　180822、190108

ダイヤモンド採取　190923

　　ダイヤモンド採取場　180611

ダイヤモンド増産　191019

台湾銀行　190316

　　台銀　180622

　　　台銀執務時間　181012

田植

　　田植歌　180902

　　田植式　180804

タオル　181130

高い床　190106

「宝島」　181015

瀧　180826

竹筒　190107

脱脂綿　190714

楯　180825

谷　180827

谷間　190316

楽しみ　200109

煙草　180806、181130

旅　190512

タピオカ　181013、191011、200105

食べ方工夫　200104

魂の殿堂　190224

玉葱　181127

タラカン活況　190621
タラカン修学道場　190715
タラカン州県監理官会議　190712
タラカン職員錬成　190810
タラカン庶民銀行　190730
タラカン青年団　190912
タラカン増産推進班　190713
タラカン防護団　190716
団員　190404
団旗　190404、190404
団子　200104
探鉱行　181223
断乎処分　180507
男子　190305、190520
淡水魚地帯　180815
団体別　191206
団長　190404
タンニン　180924
団服　190204
談話
　総監談話　190910

（ち）
血　180612、190909
　血潮　191210
　血の敢闘　191205
　血の苦闘　190404
　血まみれ　180805
治安　180507、180721
　治安攪乱　181027
地下細胞組織　181223
地下資源　180429、190226、190408
地形　191212
知事　190713、191221

知事会議　190223

　　知事賞　191208

　　知事庁　200120

　　バリック州知事　191011

父　180822

智嚢動員　191109

地方巡回　190827

地名

　　占領地名　180522

着陸　191115

注意　180514、180902、181103、181104、181105、181106、181106、181109、190215、
　　190222、190329、190329、190401、190920、191212

　　注意事項　180514

　　注意発表　191212

中学校　180702

　　マカツサル中学校　190331

忠魂碑　180718、180821

忠誠　180828

忠誓　180509

抽籤　190329、190606

中等学校　190401

　　州立三中等学校　190229

　　中等学校長会議　190712

中等校　190322

　　中等校生　181024

　　中等校生徒　181223

　　中等生徒　180928

蝶　180727

長官　181216

　　長官殿　190820

聴講券　200112

調査　180716、180810、180928、190429、190518、190723

　　緬調査団　190513

長寿　181224

388　Ⅲ. 索　引

徴集延期制度適用廃止　181001
長髪　190305
掉尾　191219、191221
徴兵検査　190514、190520
徴兵身体検査　181222、190422
調理法　200104
貯金　181104、190106、190810
　旧貯金　180901
　　積立貯金　180610
　　零細貯金　180622
貯蓄　190621、190709
　　現地貯蓄　180609
　　団体貯蓄　190914
　　貯蓄奨励　180610
　　貯蓄奉公　180609
　　貯蓄報国　191105
　　貯蓄率　180610
塵埃処理　180611
塵埃箱　180611
珍菓　191130

　（つ）

墜落不時着　191021
通貨
　　本邦通貨　180810
通信吏員養成所　181010
通牒　181223
通訳戦士　180519、180520、180521
通話幅輳　180929
土　180908、190729、190830
　　土の子　190127
槌音　180720
翼　181106、181124、190307
　　赤誠の翼　190321、191209、190727

燕
　　岩燕　180501
　　伝書燕　180501
　妻　180619、180806

（て）

手足の甲　190305
手当　191227
　　特別手当　180910
定員制限　180629
庭球場　190125
定休制　180722
亭主孝行　180806
挺身　180528、180818、180829、181104、181112、181123、181210、190101、190105、
　　190106、190107、190108、190109、190820、190923
　　建設挺身　190212
　　総動員挺身　191205
　　挺身女性　181106
　　挺身隊　180702
　　南方挺身者　190219
　　南方挺身壯丁　190520
訂正　190505
帝大　180829、180918
帝都　180923、181024
提督　181124
手紙　190328
敵　180521、180722、181109、181222、181223、191115、191208
　　敵艦艇　180519
　　敵軍敷設　190125
　　敵撃滅　181105
　　敵将校　200120
　　敵司令官　180511
　　敵水軍　180509
　　敵潜　191116

敵飛行艇　191210
　　　敵兵　191116
　　　敵来襲　191012
　　　敗敵　180511
　　　滅敵　191209
敵愾心　180818
適正価格販売場　180930
敵性色　181107
敵前上陸　180521
敵地　180520
手漉紙　190909
鉄桶陣　190824
敵機　180815、181217、190920、191118、191119、191205、191208、191213
　　　敵機撃墜　190422
　　　敵機遁走　181212
　　　敵機来襲　191021
　　　来襲敵機　190114
手続　191209
　　　手続き内容　180609
鉄壁陣　190922
鉄壁防空陣　190422
鉄木　181221
手紡成績良好　190304
手引　180609
デマ　180723
点検
　　　一斉点検　180717
転住
　　　管轄外転住　180902
電信為替　190502
伝説　190823、191126
天長節奉祝映画　190428
天長の佳節　180430
殿堂　190224、190829

田畠　191029

電報　180430

　　電報頼信注意　190329

　　電報料金改正　191129

　　内地電報開始　181020

　　バリックパパン電報電話局　191011

展覧会　180514

電力　190923

電話

　　電話開通　180929、191011

　　電話線復旧　191221

（と）

燈火信号　180521

童顔　190229

当局　180512、180606、180703、180709、180711、180721、180722、180930、181027、
　　191212、191224

　　現地当局　180717、181121

　　当局編纂　180729

洞窟　180818

桃源郷　181224

籐細工　180813

当市　180504、180509

童児　180805

道場開き　180430

答申案　190331

統制　180925、181110、190606、190608、191028、191214、191216

　　一元的統制　181110

当籤　191103

　　当籤番号　190905、191203

燈台　180723

東拓代表　180612

統治機構下部組織　180629

島内だより　190709、190713、190716、190720、190723、190727、190730、190803、

190810、190820、190824、190831、190907、190921、191008、191012、191019、191022、191026、191029、191102、191105、191109、191112、191119、191207、191217、191221、200118

動物三態　180918、180919、180921

東満林業公司　190105

道路　180611、191128

 道路建設　180725

 道路工事　191129

  バリック・サマリンダ道路工事　190920

登録

 登録規定　180829

 無料登録　191222

屠牛祭　180805

毒　190722

独裁

 絶対独裁権　180825

特産　190302、190303

篤志家　180528

特典　180721

特配　190310、191028

土侯　181121、191130、200117

都市　180530、180530

 都市交通　180429

図書

 図書作品　180514

 不良図書　180728

図書館　190401

徒食街　181121

土人　180829

土着民　190718

突貫　200101

特警隊　181027、190329

 特警隊長　180513

特効薬　190325

隣組　190709
図南　190518
賭博　191215
土木戦士　180518
土木魂　180515、180516、180518
富籤　180922、181202、181221、190316、190329、190906、190907、191203
　　富籤当籤番号　190307、190323
　　復興富籤　180828、180923、181002、181207、181217、190105、190303、190606
　　　　復興富籤当籤番号　191212
都邑名　180901
トラクター　180827
トラック　180611
鶏　190106、190307、190720
ドリアン　190307
取締責任者　181006
塗料
　　船底塗料　180512
努力　180528、180612、181007、181027、190729
奴隷　190722

な行
（な）
内閣捏造　181027
内地向使用禁止　181019
涙
　　嬉し涙　190820
南海輸送陣　180801
軟禁　181222
難行　190610
難所　190712、190712
　　難所征服　190712
南進者　180514、180515、180516、180518、180519、180520、180521、180522、180525、
　　180526
南進戦士　180612

南進邦人　180711

難破漂流中　200120

南方行脚　181010

南方開発銀行　190316

南方教育　181024

南方共栄圏　180529

南方建設　180528

南方資源活用　180718

南方資源巡回展　181024

南方情緒　181224

南方政策　180530

南方占領地軍政状況　180618

南方挺身壮丁　190520

（に）

肉弾　190212

日語学校　190803

　　日語学校（クランダサン）　190210

日語検定結果発表　190519

日曜特輯　200121

日用品特配　181127

日章旗　180515

「日本映画の夕」　180429

日本歌謡大流行　190318

日本教育　180525

日本銀行　190316

日本原皮鞣剤統制株式会社　190606

日本語　180622、180721、180910、180910、181216、190126、190229、190323、190610、
　　190916、190917

　　日本語学校修業式　181216

　　日本語検定試験　190406、190408、190421、190606、191109

　　日本語合格者の特別手当や賞金　180910

　　日本語講習所　180629、180703

　　日本語指導統一　190104

日本語唱歌　190310

　　日本語読本　180519、181010

　　日本語日曜講習会　181022

　　日本語日記　181021

　　日本語熱　190502、200109

　　日本語普及　190224

ニッポン語新聞　190429

日本産　180803

日本字　180709

日本出版配給会社　191108、191109

日本出版配給統制株式会社　191214、191216

日本紹介　190210

　　日本紹介写真展　181104、181107、190211、190212、190302

日本人　180822、180917、181204、190610

　　現地日本人　181106

　　日本人常会　190805

　　日本人墓地　191104

日本新聞協会発展的解消　181121

日本信頼　190318

日本製　180922

日本精神　180509、180606、180729、190323

日本船員魂　180627、180801

日本の母　190712

「日本の皆様」　180803

日本の娘　190712

日本訪問　190217

　　日本訪問報告演説　190302

　　　日本訪問報告演説会　190229、190304

日本名　191010

　　日本名の街路　190101

日本酒（にほんしゅ）　180501

日本料理（にほんりょうり）　180512

　　日本料理伝授　181105

二毛作　181112

入営　191021
　　仮入営　190514
入荷案内　191108、191109
入学　180513
入港　181211
入隊
　　サマリンダ入隊　190901
　　入隊式　190905
ニヨニヤ　200110
人気　180916、180922、180923、181222、190105
人魚　190504
任地　180629
任務　180520、191020
任用　190302

（ぬ）
盗み　180507
布
　　代用布　190308

（ね）
猫　190106
ネシア職人　180501
ネシア人　180507、180520、180528、180530
　　ネシア人青年　180521
　　ネシア人俘虜　180602
ネシア民族　180530
鼠退治　190429
熱演　190827
熱誠　190307
熱帯地帯　181127
熱帯低地　180514
熱帯向き　180917
燃料廠　180430、180908、191205、191214

海軍燃料廠　191223
燃料廠軍　181012
燃料廠施設係　190502
燃料廠従業員　191213
燃料廠体育大会　190622
燃料廠農園　200105

(の)

農園　181124、191126
　燃料廠農園　200105
　農園開墾　190709
　農園経営　200106
　農園収入　190810
　山の農園　200109
農業技術　180521
　短期農業技術指導講習所　180613
　日本農業技術　180612、180704、180725
　農業日本　180514
農業実務学校
　州立サマリンダ農業実務学校　190401
　バリックパパン農業実務学校　191126
農業実務校　190229、191109
　サマリンダ農業実務校　190408
　　サマリンダ農実訓練生　190725
農業実務生　191017
農校　180702
農耕
　日本式農耕　190107
農工技術　180519
農工業
　現地農工業　181218
農魂　190504
農産部　191011
農産物　190608

農産物品評会　190606、190607
農式
　　小農式　200111
農事増産評定　190120
農場　191110
　　農場建設　191206
農夫　200111
農法
　　日本式農法　181111
農報聯　190504
農民　180624
濃霧　190713
農林研究所（バンジエル）　190301
農林産試験場新設　181009
農林省　180704
野村　190115
野村東印度殖産株式会社　190712

は行
（は）

歯　190107
拝賀式　190101
配給　180502、181130、190722
　　現地生活物資配給　191018
　　配給組合　181127
　　配給所　181127
　　配給制　180930
敗血症　191217
敗残の身　180519
配車　180611
配置
　　快速配置　190922
敗敵　180511
パイナツプル　190607

配布
　　適正配布　191018
蠅とり紙　190714
破壊戦術　180520
はがき　181019
葉書　190328
白衣　190923
　　白衣勇士慰問　190502
爆撃
　　急降下爆撃　191021
白菜　181127
白昼夢　181027
爆破　191221
幕僚　191024
派遣　180511、180519、180704
箸　181223
梯子　190106
橋本部隊　200101
柱　180908
パシル族　191126
パシル焼　190805
畠　180731
畑荒し　180921、180928
働き者　180806
蜂　190302、190303
鉢巻隊　191126
発行　191231
パツサル・マラム　191010
発展的解消　181121
バト・プテ登擧記　18021、180822、180824、180825、180826、180827、180828
花　190302
バナナ
　　粉バナナ　191217
花嫁さん　190107

跳橋　180617

母　190712、190712

バハオ族　180824、180825

バブ　191215

囃子　190108

梁　180908

バリック教員常会　190610

バリック教習所　191019

バリック警察教習所開所式　191021

バリック号　191202

バリック産業協会　190621

バリック州知事　191011

　　バリック州知事庁　191019

バリック地方本部　200109

バリックパパン海軍燃料廠　191223

バリックパパン市中　190212

バリックパパン事務所　190105

バリックパパン上陸直後　190125

バリック防護団　190919

　　バリック防護団結成　180720

バリック来襲　180815

バリック来襲機敗走　181217

バリト探検隊　180810

万里渡丸　180805

春　190825

晴衣　190108

ハワイ・マレー沖海戦　180515

反攻　181223

犯罪　191128

万歳　181209、190212、191029

　　聖寿万歳　190429、190430

　　万歳奉唱　190212

バンジエル議員　190519

バンジエル市会　190317、190319

バンジエル市会議員委嘱式　190310
バンジエル市機構拡充　181013
バンジエル州会　190328
バンジエル州市会　181222
バンジエル青年団　190301
バンジエル特警隊　181027
繁盛　191222
帆船大量生産　191227
絆創膏　190318
蛮刀　180825、181027、190127
半島同胞　181110
反日陰謀団　181027
判任官　180610
反乱　181222、191126

（ひ）

皮革　190517
美挙　190208
秘境　190105、190106、190107、190108、190109、190712
飛行艇
　　敵飛行艇　191210
ピサン　190607
美人　180804、190305
秘蔵　180803
ビタミン補給　191213
左腕　190905
左側　180904
引っ越し　180824
必需物資　180606
必勝　181209
　　必勝絵巻　190210
筆答　190728
必要限度　180610
日の出農園　190220

日の丸　180828、181214、191117

皮膚病　190325

姫
　　お姫様手製　191130

百年戦争　190823

標語　181110、191221

病後　190520

病児　180801

表彰　180829、180908、191102、191205、191208、191209、200120

表情　180814

病魔　190920

漂浪種族　190219

肥料　180928、200110

昼寝　191216

昼間　190803

広場　180917

ピンからキリ迄　181010

品種　180606

品評会　200104、200110

（ふ）

武　180519

プアサ明け　190901

風景　181010

武官　180501

武器　181027
　　武器届出　190510
　　武器保有者取締　190509

ブギス族　190210

武技体技大会　190428

吹出もの　180630

吹矢　190722

普及週間　190126

福音　190219

福祉増進　181027
副読本
　　歴史地理副読本　180519
婦女子
　　原住民婦女子　200112
婦人
　　原住民婦人　190811
　　中堅婦人養成　190801
婦人会　190811、191126
　　原住民婦人会　191212、200104
　　テンガロン婦人会　191126
武装　191011
　　武装蜂起　181223
豚　190307、190720
　　野豚　191129
　　野豚狩り　180826
部隊
　　現地部隊　190905
部長　191011
物品　180507
不逞　190802
武道大会　180608、181029
　　大東亜武道大会　180519
風土記　181102、181103、181104、190820、190823、190824、190825、190827
船出　190129
船　181218
武勇　180829
　　武勇礼讃の伝統　190109
舞踊　180911
プラウ　180729、180826、181109、190730
　　プラウ作り　190210
部落　190219、190722
ブランデー
　　椰子水ブランデー　190115

404　Ⅲ．索　引

俘虜　180528
　　原住民俘虜　191217
浮浪者
　　原住民浮浪者　191220
プロペラ　180718
文　180519
文化昂揚　181127
文化施設　180429
文教　180928
　　文教啓蒙　190229
　　文教主任会議　190210、190224
　　文教政策　190420
文芸作品懸賞募集　190715
分県　180925、181015
ブンテアン族　180806

（ヘ）

米英　181014、181223、181223、190905
　　米英撃滅　180527、180528、181203、190912
　　米英必滅　190101
兵役延長届出注意　190215
米価　190806
兵器　191104
米機　180818
米鬼　191029
　　米鬼必滅　190722
米穀　180629
　　米穀買上制　190405
　　米穀増産　190304
米作　180521、190309、200103
　　米作冒険　200111
兵隊さん　180724、180827、180911、181106、190514、190728、191020
　　海軍兵隊さん　190126
兵站基地　190607

平定作戦　180509、180511

平年作　180926

兵補　190722、190723、190901、191101
　　海軍二等兵補　190905
　　海軍兵補　191221
　　兵補援護　200109
　　兵補献金　190902
　　兵補合格　190810
　　兵補志願　190714
　　兵補受験　190728
　　兵補熱　190623
　　兵補募集　190719、190730

平和　191128

僻地
　　未到の僻地　180727

蛇　181223
　　毒蛇　180723

編隊来襲　191011

（ほ）

保育園
　　西ボルネオ保育園　190730

防衛戦士　190905
　　防衛戦士援護運動　190913

防疫班　190713

砲火陣　180815

防空演習
　　綜合防空演習　190920

防空訓練
　　綜合防空訓練　190922、191219、191221、200117

防空壕　180908、191021

防空施設　200109

防空陣　190422
　　バリック防空陣　191011

防空鉄壁　190114

宝庫　180429、180515、190319、191125、191126、191128、191129、101130、191201
　　宝庫ボルネオ開発　181111

邦語
　　邦語発表　190312

奉公少年団結成　180814

報告　180606、180807、181215、190125、190229、190302、190304、190514、190519

報国
　　七生報国　190520

報国会　190210
　　市民報国会　190720

報国団　190621、190718、190901

防護団　181118
　　サマリンダ防護団　190824
　　タラカン防護団　190716
　　バリック防護団　180720、190919
　　防護団整備　190922

防塞の網　180519

豊作　180817

奉仕　190127、190404

奉祝絵巻　190212

褒状　190623

褒賞金　191213

邦人　180527、180619、180622、180902、181106、181118、181127、181130、181207、181214、181222、190203、190428、190510、190610、190718、190824、191029
　　一般商社邦人　180610
　　一般邦人　190810
　　現地邦人　180626、181123、181218、190808、190912、200110
　　　　現地邦人表彰　190211
　　在住邦人　180610
　　在留邦人　180829
　　南進邦人　180711、181217
　　西ボルネオ邦人　190210
　　邦人家屋　180715

邦人官吏　180629

　　邦人校長　181102

　　邦人商社　191011

　　邦人助役　181013

　　邦人青年　190609

　　邦人登録　180902

　　邦人表彰　190211

坊主　190901

　　坊主頭　190921

紡績工場建設　181212

放送　190714

　　放送開始　180720、181001

繃帯代用品　181214

奉戴日　180909、190713

包丁　180512

防諜　181110、181223

　　占領地防諜　181106

　　防諜注意　181103、181104、181105、181106、181109

報道

　　報道関係者　181111

　　報道強化　190913

　　報道陣　180501

豊年踊　180718

豊年祈願祭　191206

豊年祭　190108

防犯　181110

邦文　180530

謀報通達　181223

法務官　180507

訪問　180620

補給　200107

牧畜　180708

保険

　　戦時損害保険　190722

保健　200106
　　保健衛生強化週間標語　191221
　　保健剤　180916
保護　180507、191220
　　保護地域確定　181113
墓前　190125
蛍　180727
墓地
　　日本人墓地　191104
　　勇士の墓地　181023
穂波　181015
歩武堂々　181209
捕虜原住民兵　200122
ボルネオ啓民指導部　190711
ボルネオ興業社員　180616
ボルネオ攻略　180718
　　ボルネオ攻略戦　190109
ボルネオ作戦　180519、180520、180521
ボルネオ新聞社　180601、181104、190429、190715、190913、191031、191208、200110
ボルネオ新聞東部版　180429、180430
ボルネオの鐘　181124
ボルネオ民政部　181104、181217
　　ボネルオ民政部告示　190606
ボルネオ若人　181019
本紙　191031、191231
　　本紙定価改正　190913
本社　180619、190913
　　本社主催　190212、190502、200116
　　本社受託　180608
　　本社提唱　181105、181106、181124、190321
本籍地　190215
ポンチアナク教員錬成会卒業式　190308
ポンチアナク州庁　190720
翻訳　180530

ま行

（ま）

マカツサル海員養成所　180521、180722、180801
　　マカツサル海員養成所改称　180902
　　マカツサル海員養成所高等部　180521、180801
マカツサル科学研究所　180708
マカツサル研究所　191220
マカツサル綜合研究所　180529
マカツサル中学校　190331
薪　180930
巻脚絆姿　191101
真心　180624、181008、181014、181105、181214
街　180813、190126
町
　　平和の町　191128
　　町中央　191126
燐寸　181109
マハカム点描　181210、181211、181212、181214
マラリア蚊　191214
マラリア検血班　191213
マラリア対策　191212
マラリヤ撲滅　190713
丸太　190106

（み）

身売話　181221
見栄坊　191222
味方　181223
水甕　180803
水際部落　190219
水汲　190107
味噌　180501、180706、181013
溝清掃　191214
道案内　180804

道端　180904

密林　180514、180515、180516、180518、180618、180704、180725、180730、180822、180826、181123、190226、190316、190712、190920、191110、191116

　密林開拓戦士　191213

蜜蝋　190302、190303

南十字　181104

南の国　180902

南ボルネオ奥地探検隊　180514

南ボルネオ号　181104、190504、190505、190727

南ボルネオ産業道路　191025

南ボルネオ州会　190330

南ボルネオ文教主任会議　190210

耳飾　190305

耳朶　180829

脈拍　180917

土産　180806

　土産話　180629

深山葛　180618

民間　191024

　民間自治組織　180720

民権保護尊重　181107

民需　180925

民政　190105、190802

　民政当局　180609

民政府

　民政府音楽指導班　190909

　民政府音楽隊　190827

　民政府管下官庁　190303

　民政府総監　191117

　　民政府総監声明　181208

民政部　180901、190512、190606

　民政部官吏　190212

民防衛　191109

（む）

無休　180720、190303

無血上陸　180519

虫　180730

無尽林　180601

娘　190720、190712

　　東京娘二人組　191020

　　愛娘　190712

村　180724、190107、190906、191029、191031

（め）

名義変更　190606

明治末　181221

明治節　181029、181104、191101、191104

盟主日本　180511

名物　190827

盟邦武官　180501

盟邦若人　180606

命令　191021

盲　180902

滅敵　191209

面踊り　180812

棉花　181016

　　棉花試作　181112

棉作　190309

綿紡機　180519

（も）

猛獣毒蛇　190714

猛爆　191206

木材　190802

　　木材基地　180504

　　木材資源　180925

木造船　180629、180717、180805

412　Ⅲ. 索　引

　　　小型木造船　190401
　　　木造船建造　190408、190810
木造二階建　180711
木炭製鉄事業　180717
黙祷　180606
目標　190408
　　目標地　180716
猛者　191222
餅
　　かき餅　200105
　　戦捷餅　181231
　　千力餅　200104
もてなし　181224
文盲　180730

や行

（や）

夜間　180904
躍進
　　目覚しい躍進　181026
薬草　180630、180916、190319
約束　190909
焼跡　180711、191205
野菜　190709、191011、191012
　　代用野菜　191213
　　野菜種子　180629、181127
　　野菜畑　190226
椰子　180720、180728、180805、181224
　　椰子水ブランデー　190115
　　椰子油　190108
野草　200107
厄介者　190827
山　180827
　　山の幸　180826

山の農園　200109

病退治　190723

山火事　180722

大和館　190121、190125、190209、190215、190302、190305、190330、190404、190421、
　　190428、190510、190810、190831、190910、191018、191025、191101、191109、
　　191117、191203、191210、191217

大和魂　180518、180612

山彦　180827

　（ゆ）

輸移入税　180606

勇敢　190824

有機質　200107

勇士　181023、181231、191012

　　前線勇士　180619

友情愛　180504

郵貯　180901、190505

　　郵貯整備　180617

優等賞　190331

郵便

　　一般郵便物取扱　180801

　　郵便値上げ　190328

郵便局　190802

　　郵便局分室　180812

遊民　191220

輸送　181211

　　輸送動脈　190827

　　輸送の箱　181013

油田　180528

湯の花　190714

指環　190810

　（よ）

夜市　181006

容器　181010、181012

用具　190920

用材供出　180522

養成所生　181021

遙拝式　180430、191104

預金
　　商社預金　180616
　　預金高申告書　180617
　　預金率　180616

沃土　180704

予備機　191115

夜　190108

ら行

(ら)

ラジオ
　　秘密ラジオ　180723
　　ラジオ塔　180612

ラヂヤ　180825

落下傘　191116、191222

ラテックス処理場　181012

蘭印　190823
　　旧蘭印　180512、180925、181019、190420、190716
　　旧蘭印時代　180728
　　旧蘭時代　180831

蘭人　190712

ランプ油　180919

蘭兵　180804

(り)

陸　181208、190101

陸運　191025

陸軍　181013

陸相　181001

陸上交通網　180515

陸稲　191031

利子　190914

留学　180511、180620

　女子留学　180530

　内地留学　180629

　日本留学　190430

　日本留学の若人　181216

留学生　180530、180702、180711、180727、180907

　共栄圏留学生　180703、181223

　内地留学生　181209

　南方留学生体育大会　181019

　ボルネオ留学生　180923

　留学生制度　180928

留日学生　190520

　留日学生家庭協会　181221

流木　190827

猟　190824

僚機　191117

良民　180507

料理

　自慢料理　200110

旅館　180711、190302

旅行者　180810

利率　191214

（る）

（れ）

礼儀　181216

冷水　191227

冷凍　190512

歴史地理　180519

煉瓦　181020

錬成　180730、180910、180918、190621
　　タラカン錬成　190919
　　日本式錬成　180831
　　錬成会　190108
　　錬成水泳場　190518
　　錬成大会　181125
　　錬成道場　180615

（ろ）
ロアクール病舎　190318、190319
浪曲　180911
労働　190713、190723
労働者　180610
　　現地労働者　180727
労務　190723
　　労務協会　180720
　　労務配置　190429
労務者　181014、181110、181125、190225、200106、200109、200112、200112
　　ダイヤ族労務者　190712
　　労務者雇傭規則　180727
労力　180629、200112
　　労力不足　191201
ローゼル　181109
ロタン　181013
ロープ　190308
ロマンス　180822
論文　180601、190715

わ行
（わ）
若い力　190203
我国　180512
若者　190109
別れ　191201

若鷲　191117

若人　180722、181019、181112、181221、190331、191017

　原住民若人　180511、180627、180801、181112、190404

鷲掴み　180805

鰐　180723、180915、191216、191216